U0746798

立健行明教育

Sport

一位体育教师35年的教育情怀

LI JIANXING MING JIAOYU

YIWEI TIYU JIAOSHI 35 NIAN DE JIAOYU QINGHUAI

姚立明◎著

安徽师范大学出版社

·芜湖·

图书在版编目（CIP）数据

立健行　明教育：一位体育教师35年的教育情怀/姚立明著.—芜湖：安徽师范大学出版社,2017.10

ISBN 978-7-5676-3201-1

Ⅰ.①立… Ⅱ.①姚… Ⅲ.①体育课－教学研究－小学 Ⅳ.①G623.82

中国版本图书馆CIP数据核字(2017)第243316号

立健行　明教育

——一位体育教师35年的教育情怀

姚立明　著

责任编辑：李　玲
装帧设计：任　彤
出版发行：安徽师范大学出版社
　　　　　芜湖市九华南路189号安徽师范大学花津校区　　邮政编码：241000
网　　　址：http://www.ahnupress.com/
发 行 部：0553-3883578 5910327 5910310（传真）E-mail:asdcbsfxb@126.com
印　　　刷：虎彩印艺股份有限公司
版　　　次：2017年10月第1版
印　　　次：2017年10月第1次印刷
规　　　格：700 mm × 1000 mm　　1/16
印　　　张：17
字　　　数：310千字
书　　　号：ISBN 978-7-5676-3201-1
定　　　价：50.80元

我熟悉的姚立明老师

（代序）

我与姚立明老师是好朋友,是忘年之交,背后他还称我为师傅。记得我与姚老师相识是在20世纪90年代初期的一次在湖州举行的全省中学体育与保健优质课评比活动中。当晚,我在湖州饭店作了一场《如何评价一堂好的体育课》的讲座,结束后,有几位老师留下来询问和交流,其中就有姚老师,于是我对姚老师有了印象。此后,联系和交流的机会开始多起来,每次参加活动时碰到,我们总要就体育教学长谈几个小时,屈指一算,我们已交往20多年了。期间,由于工作和距离的关系,我们之间的联系并不是太多,但不知为什么,彼此都惦念着。

姚立明老师是一位热爱事业、兢兢业业,充满爱心、踏实肯干,立足课堂、潜心研究,努力工作、充满智慧,让领导满意、同行羡慕、家长放心、学生喜欢的好老师。35年来,不论在农村学校还是调到市区学校,他都几十年如一日,一如既往地坚守在体育教育教学第一线,为学校体育事业发光发热,无私奉献。正如他在书中写的:"平整宽阔的操场是我坦荡的胸怀,古铜般的肤色是我职业的印记,日复一日,年复一年,我逐渐产生了对学校体育事业无比热爱和执着追求的教育情怀。我于1982年8月走上体育教育教学工作岗位,扎根于操场上的每一个角落,操场上那直线、弧线和圆编织着我35年体育教育教学金色的梦……"

功夫不负有心人,机会总是留给有准备的人。由于他的努力赢得了领导的关心和支持,取得了老师们的信任和爱戴,他从一个普通的体育教师到被评为中学特级教师,从一个一般的教书匠转变为研究型和探索型教师,从一个自我发展型教师成长为带领一个团队共同发展的名师和领路人。35年来他硕果累累,有60多篇文章在省级以上刊物发表,有40多篇论文和教学案例在各级教育主管部门组织的评比中获奖。课题研究也成绩显著,他荣获了全国教育科学"十五"规划重点课题子课题评比一等奖,并在繁忙的工作之余,整理撰写了专著《立健行 明教育———一位体育教师35年的教育情怀》。

作为一位在学校体育教育教学第一线耕耘了35年的老教师,出版一本总结自己教学思想、教学经验、教学方法、教学成果的书实属不易,更难能可贵。

本书里没有华丽的辞藻和高深的理论,也没有高调的渲染,但在朴实的字里行间充满了对体育教育事业的热爱和执着,对学生的关心和爱护,对工作的孜孜不倦和进取,对理想的不断追求和实施。它总结了一位体育教师成长的历程,展现了勤奋好学、基于实践、不断攀登和探索的足迹,留下了在教学、训练、研讨、指导和交往中许多感人的故事。这是姚老师的教学之路、探索之路、成功之路,也是他的人生之路。

　　著作出版是一个新的开始、新的起点,愿姚老师不忘初心,继续前进,为学校体育事业发出更大的光和热,帮助青年教师尽快成长。一个人的成功不是真正的成功,帮助别人成功才是真正的成功,希望在教学的实践和理论探索中,涌现出更多的探索者和研究者。

黄玉泉

2017.8杭州

目　录

爱洒操场　情倾体育

勤于实践　潜心研究

教学探究　自主创新

爱洒操场　情倾体育

在35年的体育教育教学过程中,我逐渐产生了对学校体育事业无比热爱和执着追求的教育情怀,以教为荣,以教为乐,全身心地扑在体育教育教学第一线,把对理想和事业的执着追求融入到学校体育教育教学工作中,热衷于体育教育教学研究,探索体育教育教学规律,始终将先进的体育教育教学理论与体育课堂教学实践、体育课程改革、体育教学手段、体育器材的开发等有机地结合起来。

在学校业余训练工作中,我采用科学的训练方法,最大限度地挖掘学生的运动潜能,遵循学生身心发展的规律,培养学生的特长。同时,还认真做好"传、帮、带"工作,指导青年教师,促进他们的专业成长。近年来,我所指导的青年教师中有5名教师成为市、区体育教育教学骨干,1名教师成为浙派名师培养对象。

教书育人

平整宽阔的操场是我坦荡的胸怀，古铜般的肤色是我职业的印记，日复一日，年复一年，我逐渐产生了对学校体育事业无比热爱和执着追求的教育情怀。我于1982年8月走上体育教育教学工作岗位，扎根于操场上的每一个角落，操场上那直线、弧线和圆编织着我35年体育教育教学金色的梦……

作为体育教育事业的一分子，我以"学高为师，身正为范"为理念，不断提高自身修养和教育教学水平。在体育教育教学中，我始终将育人放在首位，不断探索适合学生身心发展的教育教学方法。教育的过程就是育人的过程，从小事抓起、从日常工作入手，我从不放弃每一次对学生进行思想教育的机会，我的育人事迹曾刊登在2004年7月7日的浙江《体坛报》上。在教育过程中，我尊重学生的人格，从不以势压人，而是采用以理服人、以情感人、以心唤人的工作方法，让学生通过教育真正认识到做人的真谛及对社会所应负的责任。

一、情倾教育，精心哺育

在长期的体育教育教学过程中，我始终怀揣对学校体育事业执着追求和奉献的教育情怀，以教为荣，以教为乐，全身心地扑在教育教学第一线，把对理想和事业的执着追求融入学校体育教育教学工作中。读书、写作和教科研成为我提升教育教学智慧、实现教育理想的不竭动力之源。我采用科学的教学方法加适时适当的激励和鼓励，对学生进行意志品质的锻炼，使很多学生从害怕体育锻炼转变为积极自觉地参加锻炼。平时我注重开发学生的智力，根据学生的接受能力采用迁移、诱导的教学方法来调动学生学习的积极性。我一直在探索体育教育教学的优化模式，始终具有明确的奋斗目标，忠诚党的教育事业，热爱和关心每一位学生，争取让每一位学生都能在公平的环境中成长。对学校交给的各项工作我都能一丝不苟、任劳任怨地完成，从不计较个人得失。在课余训练中，由于我平时注重对学生进行思想品德教育，因此所带运动队参加省、市、区各级比赛时多次荣获"体育道德风尚奖"，在社会上具有一定的影响力。在教育教学中，我想方设法克服困难，以认真的工作态度、良好的课堂教学，出色地完成了各项教学任务,并始终探索如何使每一位学生的体育成绩在原有的基础上都能得到提高,人人都能达到合格标准,人人都能成为身体健康、德才兼备的国家栋梁之才。

无论是在农村中学还是在城镇中学,我一直被学校聘任为德育导师,并主动与困难学生结对。在一次学校组织的帮扶对象结对时,我主动与困难比较突出的小李同学结对。小李父母常年在外跑运输,小李跟奶奶生活在一起,性格内向,经常逃学上网,甚至彻夜不归。我多次与小李谈心,得知他喜欢打篮球,就把他吸收到校篮球队,与他一起制订发展目标,要求他先"学做人",再"做学问"。经过一年多的训练,小李成了篮球队的主力队员,而且在校运会上夺得了跳高、跳远两项比赛的第一名。有了自信后,他学习越来越用功,令人兴奋的是期终考试成绩排在班里第五名。从此,他脸上的笑容多了,小李的奶奶高兴地说:"孩子进步这么大,真不知道姚老师花了多少心血……"是啊,学生每一点的进步都是我不懈的追求,我没有惊天动地的壮举,也没有气冲云霄的豪言,只有朴实的语言、默默无闻的奉献,更重要的是传递了一份爱、一种执着的教育情怀。我用35年的时间在操场上执着地追求着我的那份教育情怀……

捷克著名教育家夸美纽斯说:"太阳底下再也没有比教师这个职业更高尚的了。"对我来说,从事一线体育教育教学35年,才是真正每天在太阳底下从事着最光荣的职业。作为体育教师,我顶着风吹日晒,经历着成功与失败,磨炼着意志,在挫折中战胜自我、挑战自我,在奉献中体现自我,在学生的笑脸中找到快乐,真正实现了快乐健康,快乐体育!在体育教育教学这一花圃中,我时刻以最高的标准严格要求自己,全心致力于体育教育教学事业,在教师群中留下了属于自己的脚印,为体育教育教学事业奉献了自己的每一分光、每一分热。

在长期的体育教育教学生涯中,我在农村中学工作14年,担任班主任5年,班主任工作时时刻刻牵动着我的心。在一次升旗仪式上,我发现班上有一名姓芮的女生没有穿校服,还吵吵闹闹影响其他同学。事后,我找小芮谈心,小芮开始时不理不睬,后来我了解到,小芮读五年级时,父母离异了,六年级时,读书"三天打鱼两天晒网"。我主动与她的家长联系,取得家长的支持,动员她参加校田径队,生活上关心她,学业上辅导她。校田径运动会上,小芮包揽了100米、200米两项冠军,还督促班级其他同学参加课余体育活动,成了我的好帮手。在工作中,我关心、爱护、尊重每一位学生,注重对学生进行思想品德教育,帮助学生树立科学的世界观、人生观,培养学生的自我管理能力,充分发挥班干部的模范带头作用,建立班级民主管理制度,根据学生的年龄特点和思想实际,开展内容丰富、形式多样的班集体活动,在后进生的转化工作方面取得了可喜成绩。通过长期的体育教育教学,我深深地感到"教育需要有真爱,教育要有心灵深处的相互碰撞才能结出硕果"。随着"健康第一"指导思想的深入人心,学生的身心健康发展成为社会关注的焦点。我将目光聚焦在学生的心灵上,我发现学生的心理问题并不比大人简单,有来自学习的压力,也有来自家庭的压力,还有来自社会的压力,而学生往往无法自己消释,这时候我就满怀爱心地关心学生的心灵世界,倾听他们的心声,了解他们的烦恼,帮助他们走出心灵的雨季,树立在学习和生活中克服困难的信心。

二、关爱弱势,激发信心

我在长期的体育教育教学中,已经教过无数身体健全的学生,也培养过许多有运动天赋的学生。我所教的学生和大家的一样,情况千差万别,那些没有天赋的学生同样也需要体育活动,需要老师的关注,需要老师的爱,我没有歧视他们,而是更加关爱他们。20世纪90年代,我曾经教过一名身体有残疾的学生小周。小周3岁时遭电击不幸失去双臂,从初一到初三他的体育课是我教的。由于没有双臂,小周在上体育课时,只能站在操场旁边见习体育课,虽然小周可以免修体育课,但是我从小周的眼神中发现,他对同学们参加体育活动很羡慕,非常向往和同学们一起参加体育活动。于是,我主动与小周聊天,从兴趣谈到学习,从生活谈到志向,从体育谈到人生,热情地鼓励小周参加体育活动,并把在电视里看到的残奥会上运动员顽强拼搏的感人情景讲给小周听,同时正确地引导他:"身体的残疾并不可怕,心灵的残疾才最可怕。"在我的引导下,小周与其他同学一起上体育课了。同时,我根据小周的特殊情况,在体育课上给他安排力所能及的练习内容,并要求全体同学关心、爱护和帮助他。小周通过一年的体育锻炼,身体素质有了很大的提高。于是,我鼓励小周代表班级参加校田径运动会,还主动给小周进行跳远和100米的个别指导。当小周在训练上遇到困难时,我就及时给予关心,帮助小周树立战胜困难的勇气和信心,鼓励小周面对现实,发扬自强、自立、顽强拼搏的精神。后来,小周在校田径运动会获得了100米比赛第二名、跳远比赛第三名的好成绩,为班级争夺了荣誉。从此,小周的脸上出现了灿烂的笑容。这件事虽然已经过去了二十多年,但我在体育教育教学中,经常用这一典型事例对其他学生进行教育。

教学创新

在长期的体育教育教学中,我热衷于体育教育教学研究,始终将先进的体育教育教学理论与体育课堂教学实践、体育课程改革、体育教学手段、体育器材的开发等有机地结合起来,从而使我的体育课堂教学呈现出一派勃勃生机。

一、与时俱进,自主创新

当前,在全面推进素质教育的进程中,在体育教育教学与课程改革的实施过程中,在学科教学指向核心素养的探索过程中,学校体育和广大体育教师会遇到许多新的问题、新的困境,需要我们体育教师撸起袖子加油干,在体育教育教学与课程改革中勤于实践、潜心研究。

通过在体育教育教学探索中不断总结经验,我认为提高学生学习能力的有效方法,就是让学生自己发现问题、提出问题,并尽量由他们自己来解答。我经常向同行、专家、领导请教,取众之长、补己之短,在体育教学中,始终面向全体学生,树立新的教学主体观,把学生放在体育教学的中心地位,在教学内容的安排和教学方法的选择上首先考虑的是学生,让学生成为体育课的中心,成为学习和锻炼的主人。平时我经常和学生在一起,这样就能贴近学生的生活,了解学生的兴趣和爱好,倾听学生的建议和要求。在教学中,我以"观察体验、启发思维、合作互动"为指导思想,创设宽松、民主、互动的学练氛围,营造和谐的教学环境,将"师生互动""生生互动"融入课堂教学中,使学生既学习了运动技术、锻炼了身体、增强了体质,又享受了体育运动带来的乐趣,从而达到了育人健体的目的。在体育教学过程中,我刻苦钻研如何在教师的引导下,激活学生的思维,发挥学生的主体地位,让他们理解动作的重点和难点,通过动作练习和体验,让学生自我解读和表述,从而使学生树立独立完成基本动作的信心。

俗话说:"教而不研则浅,研而不教则空。"为了探索体育教育教学的规律,我坚持教学实践、大胆创新,在体育教育教学中注重理论与实践的有机结合,积极探索有效的教学方法,并应用到教学实践中,从而不断提高自己的个人修养。"四肢发达,头脑简单",是大多数人对体育教师赋予的形象,我一直想用自己的实际行动证明体育教师"不但四肢发达,而且头脑也发达"。为此,我自费订阅了《中国学校体育》《体育教学》《体育师友》等杂志,全面地获取最新教育教学信息,坚持有目的、有计划、有重点地学习。我潜心钻研的事迹曾刊登在2006年第4期的《中国学校体育》杂志上。尽管我早已被评为中学高级教师,但我还是一如既往地致力于体育教育教学的研究,并多次在市、区级教研活动中上研究课,作专题讲座。一直以来,我注重体育课程改革的研究,并积极撰写教学论文,有60多篇文章在省级以上刊物发表,有40多篇论文和教学案例在各级教育主管部门组织的评比中获奖。从2005年开始,我致力于"体育与健康合作学习模式实践的研究",并取得了良好的成绩。2006年我申报的课题"体育校本课程资源开发与利用的研究"被立为全国教育科学"十五"规划重点课题"关于开发体育的地方课程与校本课程的研究"子课题,通过近两年的研究,获得了全国教育科学"十五"规划重点课题子课题评比一等奖。2009年8月,我代表浙江省体育教师,参加了在湖南长沙举行的第十届全国中学生运动会论文报告会,并获得二等奖。2012年12月,我撰写的论文《吴兴区初中教育发展联盟体育学科联动研训的现状与发展对策研究》,荣获浙江省教学论文评比一等奖。2014年5月,我撰写的论文《浙北地区农村九年一贯制学校体育现状与对策研究》,在第十二届全国学生运动会科学论文报告会浙江省选拔评审中荣获一等奖。2015年,我主持的湖州市教育科学规划课题"中小学体育器材开发与利用的实践与研究",荣获湖州市2016年度优秀科研成果评比一等奖。

二、开发器材,丰富课堂

为了激发学生对体育课的兴趣,让学生在不断探索与创新中形成正确的认识,并获得积极的情感体验,我在实践中不断探索,总结出各种各样的教学方法,尝试了各种各样的新游戏,力求多样化、趣味性教学,追求趣味性动感,形成了自己的体育教学特色。近年来,我利用破的篮球、排球、足球等自制实心球,利用体操棒和跳高竿让学生做各种跳跃练习,教学生用沙包和接力棒来练习投掷,对器材室内的体操垫、跳箱、山羊进行改造。另外,还对"非常规"体育器材的开发与利用进行了实践研究,如利用旧轮胎、可乐瓶、旧报纸等自制器材,既为学校节省了经费开支,又开发了诸如滚轮胎、吹报纸(发展学生的肺活量)、投纸飞机(练习投掷的鞭打技术)、用报纸练习鲤鱼跳龙门等游戏,深受学生的欢迎。这些练习实效性强,趣味性浓,操作方便,很有新鲜感,能充分发挥学生的练习积极性,不但能让学生在活动中得到锻炼并享受成功的乐趣,而且还能给学生在课堂上进行自我展示、自我评价的机会。

在体育教学中由于场地、器材资源缺乏,我从实际出发,因地制宜,就地取材,注重体育器材资源开发与利用的研究,并撰写十多篇相关文章分别发表在《中国学校体育》《体育教学》等刊物上,申报的课题"中小学'非常规'体育器材开发与利用的实践研究"已经立项为2017年浙江省教研课题。由于我平时注重体育场地、器材资源开发与利用的研究,所以我的课堂教学丰富多彩,深受学生喜欢。

多年来我一直在体育教科研的道路上探索,从理论到实践,再从实践上升到理论,从而形成了自己的体育教育教学特色。

教学实绩

在长期的一线体育教育教学中,我充分发挥一线体育教育教学实践的优势,做好学校领导的参谋,得到了学校领导的大力支持。我大胆进行了学校体育教育教学与课程改革,把体育新理念运用到学生阳光体育运动中,不断探索学生阳光体育运动规律,取得了较好的成效,并将我校体育教育教学与课程改革的新举措撰写成文章,分别刊登在2007年11月19日《中国体育报》、2008年1月26日《中国体育报》、2008年第9期《中国学校体育》杂志、2008年第12期《体育教学》杂志和2009年1月9日浙江《体坛报》上,向全国推广我校体育教育教学与课程改革的新举措。

一、不断探索,效果明显

在体育教育教学中,我根据教材特点,充分挖掘教材的愉悦性,注重体育课堂教学研究,从理论到实践,再从实践上升到理论,撰写的教育教学文章发表在《中国学校体育》《体育教学》等刊物上,为学校体育课程改革做出了贡献,并形成了自己的教学风格。

2013年10月,湖州市初中体育与健康学科优质课评比在长兴县洪桥逸夫中学举行,我执教了《篮球——运球急停急起》,得到了评委和观摩教师的一致好评,有很多老师对我说:"姚老师,听了您的课,我懂得了教学创新的重要性……"2014年11月,湖州市名师展示活动在长兴实验中学举行,我执教了《篮球——体前变向换手运球》,并作了题为《基层体育教师如何进行教科研》的专题讲座,得到了同行的一致好评。

通过长期的教学实践,我将体育教学工作概括为"四勤"——勤问、勤想、勤看、勤练。在平时的工作中,正是因为我长期坚持"四勤",我在工作中从未出现"淡化运动技术"的情况,在新一轮的体育课程改革中没有迷失方向,一直坚持技术与技能的教学。

二、科学训练，塑体育人

在学校的课余训练工作中，为了最大限度地挖掘学生的运动潜能，我遵循学生身心发展的规律，利用节假日和课余时间带学生训练，几十年如一日，不谈条件、不计报酬，培养学生特长。记述我的业余训练事迹的报道《从莫干山下走出来的田径教练》，曾刊登在2004年2月7日的浙江《体坛报》上。在学校规模有限，学生总人数不到1000人，客观条件与中心城其他同类学校相比有较大差距的情况下，我认为如果再不从"科学"二字上下功夫，那么学校的课余训练将没有作为。只有以科学的理论为指导，努力增强训练的针对性，才能有效提高运动成绩。

2013年浙江省第十一届中学生定向运动比赛金牌获得者小薛同学，在读初一年级时，400米成绩总是在1分15秒左右徘徊，在相当长的一段时间内无法取得突破。针对这种情况，我将运动训练学、运动生理学、体育心理学、运动生物力学、运动解剖学等的相关知识作为训练的重要依据。从运动解剖学中，我了解到人体运动时，髂腰肌是支配大腿的主要肌肉，当400米跑到最后50米时随着肌肉内乳酸的大量堆积，髂腰肌产生疲劳，使人抬不起大腿，造成减速。对此，我在训练中采用拉胶带快速抬腿及负重摆腿等方法，经常对他的这些部位进行高强度刺激，从而使该部位内环境产生抗酸能力。通过一段时间有针对性的科学训练，小薛同学的400米成绩达到56秒，为他参加定向运动打下了良好的身体基础。在定向运动训练中，我采取科学的训练手段，引导学生识图—定位—体验—比赛，使学生尽快掌握比较系统的定向运动知识。定向运动在学校已基本普及，我从学校的实际出发编写了《定向运动》校本教材，学校被区教育局、区文体局命名为"吴兴区青少年定向运动训练基地"。

在体育教学中，我遵循学生身心发展规律，有效地实施体教结合，开展课余训练，使一大批学生得到发展。近些年来，我训练的校运动队9次荣获湖州市体育比赛团体总分第一名。2011年10月，我训练的校定向运动队（代表湖州市）参加浙江省第十届中学生定向运动比赛，王奕欣同学荣获省初中女子百米定向比赛的第二名，宋如静同学荣获省初中女子百米定向比赛第三名；2013年11月，我训练的校定向运动队（代表湖州市）参加浙江省第十一届中学生定向运动比赛，由薛凡、茹文、张洛嘉三名学生组成的男子组团队荣获省初中男子团队比赛第一名，薛凡同学还荣获省初中男子短距离比赛第二名。多名学生在浙江省体育比赛中摘金夺银,被省一级重点高中特招并在中考中获得加分。

一直以来我关爱慈善事业和残疾人的体育运动,现兼任湖州市残疾人体育协会副秘书长和田径运动队的教练。在训练残疾人运动员时,针对特殊人群的实际情况,当他们在训练上遇到困难的时候,我就及时给予关心和呵护,帮助他们树立战胜困难的勇气和信心。从2006年到现在,已经训练过两届湖州市残疾人田径队参加浙江省残运会,所训练的湖州市残疾人运动员在浙江省残运会比赛中获得3枚金牌、4枚银牌、3枚铜牌;经我训练过的残疾人运动员在代表浙江省参加四年一届的全国残疾人运动会中,获得了1枚金牌、2枚银牌、1枚铜牌,为残疾人体育事业做出了贡献。

要成为一名合格的教师,高度的思想政治觉悟、无私奉献的精神是前提,扎实的业务能力、引人入胜的授课是关键,团结协作、锐意进取的工作作风是保证。从教35年来,我一直拥有对学校体育事业无比热爱和执着追求的情怀,常利用五一假期、国庆假期、寒假、暑假、双休日指导学生。由于在业余训练上取得了较好的成绩,2005年8月我被国家体育总局评为"全国群众体育先进个人",2006年10月在浙江省第七届残疾人运动会上被评为"优秀教练员",2012年12月荣获湖州市第四届"教学明星"荣誉称号,2013年6月被吴兴区人民政府评为"姚立明名师工作室"领衔人,2013年9月被吴兴区人民政府评为吴兴区首批"享受教育特殊津贴第一层次学科教学人才",2014年5月在湖州市第十三届中学生定向比赛中荣获"最佳教练"称号。

从长期的一线体育教育教学中我体会到:辛勤工作是最好的投资,敬业的最终受益者是自己。

倾心带徒

怀着对学校体育事业的无比热爱和执着追求的教育情怀,我长期耕耘在操场上,在体育教学生涯中经过不断努力取得了一定的成绩,积累了一定的体育教育教学经验。近年来,我担任吴兴区"姚立明名师工作室"的领衔人、吴兴区体育教研大组组长、吴兴区中学第四教育发展联盟体育学科兼职研训员,我深知肩上责任的重大,我认为要想提高青年教师的业务能力,必须注重自身素质的提高,认真做好"传、帮、带",并为提高青年教师业务能力创造条件。几年来,我在培养和指导青年教师方面取得了较好的成绩。

一、甘为人梯,扶持新人

在长期的体育教育教学实践中,我认真贯彻并实施吴兴区教育局承担的教育部规划课题"区域性学生作业'控量提质'模式的研究",带领青年体育教师积极组织开展各种体育教研活动,探讨教法,研讨学法,推进"五步教学法"。作为吴兴区"姚立明名师工作室"的领衔人,培养和指导青年教师,促进教师的专业成长是我的工作职责。2013年10月我在织里二中开展工作室活动期间,为学员上了一节《篮球——体前变向运球》的示范课,与学员一起磨课,使工作室内形成了浓厚的教研氛围。我真诚有效地指导青年教师,通过一起备课,互相听课、评课等,在前引导,在后督导,在旁辅导,认真做好"传、帮、带"工作,使一大批青年教师成为体育教学的骨干力量。织里二中的俞琦老师代表吴兴区参加湖州市初中体育学科优质课评比前,我多次与他探讨《行进间双手胸前传接球》的教学设计、教学过程和注意事项,俞琦老师也主动到我校借班上课,与我一起磨课。我们对教材中一些教法一起进行了探究,并取得了较好的教学效果。文苑小学的张飞玲老师经常向我请教有关体育科研论文的撰写技巧,2013年张老师撰写了论文《吴兴区小学课余训练存在的问题及对策研究》并和我一起探讨,我从论文摘要到正文的撰写都提出了建议,张老师按照我的建议进行了修改,最后论文获得了浙江省体育教学论文评比一等奖。张老师又撰写了《有效发展小学低年级学生"坐位体前屈"能力的教与学》并和我一起探讨,文章修改后发表在《体育教学》杂志上。张老师高兴地说:"经过姚老师的指导,我在科研方面提高了不少,非常感谢姚老师……"

国家的未来属于青年人,体育工作同样需要一大批热爱体育、乐于奉献的青年人。我在平时的体育教学中注重团队素质的提高,充分调动教师的积极性,营造浓厚的教学研究气氛。体育教师对体育项目各有所长,为提高体育教师的综合素质,我组织教师互帮互学,相互指导,使教师素质大幅度提高。近年来,与我师徒结对的教师取得了较好的成绩,如飞英小学的崔国强老师被评为吴兴区第三届"教坛新秀",妙西中学的陈剑老师被评为吴兴区第四届"教坛新秀",湖州四中的陈志坚老师、织里二中的俞琦老师被评为吴兴区第五届"教坛新秀",文苑小学的张飞玲老师评为被吴兴区第四届"教学能手",仁皇山小学的王莉丽老师被评为湖州市第五届"教学明星"和"浙派名师"培养对象。

二、联动研训,培育新人

在以我校为牵头学校,与道场中学、妙西中学组成的初中第四教育发展联盟中,由三所学校体育组组成体育联盟,学校领导让我担任联盟兼职研训员。我根据联盟体育教研组的实际情况,申报了研究课题"初中《体育与健康》联盟学校联动研训的现状与对策研究",该课题被立为2012年度湖州市教研课题。我带领课题组成员查阅相关资料,最后确定本课题以教育部制定的《义务教育体育与健康课程标准(2011年版)》为依据,以《浙江省义务教育体育(与健康)必学内容教师用书》为指导,结合吴兴区教育局推进"三小"研训工作,培育基于问题解决的"三小"研训模式,培养青年教师关注在体育教学中出现的小现象,研究在体育教学中出现的小问题,形成改进和提高的小策略的能力。通过实践与研究,探讨适合体育教学有效开展的方法与途径,总结联盟联动研训经验,促进体育教育教学均衡发展,青年教师取得了不少阶段性成果。妙西中学的陈剑老师撰写的论文《浅谈选择式教学在体育教学中的应用与研究》获湖州市2012年体育教学论文评比二等奖,所上的八年级《行进间双手胸前传接球》获湖州市初中体育与健康课堂教学评比一等奖,撰写的教案七年级《篮球双手胸前传接球》获区体育教学设计评比三等奖。湖州八中的王超老师在吴兴区中小学体育运动技能单元教学短期培训之"田径"专题培训活动中,教授了八年级《跨越式跳高》的第一课时,教学效果良好。王超老师在浙江省中小学教师专业发展远程培训中被评为优秀学员,在2012年中心城赛区优质课评比中获二等奖。

联盟学校有三位体育教师因走上工作岗位时间不长,常感觉无所适从,对待身边的人和事比较茫然,有时甚至盲从,苦恼之余却很少与同行交流。在一次联盟教研活动中,三位青年教师与我聊起了在体育教育教学中遇到的一些困惑,希望能得到联盟体育教研大组的帮助和指导,以便在联盟体育教研大组的指引下,正确走好接下来的体育教师之路。我听了以后,认为青年教师要求上进是一件好事,吴兴区教育局建立学校教育发展联盟的目的就是力求达到"龙头带动、两翼发展、优势互补、多校共赢"的办学格局。我根据联盟学校三位青年教师的实际情况,制订了研训计划,通过研训、提炼、构建,总结出基于体育案例教学促进青年教师专业成长的有效策略,以提升青年体育教师的专业素质,帮助他们转变教学理念,将教学从单纯的注重传授知识转变为新课改下的"以学生为本",建立一个真正能促进青年教师专业成长的平台,帮助他们正确地审视自我,客观地评估自我,走出自我的困惑,能让体育教师的成长之路走得平坦、充实,而又能彰显体育教师丰富多彩的人生。每次联盟体育教研大组安排活动,三位青年体育教师都要求上课,课后大家围绕主题"基于案例教学的青年体育教师专业成长"畅所欲言,提出了很多有价值的建议。联盟教研大组的研训活动为青年教师的成长搭建了平台,联盟研训案例《基于案例教学的青年体育教师专业成长联动研训》,在2012年举行的吴兴区联盟联动研训优秀案例评比中荣获一等奖。联盟内青年教师的业务能力得到了快速提高,迈出了体育教学路上成长的第一步,几年来,我所指导的青年教师中有多人已成为市、区体育教学骨干力量。

几十年来,我一直坚守在体育教育教学第一线,把教书育人看成是自己神圣的使命与责任,把自己的青春年华洒在我热爱的体育教育教学事业上,如果说取得了一些成绩的话,也是领导信任、培养和同事支持、帮助的成果。体育教师成千上万,每一位教师都在努力工作,但领导给了我一个学习、实践、展示的空间和平台,使我从一个普通的体育教师成长为省特级教师,还获得了很多荣誉和头衔。党和人民给了我这么多的荣誉,我要遵循我的誓言,怀着对学校体育事业的无比热爱和执着追求的教育情怀,使自己的生命发出最大的光和热,把一切贡献给学校体育事业。

勤于实践　潜心研究

当前,在全面推进素质教育的进程中,在体育教育教学与课程改革的实施过程中,在学科教学指向核心素养的探索过程中,学校体育和广大体育教师会遇到许多新的问题、新的困境,需要我们体育教师撸起袖子加油干,在体育教育教学与课程改革中勤于实践、潜心研究。

俗话说:"教而不研则浅,研而不教则空。"为了探索体育教育教学的规律,我坚持教学实践,潜心研究,大胆创新,注重理论与实践的有机结合,积极探索有效的教学方法,并应用到教学实践中,提出促进学校体育稳健发展的对策和合理化建议,为学校体育事业的可持续发展做出贡献。

吴兴区初中教育发展联盟体育学科联动研训的现状与发展对策研究

2002年开始的课程改革已在全国展开,作为课程的执行者,教师成为了这场课程改革的关键和主力军。可以这样说:没有教师的专业化发展就没有课程的发展,也就没有学生的发展,这场深层次的教育改革也可能就会无功而返。为此,教育行政部门陆续组织教师参加了各种新课程培训,促使教师从思想和能力两个方面得到提高,以便及时有效地适应新课程的需求。但是一段时间后,工学矛盾、针对性不强、学校经济承受力不行等问题渐渐出现了。为了搞好2004年全面推行的新课程改革,各校迫切需要一种切合学校实际、迎合新课程要求的教师培训模式。

校本研训制度是在重新审视了现有教研制度之后,基于我国国情的、自下而上的一种制度创新。它以中小学教师为研究主体,以教育教学中的实际问题为研究对象,采用专家引领、同伴互助、自我反思等方式对现实教育教学活动中的问题进行研究,通过问题的解决达成教师专业的自主成长。但校本研训在实际操作中,受学校条件差异的影响,其效果也各不相同。由于学校在文化背景、师资水平、学生来源、周边环境、教学条件等方面都存在不同程度的差异,而这种差异在城乡之间、名校与薄弱学校之间尤为明显,造成校本研训的水平也存在不同程度的差距,城镇学校搞得卓有成效,而农村薄弱学校由于学校规模小,专家型教师几乎没有,教师少,既缺乏研究对象,也没人去关注自己身边的问题,更谈不上自我反思,所以研训效果不好。

为此,2009年吴兴区教育局以"让更多的孩子接受更好的教育"为理念,在推进城乡教育一体化的基础上,出台了《吴兴区教育局关于建立学校教育发展联盟 推进区域联片组团发展的实施方案》,召开学校组团发展推进会、牵头校长工作例会,组建12个教育发展联盟,其中初中有5个,以人员互动、研训联动、文化共建、项目合作等主题式活动为抓手,力求达到"龙头带动、两翼发展、优势互补、多校共赢"的办学格局,区域合作共进局面逐步形成。联盟联动研训是依据我区在开展校本研训活动中所碰到的具体问题而提出的,是以中心城的一所学校为龙头,联合薄弱乡镇的两所学校,形成一个联盟,重点研究解决联盟内各校课程实施过程中面临的各种共性问题,实现联盟内各校优势互补的一种研训组织方式。我区以湖州四中、湖州八中、湖州十一中、湖州十二中、实验中学和环渚学校6所初中为牵头学校,组成6个初中教育发展联盟。

本文针对2012年吴兴区初中教育发展联盟体育学科联动研训的现状进行剖析,提出发展对策,探讨适宜体育教学有效开展的方法、途径,总结和推广联盟联动研训经验,促进体育教育教学均衡发展。

一、研究对象与研究方法

(一)研究对象

本研究以吴兴区6个初中教育发展联盟的19所学校为研究对象。

(二)研究方法

1. 问卷调查法

根据研究的目的和任务,本研究设计了《吴兴区初中教育发展联盟体育学科联动研训实施情况调查表》,在吴兴区分管教学校长会议上进行问卷调查,共发放问卷19份,现场回收,问卷回收率100%,问卷有效率100%。在初中体育与健康教研活动期间,对6个初中教育发展联盟的19所学校的体育教师进行问卷调查,共发放问卷87份,现场回收,问卷回收率100%,问卷有效率97.8%。

2. 数理统计法

对调查所获得的数据进行常规统计处理。

3. 文献资料法

通过网络、湖州师范学院图书馆等途径查阅有关文献资料,为本研究提供理论依据。

4. 实地考察法

对6个初中教育发展联盟的19所学校进行实地考察并和相关人员座谈,了解与本研究有关的具体情况。

5. 观察法

通过观察了解与本研究有关的具体情况。

二、结果与分析

（一）联动研训情况

吴兴区 6 个初中教育发展联盟 19 所学校的联动研训情况见表 1 至表 3。

表 1　19 所学校之间建立校际联动研训队伍情况

调查内容	已建立（所）	占总数
校长层面上的领导队伍	15	78.9%
教务主任层面上的操作队伍	16	84.2%
体育教研组长层面上的联络队伍	16	84.2%
体育骨干教师层面上的指导队伍	15	78.9%
体育教师层面上的实践队伍	15	78.9%

表 2　19 所学校之间建立校际横向联动研训交流队伍情况

调查内容	已建立（所）	占总数
校长室之间横向交流	15	78.9%
教务处之间横向交流	13	68.4%
教科室之间横向交流	13	68.4%
体育教研组之间横向交流	12	63.2%

表 3　19 所学校内部建立纵向联动研训协作队伍情况

调查内容	已建立（所）	占总数
校长室与教务处之间协作	15	78.9%
校长室与教科室之间协作	15	78.9%
教务处与教科室之间协作	16	84.2%
教务处、教科室、体育教研组之间协作	13	68.4%

从表 1 至表 3 中可以发现，吴兴区 6 个初中教育发展联盟 19 所学校中还有部分学校没有建立配套的校际联动研训队伍，这不利于校际联动研训活动的安排和校际联动研训活动的实施等。一般情况下，初中教育发展联盟学校之间联动研训的实施需要建立配套的队伍，这样才能正常开展联盟学校之间的联动研训活动，才能提高联盟学校之间的联动研训质量，才能推进吴兴区教育局提出

的"三小"研训工作,培育基于问题解决的"三小"研训模式。

(二)体育师资情况

吴兴区6个初中教育发展联盟19所学校的体育师资情况见表4至表6。

表4　19所学校专、兼职体育教师情况

教师总数	专职教师	专职教师占教师总数	兼职教师	兼职教师占教师总数
87	72	82.8%	15	17.2%

表5　19所学校体育教师学历、职称情况

学历	占教师总数	职称	占教师总数
本科及以上	75.9%	高级	8.0%
专科	18.4%	中级	46.2%
中专	5.7%	初级	45.8%

表6　19所学校的名师情况

荣誉称号	人数	占教师总数
市教学能手	1	1.1%
区教学明星	2	2.3%
区教学能手	3	3.4%
区教坛新秀	5	5.7%

从表4中可以发现,吴兴区6个初中教育发展联盟19所学校的体育师资队伍不足,共有体育教师87名,其中专职教师占82.8%,兼职教师占17.2%,兼职教师比例偏高,没有达到国家对义务教育阶段体育教师的配备规定。调查显示,有三分之一的学校还没能做到每周开设3节体育课,没有达到国家规定开设体育课的课时量。

从表5中可以发现,87名体育教师本科及以上学历比例较高,占75.9%,中专学历占5.7%,整个体育教师队伍学历层次较高。87名体育教师中7名教师具有高级职称,高级职称的教师只占8.0%,中级职称的教师只占46.2%,初级职称的教师占了45.8%,职称结构有待优化。吴兴区6个初中教育发展联盟19所学校的体育教师中高级职称的教师比例偏低,因此,缺乏专家型教师的引领是影响吴兴区初中教育发展联盟体育学科联动研训质量的主要因素。

从表6中可以发现,6个初中教育发展联盟共87名体育教师中只有11名教师具有名师称号。其中,市教学能手只有1名,占1.1%;区教学明星只有2名,占2.3%;区教学能手只有3名,占3.4%;区教坛新秀只有5名,占5.7%。因此,缺乏名师的引领是影响吴兴区初中教育发展联盟体育学科联动研训质量的重要因素。

(三)体育学科联动研训情况

吴兴区6个初中教育发展联盟每学期开展体育学科联动研训情况见表7。

表7　6个初中教育发展联盟每学期开展体育学科联动研训情况

活动次数	联盟(个)	占联盟总数	活动记载	联盟(个)	占联盟总数
3次	1	16.7%	详实	1	16.7%
2次	1	16.7%	较好	2	33.3%
1次	3	49.9%	较差	2	33.3%
0次	1	16.7%	没有	1	16.7%

从表7中可以发现,6个初中教育发展联盟每学期开展体育联动研训活动次数较少,只有1个联盟开展3次活动,还有1个联盟1个学期没有开展活动;活动记载情况中,只有1个联盟有详实的记载并撰写活动报道,有1个联盟没有记载活动情况。由于大部分联盟的牵头学校对初中体育学科不重视,因此,导致吴兴区初中教育发展联盟学校体育学科联动研训名存实亡。

(四)师徒结对联动研训情况

吴兴区6个初中教育发展联盟19所学校开展师徒结对联动研训情况见表8。

表8　19所学校开展师徒结对联动研训情况

调查内容	联盟(个)	占联盟总数
师徒结对	5	83.3%
师徒网络研训	2	33.3%
师傅上示范课	4	66.7%
徒弟上汇报课	5	83.3%
师傅给徒弟做课堂教学指导	4	66.7%

续　表

调查内容	联盟(个)	占联盟总数
徒弟主动向师傅请教课堂教学问题	5	83.3%
师傅给徒弟做科研指导	1	16.7%
徒弟主动向师傅请教科研问题	4	66.7%
徒弟经师傅指导后课堂教学在区级评比中获奖	4	66.7%
徒弟经师傅指导后课堂教学在市级评比中获奖	1	16.7%
徒弟经师傅指导后论文在区级评比中获奖	2	33.3%
徒弟经师傅指导后论文在市级评比中获奖	1	16.7%
徒弟经师傅指导后课题在区级立项	2	33.3%
徒弟经师傅指导后课题在区级评比中获奖	1	16.7%
徒弟经师傅指导后课题在市级立项	1	16.7%
徒弟经师傅指导后课题在市级评比中获奖	0	0

从表8中可以发现,6个初中教育发展联盟中有5个联盟开展了体育教师师徒结对,占83.3%;有2个联盟开展了体育教师师徒网络研训,占33.3%;师傅主动给徒弟上示范课的占66.7%;师傅给徒弟做课堂教学指导的占66.7%。由于只有部分学校开展了师徒结对联动研训,徒弟在课堂教学、教育教学科研方面虽然取得了一些成绩,但是取得的成效不高,效果不显著。

(五)体育教师近三年的教科研情况

吴兴区6个初中教育发展联盟牵头学校的体育教师近三年的教科研情况见表9至表13。

表9　6所牵头学校体育教师对体育教学的态度情况

调查内容	选项					
	是(人)	占总数	有时是(人)	占总数	否(人)	占总数
1. 每学期初,你是否都认真制订了学期授课计划?	37	42.5%	39	44.8%	11	12.7%
2. 你是否制订了单元计划?	38	43.7%	39	44.8%	10	11.5%
3. 上体育课前,你是否做到了认真写好教案?	29	33.4%	37	42.5%	21	24.1%

调查内容	选项					
	是(人)	占总数	有时是(人)	占总数	否(人)	占总数
4. 上体育课前,你是否已经做好课前的器材准备?	37	42.5%	32	36.8%	18	20.7%
5. 遇到下雨天,体育课你是否还上?	46	52.9%	21	24.1%	20	23.0%
6. 你除了上体育课外,平时是否指导学生开展日常体育锻炼活动?	39	44.8%	39	44.8%	9	10.3%
7. 上完体育课后,你是否对本次课有书面的小结或反思?	31	35.6%	37	42.5%	19	21.9%

从表9中可以发现,6个初中教育发展联盟牵头学校的体育教师在平时的体育教学工作中爱岗敬业的热情不高,课堂教学随意性很大,部分教师上课无教案,"一个哨子两个球,老师学生都自由"的"放羊式"体育课普遍存在。由于牵头学校的部分体育教师上进性不强,导致本联盟的部分体育教师课堂教学自然也成了"放羊式"体育课。因此,牵头学校的体育教师平时不钻研业务,导致教育教学业务水平不高,也是影响吴兴区初中教育发展联盟体育学科联动研训质量的重要因素。

表10 6所牵头学校近三年个人、学校订阅体育类刊物情况

刊物	订阅个人占教师总数	订阅学校占学校总数
中国学校体育	42.5%	83.3%
体育教学	47.1%	66.7%
体育师友	12.6%	16.7%
田径	2.3%	16.7%
运动	1.1%	16.7%
中国体育报	3.5%	33.3%
体坛报	12.6%	83.3%

从表10的调查结果可以发现,6个初中教育发展联盟牵头学校个人和学校近三年订阅体育类刊物中,《中国学校体育》和《体育教学》两种杂志深受喜爱,但还有部分学校没有订阅,有一半以上的教师没有订阅以上任何一种刊物,说明牵头学校的部分领导对体育教学科学研究投入太少,大部分体育教师科研意

识不强,平时很少阅读体育类科研刊物。因此,牵头学校的科研意识不强也是影响吴兴区初中教育发展联盟体育学科联动研训质量的重要因素。

表11　6所牵头学校体育教师近三年优质课获奖、公开课开展情况

优质课获奖	节数	公开课	节数
市一等奖	3	省级	1
市二等奖	4	市级	3
区一等奖	5	区级	6
区二等奖	8	联盟	16
区三等奖	9	校级	29
赛区一等奖	6		
赛区二等奖	7		

从表11中可以发现,6个初中教育发展联盟牵头学校的体育教师近三年优质课获奖、公开课开展情况不容乐观。俗话说"火车跑得快,全靠车头带",故应尽快提高牵头学校体育教师的课堂教学能力,使他们成为名副其实的"龙头"。

表12　6所牵头学校体育教师近三年论文、案例、课题获奖情况

获奖	论文篇数	案例篇数	课题项数
全国一等奖	0	0	1
全国二等奖	3	0	0
全国三等奖	5	0	0
省一等奖	1	0	0
省二等奖	3	0	0
省三等奖	6	2	0
市一等奖	3	1	0
市二等奖	5	3	1
市三等奖	7	5	2
区一等奖	5	2	1
区二等奖	8	5	3
区三等奖	11	6	3

表13　6所牵头学校体育教师近三年论文发表情况

刊物	论文发表篇数
中国学校体育	7
体育教学	8
体育师友	1
田径	1
运动	1
中国体育报	5

从表12、13中可以发现,6所初中教育发展联盟牵头学校的体育教师近三年论文、案例、课题获市一等奖以上和在省级以上刊物发表文章较少且仅集中于1~2位教师,说明牵头学校的大部分体育教师平时不重视教育教学科学研究。

三、结论与建议

(一)结论

(1)吴兴区6个初中教育发展联盟的19所学校开展联动研训过程中,有21.1%的学校没有建立配套的校际联动研训领导队伍,有31.6%的学校没有建立校际教科室之间横向联动研训交流队伍,有21.1%的学校没有建立校内纵向联动研训协作(校长室与教务处、校长室与教科室)队伍。由于还有部分学校没有建立配套的校际联动研训队伍,这不利于校际联动研训活动的安排和校际联动研训活动的实施等,不利于推进吴兴区教育局提出的"三小"研训工作,培育基于问题解决的"三小"研训模式。

(2)吴兴区6个初中教育发展联盟19所学校的体育师资队伍不足,有三分之一的学校每周只开设2节体育课,没有达到国家规定开设体育课的课时量,且兼职教师比例偏高,没有达到国家对义务教育阶段体育教师的配备规定。87名体育教师中只有7名教师具有高级职称,高级职称的教师仅占8.0%,中级职称的教师只占46.2%,初级职称的教师占了38.5%,职称结构有待优化。吴兴区6个初中教育发展联盟的19所学校体育教师中只有11名教师具有名师称号,其中市级名师只有1名,占1.1%,区教学明星只有2名,占2.3%,区教学能手只有3名,占3.4%,区教坛新手只有5名,占5.7%。因此,缺乏名师的引领是影响吴兴区初中教育发展联盟体育学科联动研训质量的重要因素。

(3)吴兴区6个初中教育发展联盟每学期开展联动研训活动次数较少,活动记载情况较差。由于大部分联盟的牵头学校对初中体育学科不重视。因此,导致吴兴区初中教育发展联盟体育学科联动研训名存实亡,有可能完全达不到"龙头带动、两翼发展、优势互补、多校共赢"的办学格局。

(4)吴兴区6个初中教育发展联盟中有5个联盟开展了体育教师师徒结对,有2个联盟开展了体育教师师徒网络研训,师傅主动给徒弟上示范课的占66.7%,师傅给徒弟课堂教学指导的占66.7%。由于只有部分学校建立了师徒结对,开通了师徒网络研训,徒弟在课堂教学、教育教学科研方面虽然取得了一些成绩,但是取得的成效不高,效果不显著。

(5)吴兴区6个初中教育发展联盟的牵头学校的体育教师在平时的体育教学工作中爱岗敬业的热情不高,课堂教学随意性很大,部分教师上课无教案,"放羊式"体育课普遍存在。调查发现,牵头学校的体育教师近三年优质课获奖、公开课开展情况不容乐观,论文、案例、课题获市一等奖以上和在省级以上刊物发表文章较少且仅集中于1~2位教师,说明牵头学校的大部分体育教师平时不重视教育教学科学研究。

(二)建议

(1)形成系统的校际联动研训制度。初中教育发展联盟联动研训是学校之间的联动研训,这种形式必然与各校校内的研训活动有一定的冲突。因此,必须要有一定的保障措施,制定一系列规定,使研训计划能顺利实施,可尝试建立理论学习制度、交流对话制度、定期活动制度等。

(2)建立配套的校际联动研训队伍。初中教育发展联盟学校之间联动研训的实施需要建立五支队伍:联动学校校长层面上的领导队伍,联动学校教务主任层面上的操作队伍,联动学校体育教研组长层面上的联络队伍,联动学校体育骨干教师层面上的指导队伍和联动学校体育教师层面上的实践队伍。同时,还要拓展联动研训的途径,如电话联动、信函联动、操作联动等。

(3)建立"回环式"吴兴区初中教育发展联盟体育学科联动研训组织结构,如图1所示。

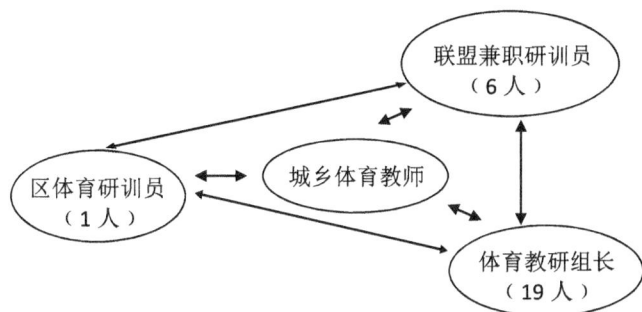

图1 "回环式"联动研训组织结构

(4)建立联盟学校体育教研网或体育教师论坛,充分发挥网络的优势,搭建一个教师交流的平台。本次调查中,有68.9%的教师认为和他人交流探讨可以使自己的教学业务水平提高得更快,而我们平时在学校工作都很忙,没有特别太多面对面交流的机会。电脑与网络的普及给我们创造了机会,再加上现在老师基本都会使用电脑,因此,建立一个联盟学校体育教研网和体育教师论坛,可以使联盟学校体育教师更快地了解联盟学校的体育教育信息,通过网络发表一些自己的文章或课件之类的资料,与大家交流、共享。同时,还可以通过论坛与大家一起探讨教学方面的问题,提出自己的见解,也可以把自己在教学中碰到的问题与大家交流,寻求帮助,通过这一有效媒体,从而达到共同进步的目的。

(5)通过研究探讨出适宜体育教学有效开展的方法和途径,总结和推广联盟联动研训经验,促进体育教育教学均衡发展。

(本文写于2012年)

农村九年一贯制学校体育现状与对策研究

——以浙江省湖州市69所农村九年一贯制学校为例

九年一贯制学校,是根据国家义务教育法有关实施九年义务教育年限的规定组建起来的,适合农村现状的一种较为特殊的办学模式,是贯穿小学与初中教育一体化的学校。这种形式在县域内学校布局上已达到了最大化的资源共享。但纵观浙江省湖州市农村九年一贯制学校,在办校模式上或多或少存在这样或那样的困惑。2001年5月29日,中共中央、国务院颁发《关于基础教育改革与发展的决定》,同年6月8日,教育部下发了《关于印发〈基础教育课程改革纲要(试行)〉的通知》,拉开了我国自中华人民共和国成立以来声势最为浩大的课程改革帷幕。课程改革近十年来,在充分肯定体育与健康课程改革取得成绩的同时,我们也应该清醒地看到,我国是一个传统的农业大国,全国有约80%的学校在农村,从我国现阶段来看,推进基础教育体育与健康课程改革,重点在农村,难点也在农村,必须坚持"农村教育重中之重的地位不动摇"。农村学校的体育师资力量薄弱,体育场地不足,设施陈旧,运动器材不足和经费缺乏,学校体育管理滞后,体育始终是农村学校教育的薄弱环节,社会环境的影响和经济的制约,造成了农村学校体育基础条件先天不足,体育与健康课程改革的有关规定和要求得不到完全落实的现象很普遍。确保农村学校的体育师资力量、场地和器材等是推进基础教育体育与健康课程改革的关键。笔者对浙江省湖州市的69所农村九年一贯制学校体育的现状进行了调研,就如何加快农村九年一贯制学校体育与健康课程改革的推进工作作了一些思考,提出了相关建议和参考意见,愿与同行们共同探讨。

一、研究对象与方法

(一)研究对象

本研究选取浙江省湖州市的69所农村九年一贯制学校为研究对象。

(二)研究方法

1. 问卷调查法

根据研究的目的和任务,本研究设计了《湖州市农村九年一贯制学校〈体育与健康〉课程实施情况调查表》,在湖州市农村九年一贯制学校田径运动会期间,对69所农村九年一贯制学校进行问卷调查,共发放问卷97份,现场回收,问卷回收率100%,问卷有效率95.9%。

2. 数理统计法

对调查所获得的数据进行常规统计处理。

3. 文献资料法

通过网络、图书馆等途径查阅有关文献资料,为本研究提供理论依据。

4. 实地考察法

对69所农村九年一贯制学校进行实地考察并和相关人员座谈,了解与本研究有关的具体情况。

二、结果与分析

(一)体育师资情况

69所农村九年一贯制学校的体育教师情况如表1和表2所示。

表1　体育教师情况

教师总数	专职教师	专职教师占教师总数	兼职教师	兼职教师占教师总数
297	201	67.7%	96	32.3%

表2　体育教师学历、职称情况

学历	占教师总数	职称	占教师总数
本科	36.7%	高级	6.1%
专科	45.5%	中级	38.1%
专科以下	17.8%	初级	55.8%

从表1等可知,湖州市69所农村九年一贯制学校体育教师较为缺乏,专职体育教师比率低,有的学校只有一名体育教师,不能满足学校体育教学的需求。由于兼职教师具有不确定性和非专业性,这势必会影响体育课的确定性、

稳定性以及体育教学的质量。从表2可知,297名体育教师中,本科学历较少,专科学历较多,整个学历层次偏低;中高级职称的比例偏低,初级职称的比例偏高,职称结构不合理。因此,体育师资力量薄弱是影响湖州市农村九年一贯制学校体育与健康课程改革的主要因素之一。

(二)现有运动场地、器材情况

69所农村九年一贯制学校现有运动场地、器材情况如表3所示。

表3　运动场地、器材状况一览表

场地或器材	数量
田径场(个)	57
篮球场(个)	98
排球场(个)	46
足球场(个)	43
云梯(副)	11
肋木(副)	6
单双杠(副)	102
其他器材(件)	1459

调查发现,这些学校的田径场除1所初中为400米塑胶田径场外,其余学校分别为250米或200米的塑胶或煤渣田径场,46%的田径场地以煤渣和泥土质地为主。调查还发现,39%的学校的场地、器材都普遍陈旧且数量不足,特别是经济相对落后的乡镇九年一贯制学校的场地、器材严重缺乏,在拥有量上也不平衡。因此,运动场地设施陈旧、运动器材不足是影响湖州市农村九年一贯制学校体育与健康课程改革的重要因素。

(三)近三年体育经费投入情况

69所农村九年一贯制学校近三年体育经费投入情况如表4所示。

表4　近三年体育经费投入情况

年度	投入的体育经费(万元)
2010年	38.9
2011年	40.3
2012年	42.1

从表4可知,69所农村九年一贯制学校特别是小学的体育经费投入总体偏低,其投入量也相当不平衡。调查发现,农村九年一贯制学校的运动场地设施陈旧、器材不足且经费缺乏,致使学校体育不能很好地开展,学生体育锻得不到基本场地和器材的保证。学校体育管理滞后,客观上已经成为推进农村九年一贯制学校体育与健康课程改革的障碍。

(四)体育课开设情况

69所农村九年一贯制学校的体育课开设情况如图1所示。

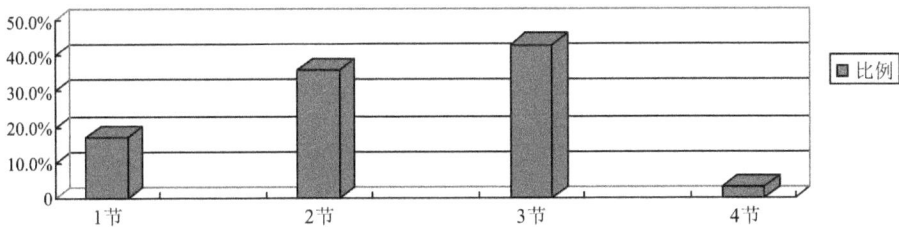

图1 每周开设体育课情况

从图1可知,在调查的69所农村九年一贯制学校中,每周开设2节体育课的学校占36%,有17%的学校每周开设1节体育课,只有3%的学校小学部一、二年级每周开设4节体育课,而对于初中,有43%的学校开设3节体育课。这一现象正好说明了应试教育对体育课程开设的影响。在本次体育与健康课程改革中,体育课时的规定是小学一、二年级每周开设4节体育课,其余年级和初中每周开设3节体育课。由此可见,69所学校体育课开设情况与教育部的要求仍存在较大的差距,且初中按规定开设体育课的情况不如小学。因此,体育课时得不到保证是影响湖州市农村九年一贯制学校体育与健康课程改革的重要因素。

(五)开展课外体育活动情况

69所农村九年一贯制学校每周开展课外体育活动情况如图2所示。

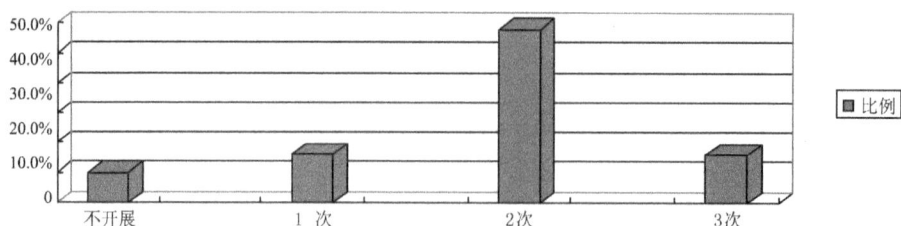

图2　每周开展课外体育活动情况

从图2可知,有10%的学校不开展课外活动,有16%的学校每周开展1次,有48%的学校每周开展2次,有16%的学校每周开展3次。小学部开展课外体育活动的情况比初中部要好。尽管一些学校将课外体育列入了课表,但认真实施、落实的学校并不多。另外,初中部还有近30%的学生并没有参加课外体育活动。中发〔2007〕7号文件《中共中央国务院关于加强青少年体育增强青少年体质的意见》(以下简称"中央7号文件")和《学校体育工作条例》规定,要保证学生每天有一小时体育活动的时间,每天应当组织学生开展各种课外体育活动。从调查的学校分析,不开展课外体育活动的年级比例随着年级的增长而增加,初中毕业班由于临近中考,几乎没有学校开展各种课外体育活动,表现出"应试教育"对课外体育活动所形成的强大冲击。

(六)体育教师的专业素质和教学态度情况

69所农村九年一贯制学校体育教师的专业素质和教学态度情况如表5所示。

表5　体育教师的专业素质和教学态度占全体教师总数比例情况

情况	备课情况	课堂组织	二度备课	课后反思
认真	20.3%			
一般	27.2%			
不认真	52.5%			
严谨		29.3%		
较严谨		19.5%		
较混乱		51.2%		
经常			34.0%	30.3%
不经常			33.0%	36.0%
不一定			33.0%	33.7%

调查发现,69所农村九年一贯制学校中,小学部由于兼职体育教师较多且他们往往不具备专职体育教师的业务素质与技能,体育课堂组织混乱,教材搭配不当,讲解示范不规范,有时将错误的技术动作教给学生。个别教师由于还兼任其他课程,干脆不备课。大约有45%的教师写体育教案,而且还是简案,平时很少进行二度备课和课后反思,采用"放羊式"教学的约占30%,这些教师大部分没有接受过专门培训,缺乏体育基本知识和技能,体育教育教学专业素质相对薄弱。这些都制约了农村九年一贯学校体育与健康课程改革的顺利进行。有些学校领导对文化课抓得很紧,但对体育课的管理却相当松,不重视体育与健康课程改革。课程改革工作缺乏上级业务部门经常、有效的指导,导致有些教师慢慢放松了对自己的要求,课时无保证,课程无进度,教学无计划,上课就是让学生到操场上玩玩,只要不出事就行了,这样的状况下很难培养学生的体育素养、健身习惯和运动技能,更谈不上体育与健康课程改革。可见,所调查的69所农村九年一贯制学校体育教师的专业素质和教学态度与体育与健康课程改革的要求之间的差距比较大。

(七)体育教师对挤占体育课的看法

69所农村九年一贯制学校体育教师对挤占体育课的看法情况如表6所示。

表6 体育教师对挤占体育课的看法情况

看法	人数	所占比例	排序
认为体育课是副课	59	19.9%	1
尽量争取不被占用	57	19.2%	2
无所谓	53	17.8%	3
处于无奈	47	15.8%	4
地位降低而感到气愤	43	14.5%	5
被占用最好,可以轻松了	38	12.8%	6

调查发现,农村九年一贯制学校部分体育教师的责任心不强,观念陈旧,但也处在无奈之中。导致这种现象的原因,一是"应试教育"思想在人们的头脑中根深蒂固;二是物质条件在某种程度上制约着人们的认识;三是目前教育工作主要以升学率的高低来衡量教育质量。此外,有一些学校领导对体育与健康教育的目的、意义认识不明确或不了解,还有许多学校仍受"智育第一"和"应试教

育"的影响,对体育的重要性认识不够,把体育当"小三门"对待,对待体育课的态度仍然是"说起来重要、做起来次要、忙起来不要",实际状况与课改要求差距很大。这是影响农村九年一贯制学校体育与健康课程改革的重要思想障碍。

三、结论与建议

（一）结论

（1）湖州市农村九年一贯制学校体育教师的问题尤其突出,主要包括专职体育教师不足,兼职工作过多,超工作量,相应的待遇跟不上,开展教研活动不系统等,从而导致教师自身业务水平提高的能动性受阻,常态课的教学质量不能得到保证。

（2）湖州市农村九年一贯制学校经费总量投入不足,且不平衡。许多学校体育经费投入不能满足当前需要,主要是因为乡镇财政拨款不到位,甚至有些乡镇财政拨款到位了,部分不重视体育的学校领导也不会把钱用到建设体育场地和添置体育器材上,导致学校体育经费被挪用。

（3）湖州市农村九年一贯制学校体育课程实施面临着多方面的困难和问题,主要原因是应试教育的指挥棒作用以及社会评价标准与课程对学校、教师和学生的评价要求之间不一致。奉行考试成绩的评价取向和地位,使得体育课程的重要性还没有引起基层一级学校校长、教师、学生和家长足够的重视,他们的观念没有彻底改变。

（4）还有少部分学校,特别是兼职教师比例较高的学校,无教学计划、无教材、无教案的现象较为严重,教学质量较差。

（5）农村九年一贯制学校都能开设体育课,但部分学校未按体育与健康课程改革规定开设足量的体育课,学生课外体育活动不能正常有序开展。由于重视程度和改革力度不够、措施不得力,"保证学生每天一小时体育活动"难以落实。

（二）建议

（1）各级政府和教育部门领导应站在全局的高度来认识加强学校体育教育工作的意义,要认识到,加强农村九年一贯制学校体育教育不仅是增强农村学生体质的需要,而且是全面贯彻教育方针、提高教育质量的需要,是增强民族素质、改善农村生活方式、培养体育后备人才的需要,要树立先进的体育思想和理念,把学校体育摆在应有的位置。学校应全面推行素质教育,以"健康第一"为指导思想,采取开放进取的态势,积极促进现代体育思想和体育文化的传播。开展学校体育教育必须以新的体育思想和理念,以创新、进取、科学、务实的精神把学校体育教育推向新的发展阶段。

(2)加大体育与健康课程改革和建设的力度。教学内容要符合学生的兴趣和爱好,符合学生的生理、心理发展的年龄特点,注重培养学生的体育实践能力和体育素养,使学生的终生体育思想形成并得以发展。

(3)落实"中央7号文件",重视课外体育教育,形成良好的校园体育文化氛围。学校应有计划、有组织地开展内容丰富、形式多样的课外体育活动,保证学生每天一小时以上的体育活动时间。采用教育部门、体育部门、学校领导、教师、学生多边互动的方式,形成良好的校园体育文化氛围。

(4)加强体育教师队伍建设,狠抓教师教育。教育部门应把教师教育作为一项重要工程来抓,一方面,要抓好浙北地区高校体育教育专业学生的培养,把优秀的大学生充实到农村九年一贯制学校教师队伍中去;另一方面,要采用多种形式对现有在职教师进行培训。

(5)不断加大投入,逐步改善办学条件。教育行政部门和学校应不断加大对学校体育经费的投入,做到专款专用,同时也要多渠道、多途径筹集经费,改变学校体育经费严重短缺的局面;要认真贯彻《体育法》,保证学校体育场地不被侵占,不断完善学校体育场地和器材设施的配置,从制度上保证学校体育工作的正常进行。

(6)从法律法规层面保障有法可依,规范办学行为。2006年9月1日正式施行的《中华人民共和国义务教育法》,系统地总结了《中华人民共和国义务教育法》颁布20多年来的经验,从过去的18条,增加到目前的63条,在法律层面上很好地保障了义务教育阶段办学行为有法可依。农村九年一贯制学校体育场地、器材要按照义务教育办学标准配备,为进一步推进基础教育体育与健康课程改革创造有利的条件。

(本文写于2012年)

合作学习在初中立定跳远教学中的实践与研究

随着新课程的实施和新一轮课改的深入,各种教学内容及多种崭新的教学手段、学习方法纷纷进入体育课堂。合作学习、探究学习、创新学习等新学法是新课程改革的一个亮点。长期以来,我们运用的传统教学方式难以发挥学生学习的主动性和创造性。合作学习通过组织合作性的人际交往,促进所有学生在认识、情感和社会等方面全面发展,把学生之间的个体差异作为积极的教育资源加以利用,组织学生交流合作,让学生带着自己的思维方式和价值观念参与到积极的学习之中,从而形成新的思想观念和思维方式,不断取得学习进步。合作学习能有效地解决教师面临的班级授课制与新课程学习方式之间的矛盾。

立定跳远能发展学生的下肢肌肉、腰腹肌、关节、韧带和内脏器官的机能,提高学生的弹跳力、灵敏性和协调性等,培养学生果断、顽强和勇于克服困难的意志品质,对发展学生的身心健康很有好处。立定跳远也是《国家学生体质健康标准》的测试项目之一。初一年级男生已进入青春期,喜欢参加体育运动。本文通过在立定跳远教学中采用合作学习的方法,来改善学生的人际关系与合作技能,帮助他们积极地看待自我和表达情绪,形成良好的心理品质和适应社会的能力,提高学生的立定跳远成绩。

一、合作学习的实质

合作学习(Cooperative learning)早在20世纪70年代兴起于美国,并于70年代中期至80年代中期发展成为一种教学理论与实践策略。

合作学习以合作精神为基本出发点,以社会互动为基本关系,以人际交往为基本方式,共同构成合作学习的基本特征。学习的合作精神体现为学生在学习过程中互相帮助、互相促进、互相关心,进而共同提高学习成绩的行为,体现为"人人为我,我为人人"的合作价值观。

合作学习并不是简单地让学生分组进行学习,而是有若干核心因素做指导,从而让学生更好地进行学习。2007年美国明尼苏达大学研究者Johnson等人提出的合作学习核心因素被广大学者所认同:(1)明确的小组依赖(Positive interdependence),是指学生小组成员之间必须相互合作才能实现目标,这样将能确保合作成员对最后取得的结果具有较高的满意程度;(2)个体责任性(Idividual accountability),是指小组里的所有学生都有责任共享他们的所获和所得,并且掌握所有要学习的材料;(3)面对面促进性交互(Face-to-face promotive interaction),是指在合作学习中,部分学习内容是可以平行进行或者个体单独完成的,同时,也有一部分工作必须是学生小组成员在一起彼此互相评价、反馈意见、分析挑战,并且在此过程中学会互相鼓励和取长补短;(4)合作技巧的恰当使用(Appropriate use of collaborative skills),是指要鼓励学生并帮助他们发展和使用信任建立、决策、交流、领导和冲突管理等多方面的技巧;(5)群体加工(Group processing),是指小组成员要共同完成一些加工,包括小组目标的设定,周期性评估他们作为一个整体工作的进展,以及识别为了在未来更有效工作而要进行的变化等。

合作学习可以从小培养学生的团队合作精神,借助合作学习中的社会互动,可以彼此促进社会化,通过讨论与保留、互相欣赏学习成果、互相激励与成功,可以增进友谊,交流学习心得,互相增进知识,还能帮助学生学会社会交往,改善人际关系等。

二、研究方法

(一)体育测量统计法

对湖州八中2012级初一年级的8个班级男生的身体形态和身体素质进行测量,将所获得的数据进行统计学处理,确定研究数据与结果的可靠性,为定量和定性评价教学效果提供依据。

(二)教学实验法

1. 实验对象

选取湖州八中2012级初一年级(1)至(4)班共92名男生为实验组,(5)至(8)班共91名男生为对照组。

2. 实验条件控制

实验前对183名2012级男生进行随机抽样分班,计取4个班共91名男生的身体形态和身体素质,经统计学处理,$P > 0.05$,说明8个班男生的身体形态和身体素质无显著差异,样本具有可比性(见表1)

表1　实验前原始测试数据(平均)

组别	体重(千克)	身高(厘米)	50米跑(秒)	纵跳(厘米)	立定跳远(厘米)
实验组	41.2	163.3	8.06	46.7	199.1
对照组	41.5	163.5	8.03	46.1	198.7

3. 实验方法

实验组采用合作学习方法,对照组采用传统的教学方法。实验组采用的合作学习方法是:根据学生的原始成绩、在班里的职务、体育骨干分为6～8人一组,力争使每个小组有一名班干部,一名体育骨干,一名学习成绩优秀者,努力使每个小组都是全班的一个截面或缩影。采用提高分计分制,每人在原有基础上只要有提高就加1分,没有提高的就减3分。每组每人达到60分的额外加2分,达到优秀的额外加3分,达到满分的额外加5分。

教师在实验的教学过程中,将面对面地促进学生互动,使学生个体、小组责任心、人际关系、小组的运动技能和小组自我评价五个要素有机、系统地组合在小组学习情境中,使合作学习有序实施,并取得长期的成功。当学生的技术达到一定水平时,可让每个小组充分发挥集体的智慧,创新练习方法。

(1)按立定跳远的规格要求,每个小组都有部分学生很难一下子掌握动作要领和方法的,教师让大家根据立定跳远动作要领的要求和这部分学生的生理、心理特点,编成"口诀"。在教师的引导下,学生充分发挥集体的智慧,将立定跳远编成口诀:"一摆二蹲三跳起,快速蹬地展身体,收腹提膝伸小腿,后跟着地身前移。"通过体会,学生再将口诀简化成"摆、蹬、展、收、提、伸、移"七个字来概括其动作要点。这种小组自编口诀的教学方法,发挥了学生的创造性思维,符合循序渐进的教学原则,学生在学习立定跳远时就容易记住。在教学中,既可采用学生边说边做的方式,也可采用师生对答的方式进行。在立定跳远教学中,要合理地运用口诀,激发学生的学习兴趣,以达到学生快速掌握技术动作要领的要求。

(2)有的小组创造了花样艺术立定跳远:一名学生站在中间的位置上,画一个直径为50厘米的圆,再在其前、后、左、右的一米处各画一个同等的圆,将五个圆分别标上编号。练习时,随着迪斯科音乐的节奏跳跃。采用此方法,既能使单一枯燥的练习得到较好的改变,又能大大激发学生练习的兴趣。

(3)有的小组玩起了游戏"剪刀、石头、布":两名学生一组,在同一条起跳线上玩"剪刀、石头、布"游戏,赢的学生用立定跳远动作向前跳一次,如此反复,以先跳到终点的学生为胜者。

(4)有的小组之间玩起了接龙立定跳远比赛:每组选一名学生当裁判,观察每个学生立定跳远落地时脚后跟的落点。比赛开始后,各组排头在规定的起点起跳,裁判确定落点后,各组的第二名学生在前一名学生的脚后跟落点处继续起跳,依此类推,以跳的距离最远的组为获胜者。

在学习中,小组成员进行合作探究,教师从关注整个班级到关注每个小组,进而深入到关注小组中的每个人。学生在初步掌握立定跳远技术后,得到小组成员的帮助和指导,他们相互鼓励,使学习的质量和参与活动的积极性得到提高,加深了对知识与技能的理解,并完善了立定跳远的技术动作。

4. 对照组的学习方法

对照组立定跳远的学习采用传统教学方式,分为新授和复习,学习顺序为准备活动、游戏、教学、练习测试、小结放松等。

三、研究结果与分析讨论

(一)研究结果

经过一个单元立定跳远的教学,实验组的平均成绩为215.7厘米,对照组的平均成绩为206.2厘米。与原始立定跳远的平均成绩相比,实验组和对照组的平均成绩提高幅度分别为16.6厘米、7.5厘米,显然,实验组的成绩比对照组的成绩好。实验组的平均成绩提高幅度比对照组的平均成绩提高幅度大9.1厘米。经过检验,$P < 0.01$,即两个组的平均成绩具有显著性的差异,说明采用合作学习方法的效果优于传统方法(见表2)。

表2　实验后立定跳远的成绩

组别	$\bar{x}$(厘米)	s(厘米)	差(厘米)	P
实验组	215.7	16.6	9.1	< 0.01
对照组	206.2	7.5		

（二）分析讨论

（1）在教学中采用合作学习，当教师把动作要领、注意事项等讲授后，可把学生分成若干个小组，每组由6～8名学生组成，小组成员在运动技能上有一定的差异，以达到取长补短的目的。合作学习将学生之间的互相合作、互相帮助视为教学活动进行的动力源泉。合作学习不仅讲合作，而且也讲竞争，使教、学、练有机结合，激发了学生学习的兴趣，调动了学生的主观能动性，提高了学生团结、协作的意识，培养了合作精神。合作学习有助于学生智力开发、思维共振，提高学习效率，他们在合作中各抒己见，集思广益，克服了片面性，互相启发，互相评价，互相激励，还可以进行信息交流，实现资源共享。合作学习有利于因材施教，大大增加了学生参与的机会，使师生的生命力和创造力、激情和智慧在课堂上得以充分体现，以"生动、自由、愉快"为主调，使学生在智力、能力和个性等方面均得到发展。学生在初步掌握立定跳远技术后，得到小组成员的帮助和指导，并分享他人的成绩，接受来于同伴的有利影响，使他们的认识水平向深度、广度进化，大脑皮层兴奋和抑制处于分化阶段，兴奋抑制相对集中，抑制逐渐发展，初步建立动作定型。

（2）合作学习以小组为主要组织形式，将全班学生按"好""中""差"6～8名学生组成一个合作小组，并确定小组长，然后设计一系列合作教学程序和学习过程模式，有助于将积极的人际关系引入体育课堂教学中，注重学生体育能力的培养，从而提高教学效果。从表2中可以看到，实验组的立定跳远成绩明显高于对照组，这是因为实验组是小团体进行合作学习，小组中的每个学生都有更多的发言、表现、相互交流及评价的机会，弥补了班级授课制下的局限性，使学生的交往能力得到了提高，相互间互帮互学，学习的质量和参与活动的积极性得到了提高，从而提高了体育活动的兴趣，有利于技术水平的提高，教学目标达成率高。而且实验组同学之间相互帮助、相互支持，容易培养团队协作意识。

（3）合作学习能培养学生的创新思维能力。在合作学习中，学生必须独立思考，从多层次进行推断，大胆质疑、探索和实践，寻找最佳的锻炼方法，因此激发他们积极思维，使他们产生更多的灵感，有利于创新，获取更多的收益，得到更好的体验，从而有利于创新思维的培养。合作学习能充分利用他人的聪明才智，减少对失败的恐惧感。合作学习能培养学生的人际交往能力，在小组的合作学习过程中,学生毫无压力地进行自由交谈,缩小了学生之间的距离。合作学习还能培养学生的协调行动能力。在完成练习时全组成员必须团结一心、通力协作,这样既有助于学生与已有的运动技能建立联系,又能使学生敢于展示自己的练习动作和观点,在与他人的观点相冲突时,又能学会客观地评价事实,协调化解矛盾,这对学生团体意识、协作精神、责任感、归属感的培养具有重要的意义。

(4)合作学习激发了学生的学习动机,合理地创设了小组组员之间的学习目标情境,共同学习目标要优于个体化学习目标的学习效果。在认知发展上,合作学习引发组员之间多种想法和意见的碰撞和统一,促进学生在思想冲突中找到更好的学习方案,并对其学习方法进行精加工,促使学生想办法、查资料、搜索信息,通过重组和整合从而更好地掌握学习内容。

四、结论

本文通过研究合作学习在初一年级男生立定跳远教学中的运用,得出合作学习教学方法在提高学生立定跳远成绩上明显好于传统教学方法。我们在肯定合作学习教学效果的同时,也发现在设计合作教学教案时存在的问题。如在班级合作学习分组上,对学生的基本情况及分组的公平性掌握得不够细致;在分组集体计分上,对技术评定还缺少适合学生掌握的简单易行的统一标准。今后我们将在现有研究的基础上,深入展开合作教学的理论与实验探索,在合作、交往行为的内涵、种类、具体体现及培养措施上多下工夫,使体育合作教学的实践更加坚实,效果更加明显,以便在新的体育课程标准时期,促使教师不仅能面向全体,而且能面向个体,既能贯彻因材施教、区别对待的原则,又能采取科学的措施,培养学生的团体意识、协作精神和责任感等,提高学生学习的积极性,从而获得最佳的教学效果。

(本文写于2012年)

浙江省民工子弟学校体育教育现状与对策研究

——以浙江省湖州市39所民工子弟学校为例

随着我国经济的快速发展和工业化、城市化的加速推进,大量农村剩余劳动力离开了土地,涌入城市成为"农民工"。我国农民工人口在规模不断扩大的同时,其结构也发生了重要变化,出现了流动人口的"家庭化"趋势,越来越多的农民工不再是"单身外出",而是"举家迁徙"。于是,城市第二代移民——农民工的子女(以下称为民工子弟)成为了城市中不容忽视的群体。民工子弟学校是经非政府出资设立的专门接收流动儿童的学校,于20世纪90年代初在全国的一些大中城市先后出现,它们为随父母进城的民工子弟提供了选择教育的机会和可能。但是,民工子弟学校的规范程度和师资力量等客观条件,均与公立学校存在着较大的差距。为了消除民工子弟的"边缘感",提高他们的社会适应性,政府部门先后出台了一系列相关政策,社会各界也纷纷向民工子弟学校伸出了援助之手,但这些学校在办校模式上仍或多或少存在着这样或那样的困惑。

2001年5月29日,国务院颁发《关于基础教育改革与发展的决定》,同年6月8日,教育部下发了《关于印发〈基础教育课程改革纲要(试行)〉的通知》,拉开了我国自中华人民共和国成立以来声势最为浩大的课程改革帷幕。课程改革近十年来,在充分肯定体育与健康课程改革取得成绩的基础上,我们也应该清醒地看到,近几年来,随着农村劳动生产率的提高,进城务工人数增多。根据第六次全国人口普查结果,我国流动人口已经达到2.6亿,其中0~14周岁的孩子已超过3860万,占全部流动人口的14.8%以上,民工子女的义务教育问题面临更加严峻的形势,农民工子女的体育教育问题更是一个容易被忽视的问题。民工子弟学校的体育师资力量薄弱,体育场地设施陈旧,运动器材不足,经费缺乏,学校体育管理滞后,造成了民工子弟学校体育基础条件先天不足,体育与健康课程改革的有关规定和要求得不到完全落实。确保民工子弟学校的体育师资力量、场地器材和学校体育管理工作有序开展是推进民工子弟学校基础教育体育与健康课程改革的关键。

笔者对浙江省的39所民工子弟学校的体育现状进行了调研,就如何加快民工子弟学校体育与健康课程改革的推进工作作了一些思考,提出了相关建议和参考意见,愿与同行们共同探讨。

一、研究对象与方法

(一)研究对象

本研究选取浙江省11个地级市的39所义务教育阶段的民工子弟学校为研究对象。

(二)研究方法

1. 问卷调查法

根据研究的目的和任务,本研究设计了《浙江省民工子弟学校体育课程实施情况调查表》,对39所民工子弟学校进行问卷调查,共发放问卷57份,问卷回收率96.5%,问卷有效率92.7%。

2. 实地考察法

对部分民工子弟学校进行实地考察并和相关人员座谈,了解与本研究有关的具体情况。

3. 数理统计法

对调查所获得的数据进行常规统计处理。

4. 文献资料法

通过网络、图书馆等途径查阅有关文献资料,为本研究提供理论依据。

二、结果与分析

(一)体育师资情况

39所民工子弟学校体育师资情况见表1和表2。

表1　体育教师情况统计

教师总数	专职教师	专职教师占教师总数	兼职教师	兼职教师占教师总数
67	12	17.9%	55	82.1%

表2 体育教师学历、职称情况

学历	占总数	职称	占总数
本科	2.9%	高级	1.5%
专科	17.9%	中级	14.9%
中专	40.3%	初级	38.8%
中专以下	38.9%	没有职称	44.8%

从表1中可以发现,浙江省39所民工子弟学校体育教师严重不足,共有体育教师67名,专职体育教师只有12名,只占17.9%,其余55名体育教师都是各所民工子弟学校其他学科教师兼任的。有的学校12个班级只有一名体育教师,甚至有的学校班级与体育教师的比例达到21∶1,体育教师完全不能满足学校体育教学的需要,不符合国家对义务教育阶段体育教师的配备规定。由于兼职教师具有不确定性和非专业性,这势必会影响体育课的确定性、稳定性以及体育教学的质量。

从表2中可以发现,67名体育教师专科及以上学历较少,中专及以下学历较多,整个学历层次偏低,距离《面向21世纪教育振兴行动计划》提出的到"2010年前后,具备条件的地区力争使小学和初中专任教师的学历分别提升到专科和本科层次"的要求依然相差甚远。因此,浙江省民工子弟学校体育师资力量薄弱是影响体育与健康课程改革的主要因素。

(二)现有体育场地、器材情况

39所民工子弟学校现有的体育场地、器材情况见表3。

表3 体育场地、器材情况

场地或器材	数量
田径场(个)	7
篮球场(个)	58
排球场(个)	46
足球场(个)	3
云梯(副)	5
肋木(副)	6
单双杠(副)	62
其他器材(件)	759

　　调查发现,被调查的39所民工子弟学校体育教师能较好地把握学校体育场地、器材总量和使用情况,能较正确地反映民工子弟学校体育场地、器材的可用和充足程度。这些学校中,7所学校有田径场,没有1所学校田径场有400米塑胶标准场地,只有1所是250米塑胶场地,其余都是250米或200米及以下的煤渣田径场,运动场地以煤渣和泥土质地为主;还有32所学校没有田径场。体育场地是学生开展体育活动的最基本的条件,泥土场地在遇到雨雪天气时体育活动将无法开展。调查还发现,民工子弟学校的场地、器材都普遍陈旧且数量上严重不足,特别是小学的场地、器材严重缺少,在拥有量上也不平衡。因此,体育场地缺乏、设施陈旧、运动器材不足是影响民工子弟学校体育与健康课程改革的重要因素。

(三)近三年体育经费投入情况

　　39所民工子弟学校近三年体育经费投入情况见表4。

表4　近三年体育经费投入情况

年度	2008年	2009年	2010年
金额(万元)	9.7	11.9	12.6

　　从表4中可以发现,虽然体育经费投入逐年上升,但39所民工子弟学校的体育经费总体投入偏低,其投入量也相当不平衡。调查发现,民工子弟学校的教育教学活动始终围绕"应试教育",由于学校将全部精力都投入到了考试课程,加之学校领导缺乏科学的管理意识,所以仅有的一点点体育经费无法确保学校的体育教育教学,甚至部分不重视体育的学校领导不会把钱用到建设体育场地和添置体育器材上,导致学校体育教学条件很差,有的学校体育经费每年只有1千元,甚至更少。由于经费短缺,投入资金少,很多学校体育场地和器材处于匮乏状态。民工子弟学校的体育场地设施陈旧、运动器材不足且经费缺乏,致使学校体育不能很好地开展,学生体育锻炼得不到基本场地和器材的保证。学校体育管理滞后,客观上已经成为推进民工子弟学校体育与健康课程改革的障碍。

(四)体育课开设情况

　　39所民工子弟学校的体育课开设情况如图1所示。

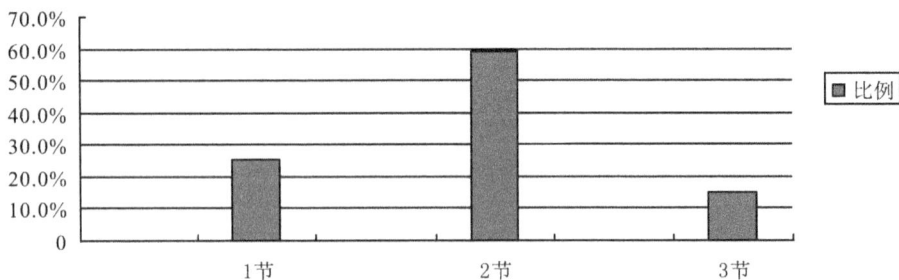

图1　每周开设体育课情况

调查发现,在调查的39所民工子弟学校中,有23所学校每周开设2节体育课,占了一大半,有10所学校每周开设1节体育课,有6所学校每周开设3节体育课;而对于初中,没有1所学校每周开设3节体育课,有8所学校每周开设1节体育课。这一现象正好说明了应试教育对体育课程开设的影响,致使体育教学大纲及体育课程标准形同虚设,学校体育课程名存实亡。在本次基础教育体育与健康课程改革中,体育课时的规定是小学一、二年级每周开设4节体育课,其余年级和初中每周开设3节体育课。由此可见,39所民工子弟学校体育课开设情况与教育部的要求仍存在较大的差距,且初中按规定开设体育课的情况不如小学。体育课时不能保证是影响民工子弟学校体育与健康课程改革的重要因素。

(五)开展课外体育活动情况

39所民工子弟学校开展课外体育活动情况如图2所示。

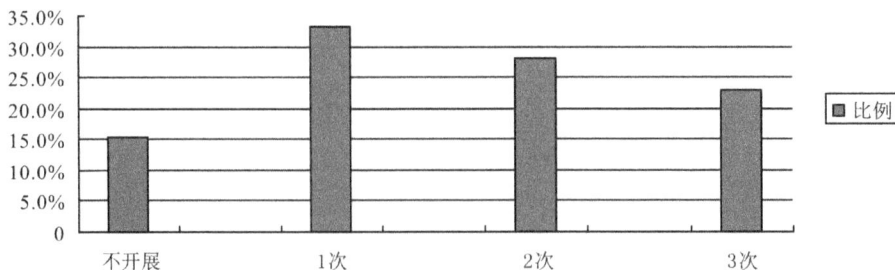

图2　每周开展课外体育活动情况

调查发现,有6所学校不开展课外体育活动,占15.4%,有13所学校每周开展1次,占33.3%,有11所学校每周开展2次,占28.2%,有9所学校每周开展3次,占23.1%,可见民工子弟学校在开展课外活动情况较差。尽管一些学校将课外体育活动列入了课表,但认真实施、落实的学校并不多,而且还有近30%的学生并没有参加。按照这一统计,实际参加每天锻炼的学生寥寥无几。《学校体育工作条例》规定,要保证学生每天有一小时体育活动的时间,每天应当组织学生开展各种课外体育活动。从调查的学校分析,不开展课外体育活动的学校比例随着年级的增长而增大,初中毕业班由于临近中考,几乎没有学校开展各种课外体育活动,表现出"应试教育"对课外体育活动所形成的强大冲击。

(六)体育教师的专业素质和教学态度情况

39所民工子弟学校体育教师的教学态度情况如表5所示。

表5　体育教师的教学态度情况统计

情况	认真	较认真	不认真
备课情况	15.9%	21.7%	62.4%
课堂组织	10.1%	23.2%	66.7%
二度备课	8.7%	15.9%	75.4%
课后反思	13.0%	17.9%	69.1%

调查发现,由于兼职体育教师太多且他们往往不具备专职体育教师的业务素质与技能,体育课堂组织混乱,教材搭配不当,讲解示范不规范,有时将错误的技术动作教给学生。大部分教师由于还兼任其他课程,干脆不备课,大约只有一半的教师写体育教案,而且还是简案,采用"放羊式"教学的约占60%以上,这些教师大部分没有接受过专门培训,缺乏体育基本知识和技能,体育教育教学专业素质相对薄弱。民工子弟学校领导对文化课抓得很紧,但对体育课的管理却相当松,不重视体育与健康课程改革。课程改革工作缺乏上级业务部门经常、有效的指导,导致有些教师慢慢放松了对自己的要求,课时无保证,课程无进度,教学无计划,上课就是让学生到操场上玩玩,只要不出事就行了,这样的状况下很难培养学生的体育素养、健身习惯和运动技能,更谈不上体育与健康课程改革。可见,所调查的39所民工子弟学校体育教师的教学态度和业务能力与体育与健康课程改革的要求之间的差距很大。

(七)体育教师对挤占体育课的看法

39所民工子弟学校体育教师对挤占体育课的看法如表6所示。

表6　体育教师对挤占体育课的看法

看法	人数	所占比例	排序
认为体育课是副课	12	30.8%	1
尽量争取不被占用	10	25.6%	2
无所谓	7	18.0%	3
处于无奈	5	12.8%	4
地位降低而感到气愤	3	7.7%	5
被占用最好,可以轻松了	2	5.1%	6

调查发现,部分体育教师的责任心不强,观念陈旧,但也处在无奈之中。导致这种现象的原因,一是"应试教育"思想在人们的头脑中根深蒂固;二是物质条件在某种程度上制约着人们的认识,体育教师与文化课教师同工不同酬,导致体育教师积极性不高;三是目前教育工作主要以升学率的高低来衡量教育质量。此外,有一些学校领导对体育与健康教育的目的、意义认识不明确或不了解,还有许多学校仍受"智育第一"和"应试教育"的影响,对体育的认识不够,把体育当"小三门"对待,对待体育课的态度仍然是"说起来重要、做起来次要、忙起来不要"。教育现实与政策要求差距很大,这是影响民工子弟学校体育与健康课程改革的重要思想障碍。

三、结论与建议

(一)结论

(1)浙江省民工子弟学校体育课程管理缺乏规范化、制度化和科学化。体育教师的问题尤其突出,主要包括专职体育教师不足,兼职工作过多,超工作量,相应的待遇跟不上,教研活动困难等,从而导致教师自身提高主动性不足,常态课的教学质量不能得到保证。

(2)浙江省民工子弟学校体育经费总量投入不足,且不平衡。许多学校体育经费投入不能满足当前需要,且部分不重视体育的学校领导不把本该用到体育课程的经费用到建设体育场地和添置体育器材上,导致学校体育场地和器材严重短缺。

(3)浙江省民工子弟学校体育课程实施面临着多方面的困难和问题,主要原因是考试的指挥棒作用以及社会评价标准与课程对学校、教师和学生的评价要求之间不一致。奉行考试成绩的评价取向和地位,使得体育课程的重要性还没有引起学校领导、教师、学生和家长的足够重视,观念没有彻底改变。

(4)浙江省民工子弟学校都能开设体育课,但部分学校未按体育与健康课程改革规定开设足量的体育课,学生课外体育活动不能正常有序开展。由于重视程度和改革力度不够、措施不得力,"保证学生每天一小时体育活动"难以落实。

(二)建议

(1)制定和实施以全面保障民工子弟学校学生的身心健康和切实改变弱势群体的相关政策和法规,确保民工子弟学校学生真正享受到体育教育,进一步推进民工子弟学校体育与健康课程改革。

(2)倡导发达地区对民工子弟学校进行科学管理与经济扶持,社会各界也要向民工子弟学校伸出援助之手,以加快民工子弟学校体育教育的发展。组建志愿者队伍,体育院校和师范院校体育系各自组成志愿者队伍,分批、定期到指定的民工子弟学校开展体育教学。这种柔性流动的教学过程其实是一种双赢的过程,给民工子弟学校注入新的血液。

(3)国家应在考试制度及培养人才规格要求上加大改革力度,民工子弟学校的领导层应走出"应试教育"的阴影,转变办学思想,注重素质教育和树立"健康第一"的理念。

(4)新一轮体育与健康课程改革应重视民工子弟学校的实际状况和鲜明特点,编写适合民工子弟学校体育教育实际的教材,创建适合民工子弟学校的体育教学模式。

(5)成立民工子弟学校体育协会,对民工子弟学校体育教育教学进行监督等,这样有利于提高体育教师的教学能力及业务水平,有利于提高民工子弟学校的体育教学质量,有利于体育后备人才的选拔,使民工子弟学校的体育教育教学走上正轨。

(6)转变教育理念,整合体育资源,拓展改进体育设施的新思路。鉴于民工子弟学校体育发展的具体状况,应着重抓好以下几点:一是切实转变教育理念,深刻认识学校体育的终极目标是培养完善的未来社会公民;二是通过实行自制体育器材、改造传统体育器材,利用地方资源、学校体育设施有偿租赁经营等办法,探索开源节流在体育场地、器材方面的新举措;三是结合不同地域特点及学校的实际,改革传统教学内容,改造空间占有量较大的运动项目和器材价格高的项目等。

（本文写于2011年）

初中肥胖型女生体质状况与体育兴趣的研究

——以浙江省湖州市中心城五所初中为例

近年来,我国青少年体质健康呈逐年下降趋势,尤其是城镇初中的肥胖型女生较为明显。出现肥胖型女生的原因是多方面的,其中之一就是在初中体育与健康教学中缺少对女生体育兴趣的培养。女生进入初中阶段后逐步进入青春期,生理上逐渐表现出体力较差、肌肉力量薄弱等特点,在心理上更是呈现出"爱美""怕羞"和"喜静"等特点。她们对体育课普遍存在着"怕动"的念头,特别是对于那些技术性较强、运动负荷较大的项目有着畏惧情绪,缺乏自信心,同时,惰性较强,不爱动等,也导致肥胖型女生逐渐增多,直接影响学生的体质健康水平。为此,体育教师在体育教学中要结合新课标的实施要求,探索培养女生体育兴趣的途径,合理地安排一些刺激小、难度小、运动量和频率都能自我调节的项目,以培养她们锻炼的积极性和主动性;要积极引导、启发女生,使她们明确体育锻炼有利于学习和掌握生活中其他各种动作的技能、技巧,有利于提高内脏器官的功能,有利于增强体质等科学道理。通过有效引导,就可能增长她们对原本没有兴趣的练习项目的兴趣,使她们不仅能开展体育锻炼,而且还能养成良好的体育锻炼习惯,使她们的体育兴趣持久而稳定。在这一过程中,体育课教学(包括课外活动等)的各个环节,对女生体育兴趣的形成与发展起着决定性的作用。只有体育教师在教学中进一步实践和探索,才能使她们对体育锻炼产生兴趣,才能使她们在体育锻炼中增加自信心,才能使她们为实现目标而努力,进而提高她们的体质健康水平。

一、研究对象与方法

(一)研究对象

本研究选取浙江省湖州市中心城五所初中的肥胖型女生为研究对象。五所初中分别是湖州四中、湖州八中、湖州十一中、湖州十二中、吴兴实验中学。

（二）研究方法

1. 文献资料法

根据研究的需要,查阅相关资料,并对这些资料进行分析和整理,为本研究的设计和构思提供参考依据。

2. 调查法

本研究对湖州市中心城的五所初中(初一至初三)的3986名女生进行了调研。根据《国家学生体质健康标准解读》第30至32页初一至初三年级女生身高标准体重评分表进行统计,有726名女生属于肥胖型。采用问卷调查的方法,对女生的体育兴趣作了问卷调查,进行数理统计分析并整理。

3. 测量法

对五所初中的女生进行体质健康测试,测试项目为身高、体重、肺活量、立定跳远、800米(跑)、坐位体前屈,并根据《国家学生体质健康标准解读》进行评价。

4. 对比法

采用实验前后对比的方法,说明女生的体育兴趣提高后,其体质健康状况。

5. 观察法

采用观察的方法,了解女生在体育课和课外活动中表现出来的动机和行为。

（三）实验设计

1. 测试工具

根据《国家学生体质健康标准解读》第30至32页初一至初三年级女生身高标准体重评分表进行统计,对湖州市中心城的五所初中(初一至初三)的3986名女生进行调研。

根据《国家学生体质健康标准》进行评价,测试项目为身高、体重、肺活量、立定跳远、800米(跑)、坐位体前屈,对五所初中的女生进行体质健康测试。

2. 实验概述

（1）学生行为。首先根据以上工具对研究对象进行测试和评估,对测试统计的726名肥胖型女生进行问卷调查,然后对这些女生进行关注和体育兴趣的培养,经过为期三个月的教学实验后,再开展问卷调查进行对比分析。

（2）体育教师行为。对体育教师进行以下方面的培训和指导,并在教学中对肥胖女生进行关注和评价。

第一,建立良好的师生关系是培养肥胖型女生体育兴趣的前提条件。

体育教师在体育教育教学的过程中不能一味地只是"严",同时还要注意和她们建立和睦的师生情谊,要带着阳光(笑容)进课堂,让学生愿意主动和老师亲近。所谓"亲其师"才会"信其道",只有在相互理解、相互尊重的基础上和学生进行情感交流,创造一种自由、宽松的民主气氛,才能使学生学得更轻松、更主动。

第二,注重挫折教育,培养肥胖型女生参加体育锻炼的间接兴趣。

著名教育家陶行知先生认为:"学生有了兴趣,就肯用全部的精力去做事,学与乐不可分。"体育课上根据女生的兴趣选择教学内容,多数是以直接兴趣为出发点的,这就需要教师通过教学来引发她们参加体育锻炼的间接兴趣,这才是真正地让她们对参加体育锻炼感兴趣。痛苦与快乐像一对孪生兄弟,在体育锻炼中,经历过挫折和失败的痛苦磨炼之后取得成功,所获得的快乐的情感体验会更加深刻,更加具有教育意义。

第三,关注个体差异,使每个肥胖型女生通过努力都能体验成功,培养女生的体育兴趣。

苏联教育家霍姆林斯基曾经说过:"成功的欢乐是一种巨大的情绪力量,它可以促进学生好好学习的愿望,同时成功感也是激发学生兴趣的催化剂。"众所周知,学生与学生之间、男生与女生之间都存在着个体差异。肥胖型女生是一种特殊人群,应关注这部分女生的个体差异,使每一位女生都能感受成功,从而激发她们的学习兴趣。

第四,丰富教学艺术,培养肥胖型女生的体育兴趣。

德国教育家第斯多惠说:"在教学中,如果能激发学生的主动性,任何方法都是好的。"因此,在体育教学中,只要能够实现培养肥胖型女生的体育兴趣,发挥她们的主体地位,任何方法都可以采用,但是教学方法的选择和教学手段的运用,既要有针对性和科学性,又要有教育性和艺术性。

第五,加强练习效果的评价,激发她们的荣誉感,培养肥胖型女生的体育兴趣。

在教学过程中,评价是促进信息交流的有效方法,也是提高女生体育兴趣的重要手段。正确地评定女生真实的体育学习成绩,可以促进她们积极参加体育运动。在评价中如果出现不及格的现象,就说明她们的学习和体质健康状况还没有达到基本要求,应该让她们了解自己的真实情况,以便更好地引导她们学习和锻炼。

第六,加强课外体育活动的组织与管理,建立教师与家长的信息交流系统,培养肥胖型女生的体育兴趣。

二、结果与分析

(一)实验前调查对象的基本情况

1.肥胖型女生情况

表1　五所初中肥胖型女生情况

学校名称	湖州四中	湖州八中	湖州十一中	湖州十二中	吴兴实验中学
调查人数	973	621	966	569	857
肥胖人数	107	73	98	78	99
超重人数	71	33	77	39	51
肥胖型总人数	178	106	175	117	150
肥胖型女生占所有女生比例	18.3%	17.1%	18.1%	20.6%	17.5%

表1的调查结果表明,五所初中肥胖型女生的平均比例高达18.3%,大大高于2005年全国学生体质健康调查的平均水平。由此可见,浙北地区城镇初中肥胖型女生的比例明显偏高。

2.肥胖型女生体质健康状况

表2　五所初中肥胖型女生体质健康情况

学校名称	湖州四中	湖州八中	湖州十一中	湖州十二中	吴兴实验中学
肥胖型总人数	178	106	175	117	150
优秀人数	3	5	9	6	7
良好人数	39	26	38	21	42
合格人数	99	57	103	79	91
不合格人数	37	18	25	11	10

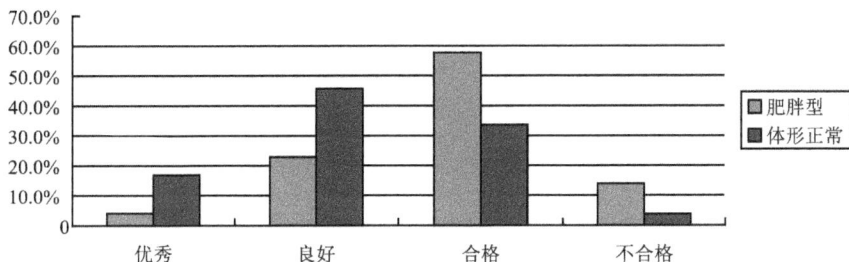

图1　实验前肥胖型女生与体形正常女生体质健康状况对比

　　表2、图1表明,五所初中的肥胖型女生与体形正常女生的体质健康状况差异非常显著,达到"优秀"级的比例体形正常女生比肥胖型女生高12.7%,达到"良好"级的比例体形正常女生比肥胖型女生高22.9%,"不合格"的比例体形正常女生比肥胖型女生低10.1%。由此可见,肥胖型女生由于过重的体重和较大的体形,在体质健康状况和运动能力方面明显弱于体形正常女生,她们的体质健康状况绝大部分处于"合格"等级。显然,肥胖是直接影响学生体质健康水平的主要因素。

3. 肥胖型女生与体形正常女生体育锻炼喜欢程度

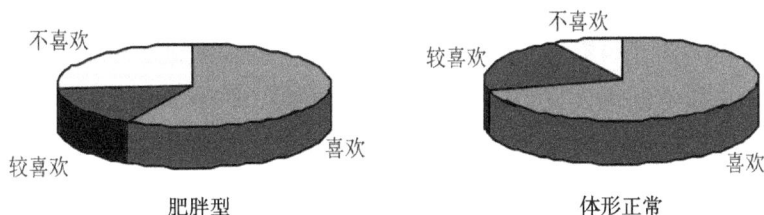

图2　肥胖型女生与体形正常女生对参加体育锻炼的喜欢程度

　　图2表明,女生"喜欢"参加体育锻炼的比例超过60%,且体形正常女生明显多于肥胖型女生;"较喜欢"参加体育锻炼的比例,体形正常与肥胖型女生基本相等;而肥胖型女生"不喜欢"参加体育锻炼的人数比例明显增多。

4. 肥胖型女生与体形正常女生体育锻炼时的表现

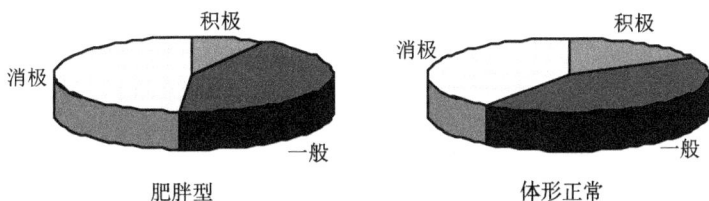

图3　肥胖型女生与体形正常女生体育锻炼时的表现

图3表明,女生在具体参加体育锻炼时表现"积极"的占10%左右,体形正常女生在练习中表现"积极"的比例约是肥胖型女生的二倍;表现"一般"的比例两者基本相等;表现"消极"的人数肥胖型女生较高。调查数据说明,体育教师要从关心弱势群体着手,给她们更多的阳光,培养她们参加体育锻炼的兴趣。

(二)实验后肥胖型女生调查情况

1. 实验后肥胖型女生参加体育锻炼的情况

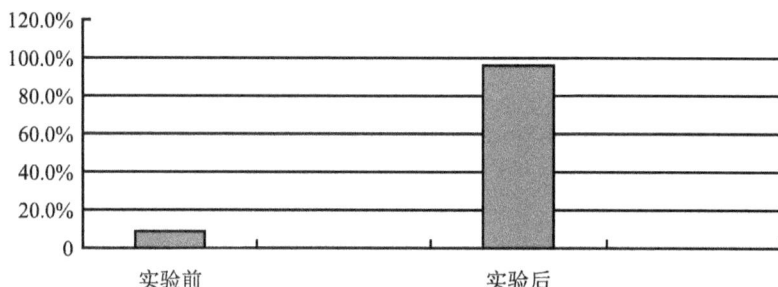

图4 实验前后肥胖型女生参加体育锻炼的情况对比

调查表明,肥胖型女生从实验前不了解参加体育锻炼的意义,转变为实验后能主动参加体育锻炼,说明只要我们体育教师平时多进行教育教学研究,在教学组织方法上采用多变、多样、多层次、多渠道、多媒体的方式进行,由浅入深,由易到难,既可以充分调动她们的智能,又可以消除她们的惰性,培养她们主动积极学习的习惯,同时也能发挥女生的独立性、积极性,从而提高她们对体育锻炼的兴趣。

2. 实验后肥胖女生对参加体育锻炼的认识和健康状况分析

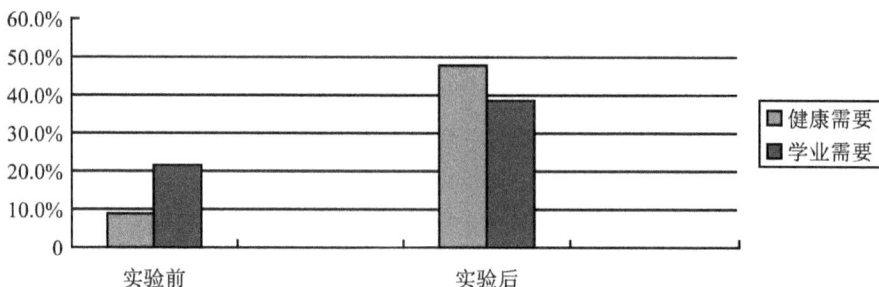

图5 实验前后肥胖型女生将参加体育锻炼作为健康需要和学业需要的对比

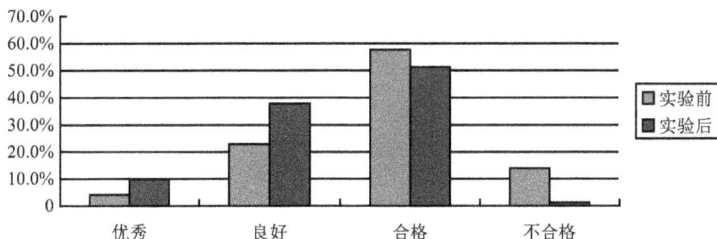

图6　实验前后肥胖型女生体质健康状况对比

　　调查表明,把参加体育锻炼作为健康需要的女生,实验后比实验前提高了38%左右;把主动参加体育锻炼作为完成学业需要的女生,实验后比实验前提高了17%左右。这部分女生对主动参加体育锻炼的需要并不是自发的,而是受某种客观因素(如体育成绩、锻炼标准等)所支配的,她们喜欢个人自主锻炼这种形式。

　　实验前后肥胖型女生体质健康水平有了明显的提高,"优秀"级的比例从4.1%提高到9.7%,"良好"级的比例从22.9%提高到37.8%,"不合格"级的比例从13.9%降到1.2%。女生参加体育锻炼的兴趣是在体育课或课外活动中培养起来的,特别是对女生间接兴趣的培养。把女生本来不感兴趣的教材上得让女生感兴趣,才是体育教学的成功之处。由此可见,体育教师有必要对培养女生参加体育锻炼的兴趣进行深入思考,从而使体育教学真正贯彻"健康第一,以人为本"的教学理念,促进学生终身体育意识的形成。

三、结论和建议

(一)结论

　　(1)从以上结果和分析中可以看出,肥胖型女生在浙江省湖州市中心城初中较多。研究表明,肥胖是直接影响体质健康水平的重要因素。

　　(2)肥胖型女生由于过重的体重和庞大的体形,在体质健康状况和运动能力方面明显弱于体形正常女生,她们的体质健康状况绝大部分处于"合格"等级甚至"不合格"。显然,肥胖是直接影响学生体质健康水平的主要因素。

　　(3)培养肥胖型女生的体育兴趣是提高体质健康水平的主要手段之一,只有有了体育兴趣,她们才能自觉锻炼身体,提高体质健康水平。

　　(4)教师和家长的默契配合是培养初中女生主动参加体育锻炼的一个重要

因素,有利于充分挖掘她们的潜力和体育特长的培养。

(二)建议

(1)教师要根据初中肥胖型女生的生理、心理特点和身体素质的基础,在课务安排、场地、器材等方面做好充分准备,为肥胖型女生参加体育锻炼创造必要的条件。

(2)教师在充分尊重女生主体性的同时,要加强对她们薄弱项目的指导,鼓励无兴趣、无特长的女生,引导她们积极参加适宜的体育锻炼。

(3)体育的魅力在于不断创新,教师要鼓励女生大胆创新,同时也要扮演参与者,促进师生共同和谐发展,在科研中不断充实和提高自己。

(4)要让家长配合教育学生注意合理控制饮食,同时要注意在体育活动中大量消耗脂肪时及时补充能量。

(本文写于2010年)

农村学校体育的现状剖析与发展对策研究

——以浙江省湖州市57所农村学校为例

课程改革是当今基础教育改革最主要的任务,也是我们向素质教育迈出的重要一步。课程改革近十年来,在充分肯定体育与健康课程改革取得成绩的同时,我们也应该清醒地看到,我国是一个传统的农业大国,全国有约80%的学校在农村,从我国现阶段来看,推进基础教育体育与健康课程改革,重点在农村,难点也在农村,必须坚持"农村教育重中之重的地位不动摇"。农村学校的体育师资力量薄弱,体育场地、设施陈旧,运动器材不足和经费缺乏,学校体育管理滞后,体育始终是农村学校教育的薄弱环节,社会环境的影响和经济的制约,造成了农村学校体育基础条件先天不足,体育与健康课程改革的有关规定和要求得不到完全落实的现象很普遍。确保农村学校的体育师资力量、场地、器材等是推进基础教育体育与健康课程改革的关键。笔者对湖州市的57所农村学校体育的现状进行了调研,针对湖州市农村学校体育存在的问题进行现状剖析与研究,并在此基础上提出了可行性发展对策,旨在为推进局部地区农村学校体育与健康课程改革提供有益的参考。

一、研究对象与方法

(一)研究对象

本研究随机抽取湖州市三县二区的57所农村学校(其中,20所初中、21所小学、16所九年一贯制学校)为研究对象。

(二)研究方法

1.问卷调查法

对57所农村学校的体育教师发放问卷调查,共发放问卷137份,现场回收,问卷回收率100%,问卷有效率97.1%。

2.数理统计法

对调查所获得的数据进行常规统计处理。

3. 文献资料法

通过网络、图书馆等途径查阅有关文献资料,为本研究提供理论依据。

4. 实地考察法

对57所农村学校进行实地考察并和相关人员座谈,了解与本研究有关的具体情况。

二、结果与分析

(一)体育师资情况

57所农村学校体育师资情况见表1。

表1　体育教师情况

学校	教师总数	专职教师	兼职教师	兼职教师占总数
20所初中	46	33	13	28.3%
21所小学	42	22	20	47.6%
16所九年一贯制学校	48	29	19	39.6%

从表1可知,57所农村学校体育教师较为缺乏,专职体育教师比率低,有的学校只有一名体育教师,不能满足学校体育教学的需求。特别是小学,42名体育教师中兼职体育教师占了将近一半。由于兼职教师具有不确定性、非专业性,这势必会影响体育课的确定性、稳定性以及体育教学的质量。因此,体育师资力量薄弱是影响农村学校体育与健康课程改革的主要因素之一。

(二)现有体育场地、器材情况

57所农村学校现有体育场地、器材情况见表2、图1。

表2　现有体育场地、器材情况

场地或器材	20所初中	21所小学	16所九年一贯制学校	小计
田径场(个)	19	16	15	50
篮球场(个)	27	19	17	63
排球场(个)	16	11	9	36
足球场(个)	9	7	6	22
云梯(副)	3	2	3	8

场地或器材	20所初中	21所小学	16所九年一贯制学校	小计
肋木(副)	4	3	3	10
单双杠(副)	16	5	6	27
其他器材(件)	581	367	335	1283

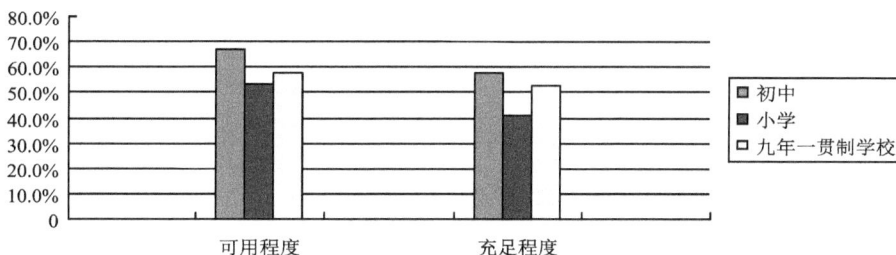

图1　现有体育场地、器材可用和充足程度情况

调查发现,57所农村学校体育教师都能正确把握学校体育场地、器材总量和使用情况,所以能较正确地反映农村学校体育场地、器材的可用和充足程度。田径场除1所初中为400米塑胶田径场外,其余学校为250米或200米煤渣田径场,运动场地以煤渣和泥土质地为主。体育场地是学生开展体育活动的最基本条件,泥土场地在遇到雨雪天气时体育活动将无法开展。调查还发现,农村学校的场地、器材都普遍陈旧且数量不足,特别是小学的场地、器材严重缺乏,在拥有量上也不平衡。因此,体育场地设施陈旧、运动器材不足是影响农村体育与健康课程改革的重要因素。

(三)农村学校近三年体育经费投入情况

57所农村学校近三年体育经费投入情况见表3。

表3　近三年的体育经费投入情况(单位:万元)

年度	20所初中	21所小学	16所九年一贯制学校	小计
2008年	18.6	11.3	8.9	38.8
2009年	20.3	12.9	10.3	43.5
2010年	21.9	13.3	12.1	47.3

从表3可知,虽然体育经费投入逐年上升,但57所农村学校特别是小学的体育经费投入总体偏低,其投入量也相当不平衡。调查发现,部分不重视体育

的学校领导不会把钱用到建设体育场地和添置体育器材上,导致学校体育经费严重短缺,许多学校体育经费所占比例不到学校教育经费的1%。有的学校体育经费每年只有两三千元,甚至更少,由于经费短缺,投入资金少,很多学校体育场地和器材处于匮乏状态。农村学校的体育场地设施陈旧、运动器材不足且经费缺乏,致使学校体育不能很好地开展,学生体育锻炼得不到基本场地和器材的保证。学校体育管理滞后,客观上已经成为推进农村学校《体育与健康》课程改革的障碍。

(四)农村学校体育课开设情况

57所农村学校体育课开设情况见图2。

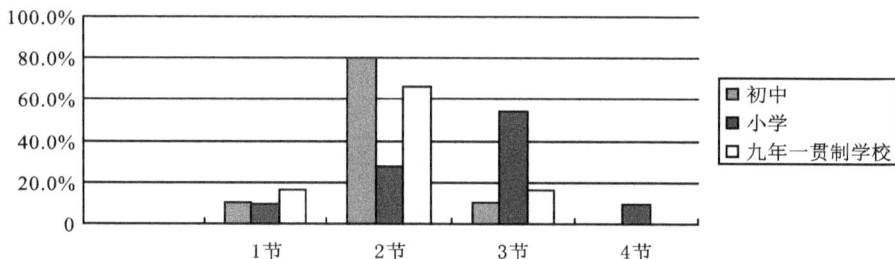

图2 每周开设体育课情况

从图2可知,57所农村学校中,每周开设2节体育课的学校占了一大半,有6所学校每周开设1节体育课,有1所小学的一、二年级每周开设4节体育课。而对于初中,只有2所学校每周开设3节体育课,这一现象正好说明了应试教育对体育课程开设的影响。在本次体育与健康课程改革中,体育课时的规定是小学一、二年级每周开设4节体育课,其余年级和初中每周开设3节体育课。由此可见,57所农村学校体育课开设情况与教育部的要求仍存在较大的差距,且初中按规定开设体育课的情况不如小学。体育课不能保证是影响农村学校《体育与健康》课程改革的重要因素。

(五)农村学校开展课外体育活动情况

57所农村学校开展课外体育活动情况见图3。

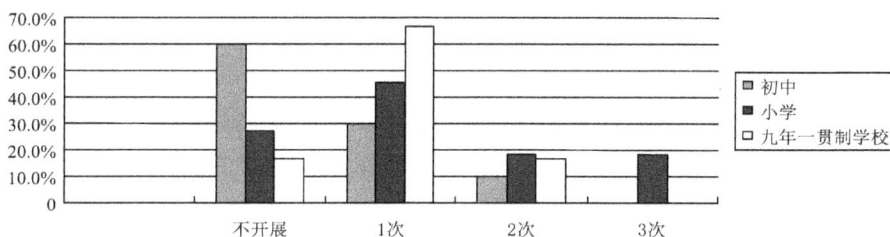

图3 每周开展课外体育活动情况

从图3可知,初中有60%的学校不开展课外活动,有30%的学校开展1次,有10%的学校开展2次,小学和九年一贯制学校开展课外体育活动的情况比初中要好。尽管一些学校将课外体育列入了课表,但认真实施、落实的学校并不多,而且还有近30%的学生并没有参加。按照这一统计,实际参加每天锻炼的学生寥寥无几。《学校体育工作条例》规定,要保证学生每天有一小时体育活动的时间,每天应当组织学生开展各种课外体育活动。从调查的学校分析,不开展课外体育活动的年级比例随着年级的增长而增大,初中毕业班由于临近中考,几乎没有学校开展各种课外体育活动,"应试教育"冲击课外体育活动。

(六)体育教师的专业素质和教学态度情况

57所农村学校体育教师的专业素质和教学态度情况见表4。

表4 体育教师的专业素质和教学态度情况

学校	备课情况	课堂组织	二度备课	课后反思
20所初中	较认真	较严谨	较认真	经常
21所小学	不认真	较散乱	不认真	不经常
16所九年一贯制学校	较认真	一般	不一定	经常

调查发现,小学由于兼职体育教师较多且他们往往不具备专职体育教师的业务素质与技能,体育课堂组织混乱,教材搭配不当,讲解示范不规范,有时将错误的技术动作教给学生。个别教师由于还兼任其他课程,干脆不备课,大约只有60%的教师写体育教案,而且还是简案,采用"放羊式"教学的约占30%,这些教师大部分没有接受过专门培训,缺乏体育基本知识和技能,体育教育素质相对薄弱。这些都制约了农村学校体育与健康课程改革的顺利进行。由于有些学校领导对文化课抓得很紧,但对体育课的管理却相当松,不重视体育与健康课程改革,课程改革工作缺乏上级业务部门经常、有效的指导,导致有些教

师慢慢放松了对自己的要求,课时无保证,课程无进度,教学无计划,上课就是让学生到操场上玩玩,只要不出事就行了,在这样的状况下很难培养学生的体育素养、健身习惯和运动技能,更谈不上体育与健康课程改革。可见,所调查的57所农村学校体育教师的专业素质和教学态度与体育与健康课程改革的要求之间的差距比较大。

（七）体育教师对挤占体育课的看法

57所农村学校体育教师对挤占体育课的看法情况见表5。

表5　体育教师对挤占体育课的看法统计表

看法	人数	所占比例	排序
认为体育课是副课	29	21.8%	1
尽量争取不被占用	26	19.6%	2
无所谓	23	17.3%	3
处于无奈	21	15.8%	4
地位降低而感到气愤	18	13.5%	5
被占用最好,可以轻松了	16	12.0%	6

调查发现,部分体育教师的责任心不强,观念陈旧,但也处在无奈之中。导致这种现象的原因,一是"应试教育"思想在人们的头脑中根深蒂固;二是物质条件在某种程度上制约着人们的认识;三是目前教育工作主要以升学率的高低来衡量教育质量。此外,有一些学校领导对体育与健康教育的目的、意义认识不明确或不了解,还有许多学校仍受"智育第一"和"应试教育"的影响,对体育的认识不够,把体育当"小三门"对待,对待体育课的态度仍然是"说起来重要、做起来次要、忙起来不要",实际情况与政策要求差距很大,这是影响农村学校体育与健康课程改革的重要思想障碍。

三、结论与建议

（一）结论

（1）湖州市大多数农村学校体育教师师资力量薄弱,专职体育教师比例偏低,体育教学管理松散,对课程改革的认识滞后。

（2）体育经费总量投入不足,且不平衡。许多学校体育经费投入不能满足当前需要,主要是乡镇财政拨款不到位,甚至有些乡镇财政拨款到位了,部分不重视体育的学校领导也不会把钱用到建设体育场地和添置体育器材上,导致学校体育场地和器材不能满足需要。

(3)农村学校都能开设体育课,但部分学校未按体育与健康课程改革规定开设足量的体育课,学生课外体育活动不能正常有序开展。由于重视程度和改革力度不够、措施不得力,"保证学生每天一小时体育活动"难以落实。

(4)大多数农村学校体育课和体育教学情况良好,多数学校已把体育课改为体育与健康课,有部分学校进行了教学改革的尝试,但大多数学校只改课程名称而不改教学内容,没有按照素质教育的要求深化改革。还有少部分学校,特别是兼职教师比例较高的学校,无教学计划、无教材、无教案的现象较为严重,教学质量较差。

(5)受应试教育的影响,部分领导不重视体育。虽然素质教育在全国范围开展,但是由于"应试教育"的指挥棒始终还悬在学生、教师、学校乃至地方教育主管部门的头顶上,应试教育影响根深蒂固,许多人认为学校教学质量的好坏还是看升学率,这就导致部分教育行政部门、学校领导及学生家长对学校体育认识不足。

(二)建议

(1)各级政府和教育部门领导应站在全局的高度认识加强学校体育教育工作的意义,要明确加强农村学校体育教育不仅是增强农村学生体质的需要,而且是全面贯彻教育方针、提高教育质量的需要。增强民族素质,改善农村生活方式,培养体育后备人才,需要各级政府和教育部门领导树立先进的体育思想和理念,把学校体育摆在应有的位置。学校应全面推行素质教育,以"健康第一"为指导思想,采取开放进取的态势,积极促进现代体育思想和体育文化的传播。开展学校体育教育必须以新的体育思想和理念,以创新、进取、科学、务实的精神把学校体育教育推向新的发展阶段。

(2)从法律法规层面保障有法可依,规范办学行为。2006年9月1日正式施行的《中华人民共和国义务教育法》,系统地总结了《中华人民共和国义务教育法》颁布20多年来的经验,从过去的18条,增加到目前的63条,在法律层面上很好地保障了义务教育阶段办学行为有法可依。农村学校体育场地、器材要按照义务教育办学标准配备,为进一步推进基础教育体育与健康课程改革创造有利的条件。

（3）重视课外体育教育，形成良好的校园体育文化氛围。学校应有计划、有组织地开展内容丰富、形式多样的课外体育活动，保证学生每天一小时以上的体育活动时间。采用教育部门、体育部门、学校领导、教师、学生多边互动的方式，形成良好的校园体育文化氛围。

（4）加强体育教师师资队伍建设，狠抓教师教育。教育部门应把教师教育作为一项重要工程来抓，一方面，要抓好高校体育教育专业学生的培养，把优秀的大学生充实到农村学校教师队伍中去；另一方面，要采用多种形式对现有在职体育教师进行培训，不断提高他们的职业道德和业务水平。

（5）不断加大投入，逐步改善办学条件。教育行政部门和学校应不断加大对学校体育经费的投入，做到专款专用，同时也要多渠道、多途径筹集经费，改变学校体育经费严重短缺的局面；要认真贯彻《体育法》，保证学校体育场地不被侵占，不断完善学校体育场地和器材设施的配置，从制度上保证学校体育工作的正常进行。

（6）加大体育与健康课程改革和建设的力度。教学内容要符合学生的兴趣和爱好，符合学生的生理和心理发展的年龄特征，注重培养学生的体育实践能力和体育素养，使学生的终身体育思想形成并得以发展。

（7）转变教育理念，整合体育资源，拓展改进体育设施的新思路。鉴于农村学校体育发展的具体状况，应着重抓好以下几点：一是切实转变教育理念，深刻认识学校体育的终极目标是培养完善的未来社会公民；二是通过实行自制体育器材、改造传统体育器材、利用自然地理资源、学校体育设施有偿租赁经营等办法，探索开源节流在体育场地、器材方面的新举措；三是结合不同地域特点及学校的实际，改革传统教学内容，改造或调整空间占有量较大的运动项目和器材价格高的项目等。

（本文写于2010年）

在阳光体育运动中培养女生主动参与能力的
实践研究

从1985年开始,我国进行了四次全国青少年体质健康调查。调查显示,最近20年来我国青少年体质健康在持续下降。原因是多方面的,其中之一就是体育课和课外体育活动中学生参与体育锻炼的积极性不高,主动参与体育锻炼的意识不强。在以往的体育教学中,由于教学内容和手段较单调、枯燥,忽视了女生积极性和主动性的发挥,导致女生在体育课堂和课外体育活动中不能主动参与体育锻炼,有消极的情绪出现,多数女生不愿意参与体育锻炼。为此,教师要积极引导她们参与阳光体育运动,使她们明确参与阳光体育运动有利于学习和掌握各种动作的技能、技巧,有利于提高内脏器官的功能,有利于增强体质健康水平等科学道理。有效的引导不仅能使她们主动参与体育锻炼,而且还能使她们养成良好的主动参与体育锻炼的习惯。只要体育教师在教学中进一步的实践和探索,就能使体育锻炼对她们产生极大的魅力,就能培养她们主动参与体育锻炼的能力,就能鼓励她们为实现目标而努力。本文结合阳光体育运动对八年级女生主动参与体育锻炼能力的培养进行了研究。

一、研究对象与方法

(一)研究对象

选取湖州八中八年级共186名女生,根据《国家学生体质健康标准解读》八年级女生身高标准体重评分表进行分组,体形正常组91名,体形异常组95名(肥胖、超重、较低体重、营养不良),进行教学实验。

(二)研究方法

1. 问卷调查法
采用抽样问卷调查的方法,对女生参与体育锻炼的兴趣作了问卷调查,进行统计分析并整理。

2. 对比法

采用前后对照的方法,说明女生参与体育锻炼兴趣提高后的健康等情况。

3. 观察法

采用观察的方法,了解女生在阳光体育运动中参与体育锻炼时表现出来的动机和行为。

二、研究结果与分析

(一)研究结果

表1　女生对参与体育锻炼的喜欢程度

	频数	百分比
喜欢	116	62.4%
较喜欢	36	19.3%
不喜欢	34	18.3%
总计	186	100.0%

表2　体形正常组对参与体育锻炼的喜欢程度

	频数	百分比
喜欢	68	74.7%
较喜欢	17	18.7%
不喜欢	6	6.6%
总计	91	100.0%

表3　体形异常组对参与体育锻炼的喜欢程度

	频数	百分比
喜欢	48	50.5%
较喜欢	19	20.0%
不喜欢	28	29.5%
总计	95	100.0%

表1至表3表明,女生对参与体育锻炼"喜欢"的人数比例超过60%,且体形正常组比体形异常组多了24.2%;"较喜欢"的人数比例两组相差不大;而"不喜

欢"的人数比例体形异常组比体形正常组多了22.9%,说明体形正常组对参与
体育锻炼的喜欢程度明显优于体形异常组。

表4　女生在具体参与体育锻炼时的表现

	频数	百分比
积极	30	16.1%
一般	77	41.4%
消极	79	42.5%
总计	186	100.0%

表5　体形正常组在具体参与体育锻炼时的表现

	频数	百分比
积极	21	23.0%
一般	38	41.8%
消极	32	35.2%
总计	91	100.0%

表6　体形异常组在具体参与体育锻炼时的表现

	频数	百分比
积极	9	9.5%
一般	39	41.0%
消极	47	49.5%
总计	95	100.0%

　　表4至表6表明,由于教学内容和手段较单调、枯燥,忽视了女生积极性和
主动性的发挥,多数女生不愿意参与体育锻炼。女生在具体参与体育锻炼时表
现"积极"的人数只占16.1%,体形正常组比体形异常组多了13.5%;表现"一
般"的人数比例两组相差不大;而表现"消极"的人数比例体形异常组比体形正
常组多了14.3%。调查数据说明,体育教师要从关心弱势群体着手,给她们更
多的阳光,培养她们参与体育锻炼的兴趣。

表7　实验前后体形异常组女生对参与体育锻炼意义的了解情况

	频数	百分比
实验前	7	7.4%
实验后	92	96.8%

调查表明,体形异常组女生从实验前不了解参与体育锻炼的意义,转变为实验后能主动参与体育锻炼,说明只要我们体育教师平时多开展教育教学研究,引导她们走进阳光体育运动,在阳光体育运动中想方设法为她们创造各种条件,给她们更多的阳光,就一定能突破难点,找到兴奋点,在教学中取胜。

表8　实验前后女生将参与体育锻炼作为健康需要的情况

	频数	百分比
实验前	21	11.3%
实验后	77	41.4%

表9　实验前后女生将参与体育锻炼作为学业需要的情况

	频数	百分比
实验前	30	16.1%
实验后	62	33.3%

调查表明,把参与体育锻炼作为健康需要的女生,实验后比实验前提高了30.1%(表8),说明在阳光体育运动中通过有针对性的引导,能有效提高女生的综合能力。把主动参与体育锻炼作为学业需要的女生,实验后比实验前提高了17.2%(表9)。这部分女生对主动参与体育锻炼的需要并不是自发的,而是受某种客观因素所支配的。因此,培养初中女生主动参与体育锻炼的能力,使体育教学真正贯彻"以人为本、健康第一"的教学理念,促进她们终身体育意识的形成,是我校重点研究的课题。

(二)分析与讨论

鉴于以上得出的研究结果,笔者在阳光体育运动中,采用了以下几种教育教学措施来培养女生主动参与体育锻炼的能力。

1."新型师生关系"的形成是培养女生主动参与能力的前提条件

体育教师在阳光体育运动中要与学生形成良好的"新型师生关系",不能一味地只是"严",要带着阳光(笑容)进课堂,让学生愿意主动和教师亲近。特别是女生,她们感情细腻丰富又羞涩,男教师在和她们的交往中,既要做严师,更要做益友,要让她们感受到教师真挚的关心和爱护,以唤起她们对教师的尊敬和爱戴,使师生感情达到和谐统一,这样师生间就能配合默契,教师的每个意图、每句话她们都能很快理解并接受。教师与学生的这种高度和谐,在教学中能收到事半功倍的效果。

2. 培养女生参与体育锻炼的间接兴趣

著名教育家陶行知先生认为:"学生有了兴趣,就肯用全部的精力去做事,学与乐不可分。"兴趣分为直接兴趣与间接兴趣,直接兴趣是对事物外部特征发生的兴趣,而间接兴趣则是对活动的结果及其重要意义有明确认识之后所产生的兴趣。体育课上根据女生的兴趣选择教学内容,多数是以直接兴趣为出发点的,这就需要教师通过教学来引发她们参与体育锻炼的间接兴趣,这才是真正地让她们对参与体育锻炼感兴趣。痛苦与快乐像一对孪生兄弟,在体育锻炼中,经历过挫折和失败的痛苦磨炼之后取得成功,所获得的快乐的情感体验,会更加深刻,更加具有教育意义。她们参与体育锻炼的兴趣是在体育课或课外活动中培养起来的,关注她们参与体育锻炼的兴趣,重在培养,特别是对她们的间接兴趣的培养。

3. 关注个体差异,培养女生主动参与的能力

八年级女生已进入青春期,其身体形态、机体的代谢功能都已日渐完善,心理特征处于不稳定和不成熟的时期,她们的情感比较内向、含蓄、敏感;在意志上表现为畏难,经受不起失败的考验;在体育课上表现为情感内倾、懒动、对疲劳的耐受力差,怕脏、怕晒、胆小、怕别人嘲笑、锻炼积极性不高等。如何关注女生的个体差异,使每一位女生都能感受成功,从而激发她们的学习兴趣?两千多年前,孔子就提出过"知之者不如好之者"。教师要充分认识初中女生群体的特殊性,懂得这一时期女生的生理特点和心理变化,细心体悟她们的难言之隐及身体语言的含义,利用各种形式结合女生的生理特点,科学地宣传上体育课及参加体育活动的意义与作用,使她们真正明白体育课所教内容对保持良好体型、体态,增强体质的积极意义,以及正常参加体育活动对文化学习的正向效应,从而激发她们的学习动力,调动她们参与体育锻炼的积极性,培养她们主动参与体育锻炼的能力。

4. 丰富教学艺术,培养女生主动参与的能力,为终身体育奠定扎实的基础

德国教育家第斯多惠说:"在教学中,如果能激发学生的主动性,任何方法都是好的。"因此,在体育教学中,只要能够发挥女生的主体地位,任何方法都可以采用。教师在教学过程中,要从她们已有的知识程度和接受能力出发,选择难易适度的教学内容,合理搭配,使她们通过自己的努力能较好地完成任务,得到成功的情绪体验而产生兴趣,使其学习动机得到强化。运用生动新颖的教学方法,不断引起她们的有意注意,提高其运动兴趣,能更好地为终身体育奠定基础。

5. 采用激励性评价,激发学生的积极性,培养学生主动参与的能力

在教学过程中,评价是促进信息交流的有效方法,也是提高女生练习兴趣的重要手段。教师要在学生练习过程中采用激励性评价,激发学生的积极性。出现不及格并不可怕,关键在于教师如何引导,要和学生把道理讲清楚,要让她们认识到自己的差距,要鼓励她们面对现实,让她们有勇气面对自己的不足,要帮助她们分析原因并指导她们如何扬长补短,鼓励她们注重自身的进步和发展。进行评价时要多用肯定性和鼓励的语言,使她们明确方向,激发她们的荣誉感,稳固她们的学习兴趣。通过评价,使她们知道自身有什么进步,还有哪些不足,今后应当怎么进一步努力,培养她们主动参与体育锻炼的能力。

6. 加强课外体育活动的组织与管理,培养女生主动参与体育锻炼的能力

为了充分发挥女生的主观能动性,激发她们参与阳光体育运动的兴趣,必须加强组织与管理。以班级体育锻炼计划为前提,制订个人体育锻炼计划,进行适当的体育锻炼测验,使她们能阶段性地看到自己的进步,能及时了解到自己努力锻炼的效果,激发她们锻炼的兴趣。开展小型多样的竞赛活动,创造浓厚的校园体育氛围。建立教师与家长的信息交流系统,要求家长必须尽力给自己的孩子提供必要的锻炼条件,并做好监督员和指导者,促进她们每天完成体育锻炼计划的内容,并做好记录,把阳光体育运动渗入她们的日常生活,培养她们主动参与体育锻炼的能力。

三、结论和建议

(一)结论

(1)从以上结果和分析中可以看出,只要在阳光体育运动中研究课题,采用灵活多样的教学方法,积极启发学生的思维,其教育效果是显著的,是完全符合新课标中"健康第一"的指导思想。

(2)在本研究教学过程中,教师采取的新型教学措施是培养八年级女生主动参与能力的重要手段,对培养八年级女生的终身体育意识、团队合作精神和创新能力,推动学校体育改革具有积极、深远的意义。

（3）在本研究教学过程中,教师和家长的默契配合是培养八年级女生主动参与体育锻炼能力的一个重要因素,能充分挖掘八年级女生的潜力,有利于体育特长的培养。

（二）建议

（1）教师要根据八年级女生的生理、心理特点和身体素质的基础,在课务安排、场地、器材等方面做好充分的准备,为她们创造必要的条件。

（2）教师在充分尊重女生主体性的同时,要加强对她们薄弱项目的指导,鼓励无兴趣、无特长的女生,引导她们积极参加适宜的体育锻炼。

（3）体育的魅力在于不断创新,因此,教师要鼓励女生大胆创新,同时也要扮演参与者,促进师生共同和谐发展,在科研中不断充实和提高自己。

（本文写于2008年）

体育教育管理是初三班主任的重要任务

1995年《全民健身计划纲要》的颁布,形成了一个正确的舆论导向和强大的宣传声势,使全民健身在各级各类学校中得以顺利实施。然而,不可否认,高考、中考的指挥棒始终还悬在学生、教师、学校乃至教育主管部门的头顶上。这种唯分数、唯"升学率"马首是瞻的应试教育体制,在很大程度上制约着全民健身在学校的开展。

当前,仍有部分学校在初中毕业班学生参加体育中考后,体育课被全部砍掉,或者以"自由活动"为借口,学生全部躲进教室。更有甚者,学校领导、班主任下命令,体育课、课外活动课全部让给了文化课教师上中考科目。由于体育锻炼时间减少,学业负担过重,积极性休息被取消,学生身心疲惫、体质下降,影响了正常的学习和生活,甚至影响升学。

要改变这种状况,仅靠体育教师的努力是远远不够的,还需要学校领导、班主任、文化课教师、学生及家长切实转变观念,形成现代化的人才观、健康观。《中学班主任工作暂行规定》中明确指出:"按照德、智、体、美全面发展的要求,开展班级工作,全面教育、管理、指导学生,使他们成为有理想、有道德、有文化、有纪律、体魄健康的公民。"所以,重视初中毕业班体育中考后的体育锻炼是班主任的基本职责之一。

体育中考一般安排在每年的五月上旬进行,文化科中考一般在每年的六月中旬进行,相距一个多月。这段时间,初三班主任如能抓好体育锻炼,对保证学生以良好的身体迎接文化课中考很有帮助。

一、激发学生课外体育锻炼兴趣,助其认清体育锻炼意义

学生参加课外体育锻炼的兴趣有多种表现形式。第一,学生自身好动、好奇、好胜等特点,对参加体育活动表现出强烈渴望。第二,学生对体育活动的兴趣需要教师去培养和激发,尤其是身体素质、活动能力差的学生,他们很少在体育活动中体验成功的喜悦,对参加体育活动有畏惧感,对于这类学生,班主任一定要使他们明确参加体育锻炼的重要性。第三,学生虽有兴趣,但大考当前,自

己压抑欲望,还慑于家长、班主任的压力,不敢表现出这种兴趣。

认清体育锻炼对学生全面发展的意义,很有必要。

(1)体育锻炼能增强体质:提高运动系统的机能,提高呼吸神经系统的机能,增强心血管系统的机能,发展神经系统的功能,促进心理健康。

(2)体育锻炼对发展智力的作用:促进大脑发育,锻炼、提高大脑的反应速度,增强记忆能力,使人的智力因素得到充分发挥,有助于各学科技能、技巧的掌握。

(3)身心健康是一切学习、生活、工作的基础:对初三学生来说,强健的体魄是学习文化科学知识的保障,是将来为祖国现代化建设服务的前提条件。

二、班主任积极参与,引导学生参加课外体育锻炼

初中毕业班学生体育中考后,临近文化课中考,部分学校为了片面提高合格率、升学率,增加了语、数、外等文化课的上课节数,增加了作业量、模拟考试次数,导致部分学生埋头做作业,课间不休息,这样势必会影响下节课的准备,使学习很被动。这种长期超负荷的学习,给正处在长身体阶段的初中毕业班学生造成了极大的生理和心理压力。

针对这种情况,班主任要向学生宣传体育锻炼的意义、作用及有关知识,为他们营造一个良好的体育氛围,使学生在这种体育氛围中得到教育和熏陶,不知不觉地受到潜移默化的影响。如宣传"8-1>8"的意义,宣传"劳逸结合"的生理机制等,使学生明确参加课外体育锻炼,进行积极性休息,能有效调节大脑思维,有助于消除大脑疲劳,提高学习效率,还能使生理、心理都得到健康发展。还可以让学习成绩优秀、课外活动积极参加的学生谈谈参加课外体育锻炼对提高学习效率的影响,从而提高学生的参与意识,引导全班学生参加课外体育锻炼。

三、班主任组织、实施好课外体育活动

课外体育活动是实现学校体育目标的重要途径。班主任作为学校课外体育活动的组织者,要根据学校体育工作计划,联系本班学生实际情况,着重制订好初中毕业班体育中考后的体育工作实施计划。在组织课外体育活动时,要亲自到场指导学生进行练习,开展课外活动要体现"健康第一"的指导思想,要充分调动学生的积极性、主动性、创造性,创造各种有利条件,开展丰富多彩的课

外体育活动。

班主任在组织开展课外体育活动时,要对学生讲明注意事项,提出合理的要求,设计活动的形式,把课外体育锻炼当作一节课去对待,决不能敷衍了事,以防止伤害事故的发生。

同时,开展的课外体育活动要既能锻炼学生的身体,又能培养良好的班风和集体主义精神。由于班级集体活动的组织工作是一项十分重要的工作,班主任在组织课外体育活动时,要严格要求、严格管理。如果组织的力度不够,学生就会乱成一团,这样既达不到锻炼的目的,又容易出现意外伤害事故。

班主任要有计划、有步骤地指导学生锻炼,使每次锻炼都能达到一定的效果。活动能力强的班主任最好能参与学生的课外体育活动,如打篮球、打排球、踢足球、跳绳、跳皮筋等。这样做既有利于加强班级管理,又有利于建立良好的师生关系。

四、抓两头,带中间,关注体育后进生

每个班都有一些爱好体育、体育成绩特别好的人,班主任可进一步激发这部分学生的体育热情,让他们当"锻炼小组长",适当布置任务,带动更多学生自觉加入到体育中来。

每个班也有一些体育成绩特别差、不愿意参加体育活动的人,对于这些学生,应该实施基础工程,要耐心地和他们讲道理,通过运动处方等形式使他们从中获益。

提高全班学生参加体育锻炼的意识,全面提高学生身体素质,应着重抓好体育后进生这一头,指导后进生,促进后进生进步,为后进生补课,不使一个后进生掉队。

初三班主任要从关心"弱势群体"的健康成长出发,勤查勤测;主动参与体育活动,通过活动融洽师生关系,和他们交朋友;对体育后进生在锻炼中表现出的微小进步及时给予肯定和鼓励,增强其成功的信心,提高其战胜困难的勇气,让后进生越练越有劲;更要通过班级集体活动良好氛围的感染和熏陶,激励他们积极参加锻炼,这样就可以激发全班学生参加体育锻炼的兴趣。

五、切实转变观念必不可少

21世纪充满着生机与活力,充满着机遇与挑战,教师应以高昂的意志、振奋

的精神跨入新世纪,为振兴学校体育卫生事业,开创我国学校体育卫生工作的新局面,培养面向现代化、面向世界、面向未来的德智体美等方面全面发展的高素质人才而努力。

学校体育工作是素质教育的重要组成部分。我国的学校体育卫生事业在党的教育方针指引下,取得了长足的进步,但我们的工作离素质教育和21世纪对人才培养的要求还有一定的差距,学校体育工作仍然是学校教育中的薄弱环节。为此,我们必须正视存在的问题,发扬科学精神,真抓实干,奋起直追,在认真总结经验的基础上,加大改革力度,切实加强学校体育工作。

(1)学校领导要提高认识,坚持学校教育要树立"健康第一"的指导思想。学校体育工作必须坚持面向全体学生,突出重点,以全面提高学生身心健康水平为主要目的,实现"人人享有体育教育、健康教育"的工作目标。通过体育与健康教育,使青少年具有强健的体格、健康的心理、良好的习惯、乐观的生活态度和较强的社会适应能力。这是衡量学校体育卫生工作开展得好或不好的重要标志。

(2)全体教师要积极支持学校开展丰富多彩的课外体育活动,确保学生每天有一小时的体育活动时间。要结合班级实际,采取有效措施,组织多种多样的容趣味性、参与性、竞争性于一体的班与班、年级与年级、校与校之间的群众性体育锻炼和体育比赛活动。

(3)学生及家长要真正树立现代化的健康观。没有健康的体魄,一切都是空话。健康的体魄来自体育锻炼。只有上好体育课,开展丰富多彩的课外体育活动,让学生自觉、主动、积极地参加体育活动,享受体育活动带来的快乐,才能使学生体质增强,身心健康,终身受益。

总之,初中毕业班学生体育中考后的锻炼,需要学校领导认清体育锻炼和学习文化课之间的辩证关系,要以"育人为本"和"健康第一"的教育理念来宏观管理。加强初中毕业班体育中考后的锻炼,是全面贯彻教育方针的需要,是推进素质教育的需要,是提高教学质量的需要,是学生健康成长的需要,这需要班主任的组织和配合,故班主任要对体育具有深刻的认识和高度的责任感。

(本文写于2007年)

体育术科考试前最佳竞技状态的调整

体育专业术科考试一般在每年的四月份进行,带训教师如何指导体育考生在临考前提高竞技状态,在术科考试时发挥出最高水平至关重要。笔者经过多年的教学实践,总结了一些简捷有效的教学技巧,现介绍如下与大家分享。

一、合理安排运动量,科学调整训练方法

根据考生冬训打下的良好基础,临考前的训练一定要合理安排运动量,调整训练方法,注重训练质量。每堂训练课运动量的安排应遵循"加大—适应—再加大—再适应"的原则,运动量的加大绝不能引起考生身体伤害,因为考生万一受伤,就会影响训练计划的完成,受伤严重时,可能连考试都不能参加。因此,宁可不增大运动量,也要保证考生不出伤害事故。在训练方法选择上,要统筹兼顾,突破相对易于得分的项目。随着考期的临近,要在保持训练强度的基础上,适当减少运动量。根据运动能量超量恢复的原理,临考前对考生安排合理的运动量,科学调整训练方法,有助于考生在术科考试时,使机体的机能恢复到更高的水平,达到最佳的竞技状态,创造优异的成绩。

二、注重技能指导,增强竞争意识

由于部分考生文化成绩良好,报考重点高校有一定的困难,但具有良好的身体素质,临时决定报考体育专业。他们以前从未经历过正规的课余训练,因此,在运动技能方面可谓临时抱佛脚。针对考生运动技能参差不齐的状况,要使他们尽快适应训练步骤和节奏,提高体育术科考试的成绩。应根据每位考生的技能水平,从实际出发,制订行之有效的方案,区别对待、因材施教,促进各项运动技能的提高。在运动技能传授时,不但要按照循序渐进的原则,由易到难、由简到繁,而且要根据运动技能形成的规律,结合考生理解能力的优势,采用合作性学习的方法,使他们尽快掌握基本技能。当他们的技能达到一定的熟练程度时,采用竞赛法,增强考生之间的竞争意识,有利于促进考生术科成绩的提高。

三、训练手段要均衡,训练方法要突破

从历年的体育专业考试情况看,部分考生偏项现象比较严重。有的考生短跑和立定跳远的成绩能拿满分,但铅球考得很差;有的考生铅球成绩能拿满分,但中长跑考得很差(浙江省近年来体育专业招生术科考试项目为100米跑、原地推铅球、立定跳远、800米跑)。为此,要使考生明确,体育高考录取时不看某一单项成绩,而是看总成绩的,加强薄弱项目训练要比在强项上花工夫更合算。加强对考生的个别辅导,改进考生薄弱项目的基本技术,促进考生各项能力平衡发展。在训练过程中,遇到考生个别项目提高不明显时,要根据项目的特点和考生的实际情况找出突破口。如果突破了薄弱项目,就可以提高总成绩。例如,要发展考生的速度和力量素质,应该采用的训练方法是:先练绝对速度,后练速度耐力,再练习一般耐力,当绝对速度和速度耐力达到一定水平时,再采用交叉训练法,使考生的速度和速度耐力得到充分提高。根据运动生理学原理,绝对速度是速度耐力的基础,速度耐力的提高又促进一般耐力的发展,而力量素质又是各素质的基础。因此,在发展速度的同时,要安排一定的力量训练。但训练必须符合考生的实际情况,切忌千篇一律,要因人而异,合理分配训练时间,科学安排运动量,这样才有利于考生在短期内取得最佳的成绩,达到事半功倍的训练效果。

四、加强心理训练,提高应考能力

体育专业考试时,大部分考生能正常发挥水平,有的考生还能超水平发挥,但也有个别考生会出现意想不到的失误。考生在考前准备不充分,尤其是心理素质不稳定,是影响考生正常发挥的重要因素。部分考生因从未经历过正规比赛的锻炼,面对竞争力很强的体育专业术科考试时,往往因缺乏临场经验,情绪低落,反应迟钝,自信心不足,心理承受能力差,焦虑感较重,容易出现考试失常现象。因此,带训教师要通过各种训练手段和措施来消除考生的心理障碍,使考生调整情绪,形成最理想的应考状态。带训教师要摸清考生的思想状况,有针对性地和考生一起分析考试时可能出现的问题,帮助考生树立取得优异成绩的信心。由于体育术科考试要求在半天之内完成,在平时的训练过程中,要设置不同的排列组合,让考生随机抽签,以适应不同的考试顺序。平时训练和测验时,要求考生严格按规则执行,让考生养成认真对待考试的习惯。临考前二

至三天教师要带领考生到考试现场熟悉考场环境、场地、器械性能及操作方法等，并尽可能安排考生进行模拟训练或测试。此外，平时训练时，要求考生合理评估自己的水平，能够正确对待考试的成败，不要过分依赖教师，要靠实力争取，靠毅力拼搏，培养考生正确分析问题、解决问题的能力，以最佳的竞技状态和饱满的热情进入考场。

五、注重准备活动和整理运动

训练时的准备活动是非常重要的一个环节，带训教师要指导考生根据平时习惯、气候和环境变化及训练的内容，采取丰富多彩、行之有效的练习方法，并应用到准备活动中，以确保人体机能进入最佳竞技状态，这样做可提高训练的效率，有利于培养考生独立作战的能力，达到事半功倍的效果。训练后的疲劳消除与恢复也是非常重要的一环，要让考生充分认识到放松练习的重要性。带训教师要引导考生加强医务监督，指导考生自我放松的方法，如放松性的游戏、相互按摩、慢跑等，使人体更好地由紧张状态过渡到安静状态。

六、注重生活规律，确保饮食营养

身体健康是取得理想成绩的有力保障，带训教师一定要指导考生按照平常生活习惯安排好考前的生活，保证考生每天足够的睡眠时间。另外，要注意保暖，训练时应多拿一套衣服，训练结束后应及时换掉湿衣服，以免感冒。饮食、营养也是影响体能恢复的重要因素，要指导考生不随便吃冷冻饮料、不卫生食品，更不能暴饮暴食，应吃一些营养价值高、热量大、易消化、高能量的食物。这有利于考生体能恢复，补充体内能量消耗，使能量供应充足，确保体力、精力逐渐恢复到旺盛状态，确保考生在术科考试前达到最佳的竞技状态，在考试中发挥出最高水平。

总之，体育专业术科考试是对考生身体素质、运动能力及心理素质等的综合测试。带训教师要科学合理地指导考生，确保考生在术科考试时，发挥出最高水平，考出理想成绩。

（本文写于2009年）

体育名师"三带"活动的现状与对策研究

——以浙江省湖州市吴兴区教育发展联盟为例

2009年吴兴区教育局以"让更多的孩子接受更好的教育"为理念,在推进城乡教育一体化的基础上,出台了《吴兴区教育局关于建立学校教育发展联盟推进区域联片组团发展的实施方案》,召开学校组团发展推进会、牵头校长工作例会,组建12个中小学教育发展联盟,其中初中5个教育发展联盟、九年一贯制学校1个教育发展联盟、小学6个教育发展联盟,以人员互动、研训联动、文化共建、项目合作等主题式活动为抓手,力求达到"龙头带动、两翼发展、优势互补、多校共赢"的办学格局,区域合作共进局面逐步形成。

为充分发挥各级名师的引领和示范作用,形成名师示范效应,促进吴兴区教师群体共同成长,采取以下措施:抓好联动研训工程,促进教师专业成长;以解决教学问题、引领教改方向、提升教师专业水平为目的,依托名师资源支撑点,融通教研、科研两条辐射线,多向促进教师专业成长;建立骨干教师引领制度,要求联盟学校进一步发挥名师的示范引领作用,充分整合联盟内名师资源,建立名师团队工作室,以骨干(名师)互派蹲点、互动指导学习等多种形式,深入开展联盟内名师带教(徒)、带课题、带教研(备课)组的"三带"活动。

为此,吴兴区联盟学校体育学科名师"三带"活动依托联盟组团,积极组织在科研课题研究和教师校本培训方面的合作,共同开展联盟内的学术论坛、教学沙龙、教学业务培训和课题研究等活动,交流先进教育理念、教学方式和科研方法,提升教师的业务水平。

一、研究对象与方法

(一)研究对象

本研究选取吴兴区12个中小学教育发展联盟的41所学校为研究对象。

(二)研究方法

1. 问卷调查法

根据研究的目的和任务,本研究设计了《吴兴区联盟学校体育学科名师"三带"实施情况调查表》,在吴兴区分管教学校长会议上问卷调查,共发放问卷41份,现场回收,问卷回收率100%,问卷有效率100%。在吴兴区中小学体育教研组长教研活动期间,对12个教育发展联盟的41所学校的体育教师师徒结对情况进行问卷调查,共发放问卷111份问卷,现场回收,问卷回收率98.2%,问卷有效率96.3%。

2. 数理统计法

对调查所获得的数据进行常规统计处理。

3. 文献资料法

通过网络、湖州师范学院图书馆等途径查阅有关文献资料,为本研究提供理论依据。

4. 实地考察法

对12个中小学教育发展联盟的体育名师和徒弟进行实地考察并和相关人员座谈,了解与本研究有关的具体情况。

5. 观察法

通过观察了解与本研究有关的具体情况。

二、结果与分析

(一)联动研训情况

吴兴区12个中小学教育发展联盟41所学校的联动研训情况见表1至表3。

表1　41所学校建立配套的联动研训队伍情况统计

调查内容	已建立(所)	占总数
校长层面上的领导队伍	39	95.1%
教务主任层面上的操作队伍	40	97.6%
体育教研组长层面上的联络队伍	38	92.7%
体育骨干教师层面上的指导队伍	36	87.8%
体育教师层面上的实践队伍	36	87.8%

表2　41所学校之间建立校际横向联动研训交流队伍情况

调查内容	已建立(所)	占总数
校长室之间横向交流	40	97.6%
教务处之间横向交流	39	95.1%
教科室之间横向交流	39	95.1%
体育教研组之间横向交流	36	87.8%
体育学科兼职研训员设立情况	35	85.4%
体育学科名师"三带"结对情况	15	36.6%

表3　41所学校内部建立纵向联动研训协作队伍情况

调查内容	已建立(所)	占总数
校长室与教务处之间协作	39	95.1%
校长室与教科室之间协作	37	90.2%
教务处与教科室之间协作	40	97.6%
教务处、教科室、体育教研组之间协作	33	80.5%

从表1至表3中可以发现，吴兴区12个中小学教育发展联盟的41所学校中，还有部分学校没有建立配套的校际联动研训队伍、校际横向联动研训交流队伍和校内纵向联动研训协作队伍。这不利于校际联动研训活动的安排和校际联动研训活动的实施等，就会造成校际体育学科联动研训活动开展时理论与实践的脱节和实践操作时缺乏理论的支撑。有近15%的学校没有设立体育学科兼职研训员，这就为开展联盟体育学科研训活动带来不少的困难。

(二)体育师资和师徒结对情况

吴兴区12个中小学教育发展联盟41所学校体育师资和师徒结对情况如下。

表4　41所学校体育专职教师人数统计

总人数	初中	占总数	小学	占总数	九年一贯制学校	占总数
198	66	33.3%	114	57.6%	18	9.1%

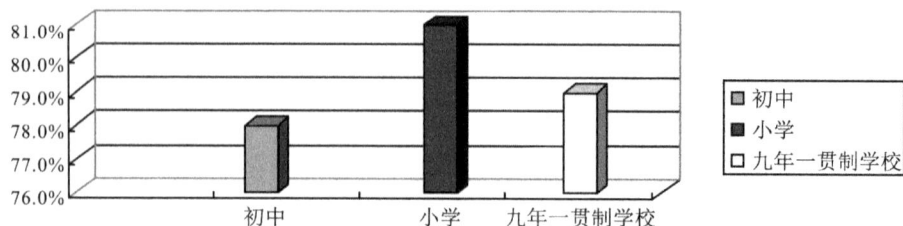

图1 41所学校体育专职教师达到合格学历基本情况

从表4、图1中可以发现,吴兴区12个中小学教育发展联盟41所学校中有198名体育专职教师,其中初中占33.3%,小学占57.6%,九年一贯制学校占9.1%,小学中达到合格学历的教师约占总数的80%,还有近20%的教师需要提升学历。

表5 41所学校的体育名师情况

荣誉称号	人数	占41所学校体育教师总数
市教学明星	2	1.01%
市教学能手	1	0.51%
区教学明星	1	0.51%
市教坛新秀	3	1.52%
区教学能手	3	1.52%
区教坛新秀	8	4.04%

从表5中可以发现,吴兴区12个中小学教育发展联盟41所学校198名体育教师中,具有教坛新秀及以上荣誉称号的只有18名教师,占总人数的9.11%。其中,市教学明星2名,占1.01%;市教学能手1名,占0.51%;区教学明星1名,占0.51%;市教坛新秀3名,占1.52%;区教学能手3名,占1.52%;区教坛新秀8名,占4.04%。可见,缺乏名师的引领是影响吴兴区联盟学校体育学科名师"三带"联动研训质量的重要因素。

表6 18名体育名师师徒结对情况

荣誉称号	1师带1徒人数	1师带2徒人数	1师带3徒人数
市教学明星	1	1	—
市教学能手	1	—	—
区教学明星	—	2	—

荣誉称号	1师带1徒人数	1师带2徒人数	1师带3徒人数
市教坛新秀	1	1	1
区教学能手	—	2	1
区教坛新秀	3	3	2

从表6中可以发现,吴兴区12个中小学教育发展联盟的18名体育名师总共带36名徒弟。根据《吴兴区教育局开展名师"三带"活动方案》,市教学明星、市教学能手带徒弟人数没有达到文件的要求。

(三)师徒结对联动研训和体育名师课堂教学情况

吴兴区12个中小学教育发展联盟师徒结对联动研训和体育名师课堂教学情况如表7所示。

表7　12个中小学教育发展联盟师徒结对联动研训情况

调查内容	占总数
师徒结对	58.3%
建立名师博客	16.7%
师徒网络研训	16.7%
徒弟听师傅示范课(2节/月)	33.3%
师傅听每位徒弟常规课(1节/月)	27.8%
名师承担联盟或区级以上示范课(1节/学期)以上	11.1%
师傅给徒弟做课堂教学指导	27.8%
徒弟主动向师傅请教课堂教学问题	83.3%
师傅给徒弟做科研指导	16.7%
徒弟主动向师傅请教科研问题	66.7%
徒弟经师傅指导后课堂教学在区级评比中获二等奖以上	16.7%
徒弟经师傅指导后基本功比赛在区级评比中获二等奖以上	27.8%
徒弟经师傅指导后论文在区级评比中获二等奖以上	33.3%
徒弟经师傅指导后论文在市级评比中获奖	16.7%

从表7中可以发现:12个中小学教育发展联盟中有5个联盟没有开展师徒结对,开展师徒结对的联盟占58.3%;有2个联盟开展了师徒网络研训,占

16.7%；徒弟听师傅示范课(2节/月)的占33.3%；师傅听每位徒弟常规课(1节/月)的占27.8%；近两年徒弟经师傅指导后课堂教学在区级评比中获二等奖以上占16.7%，基本功比赛在区级评比中获二等奖以上的占27.8%，论文在区级评比中获二等奖以上的占33.3%。

表8 18名体育名师近两年优质课获奖、公开课开展情况

优质课获奖	节数	公开课	节数
市一等奖	2	市级	1
市二等奖	1	区级	2
区一等奖	2	联盟	6
区二等奖	2	校级	11
区三等奖	3		
赛区一等奖	3		
赛区二等奖	5		

从表8中可以发现，18名体育名师近两年优质课获奖、公开课开展情况不容乐观，距离《吴兴区教育局开展名师"三带"活动方案》文件中"三带"内容之一——名师带教(徒)的要求差距较大。俗话说"火车跑得快，全靠车头带"，故应尽快提高名师的课堂教学能力，使他们成为名副其实的领头鹰。

(四)名师带课题情况

吴兴区12个中小学教育发展联盟的18名体育名师"三带"内容之二——名师带课题情况如表9所示。

表9 18名体育名师近两年在体育教师研训活动中作专题讲座情况

讲座	人数	占总数
市级专题讲座	1	5.6%
区级专题讲座	6	33.3%
校级专题讲座	11	61.1%

从表9中可以发现，18名体育名师近两年在体育教师研训活动中作专题讲座严重偏少。

表10　18名体育名师近两年论文、叙事案例和课题获奖情况

获奖	论文篇数	叙事、案例篇数	课题项数
全国二等奖	2	—	—
全国三等奖	1	—	—
省一等奖	1	—	—
省二等奖	3	—	—
省三等奖	3	2	—
市一等奖	3	1	—
市二等奖	5	3	1
市三等奖	7	5	2
区一等奖	5	3	1
区二等奖	8	5	3
区三等奖	11	6	3

表11　18名体育名师近两年论文发表情况

刊物	论文发表篇数
中国学校体育	5
体育教学	3
体育师友	1
田径	1
运动	1
中国体育报	3

从表10、表11中可以发现,18名体育名师近两年论文、叙事、案例、课题获区一等奖以上和在教育教学专业报纸杂志上发表文章较少且仅集中于2~3名教师,区级以上研究课题较少,距离《吴兴区教育局开展名师"三带"活动方案》文件中"三带"内容之二——名师带课题的要求差距较大。这主要是因为大部分体育名师平时很少注重体育科学研究。

(五)名师带教研(备课)组情况

吴兴区12个中小学教育发展联盟的18名体育名师"三带"内容之三——名师带教研(备课)组情况(每学期)如表12所示。

表12　18名体育名师"三带"内容之三——名师带教研（备课）组情况（每学期）

活动次数	占总数	活动记载	占总数
3次	11.1%	详实	16.7%
2次	27.8%	较好	27.8%
1次	55.6%	较差	50.0%
0次	5.6%	没有	5.6%

从表12中可以发现，18名体育名师每学期开展集中性专题联动研训活动次数较少，只有2名师傅开展3次活动，其中有1名师傅一个学期没有开展活动。活动记载情况中发现，只有3名师傅有详实的记载并撰写了报道，其中有1名师傅没有记载活动情况。可见，距离《吴兴区教育局开展名师"三带"活动方案》文件中"三带"内容之三——名师带教研（备课）组的要求差距较大。由于大部分体育名师对名师带教研（备课）活动不重视，因此，导致体育名师"三带"活动名存实亡。

三、结论与建议

（一）结论

（1）吴兴区12个中小学教育发展联盟的41所学校开展联动研训过程中，还有部分学校没有建立配套的联动研训队伍、校际横向联动研训交流队伍、校内纵向联动研训协作队伍，这不利于推进吴兴区联盟学校体育学科名师"三带"联动研训活动。

（2）吴兴区12个中小学教育发展联盟的41所学校198名专职体育教师中，只有18名教师具有名师称号，只占总人数的9.1%。因此，缺乏专家型教师和名师的引领是影响吴兴区联盟学校体育学科名师"三带"联动研训质量的重要因素。

（3）由于只有部分联盟建立了师徒结对，开通了师徒网络研训，徒弟在课堂教学、教育教学科研方面虽然取得了一些成绩，但是取得的成效不高，效果不显著。

（4）吴兴区12个中小学教育发展联盟的18名体育名师近两年优质课获奖、公开课开展情况不容乐观，论文、叙事、案例、课题获区一等奖以上和在教育教学专业报纸杂志上发表文章较少。

(5)吴兴区12个中小学教育发展联盟的18名体育名师每学期开展集中性专题联动研训活动次数较少,只有2名师傅开展3次活动,其中有1名师傅一个学期没有开展活动。活动记载情况中发现,只有3名师傅有详实的记载并撰写了报道,其中有1名师傅没有记载活动情况。

(二)建议

(1)形成系统的校际联动研训制度。吴兴区12个中小学教育发展联盟联动研训是41所学校之间的联动研训,这种形式必然与各校校内的研训活动有一定的冲突。因此,必须要有一定的保障措施,使研训计划能顺利实施,可尝试建立理论学习制度、交流对话制度、定期活动制度等。

(2)建立配套的校际联动研训队伍。教育发展联盟学校之间联动研训的实施需要建立五支队伍:联动学校校长层面上的领导队伍,联动学校教务主任层面上的操作队伍,联动学校体育教研组长层面上的联络队伍,联动学校体育骨干教师层面上的指导队伍,联动学校体育教师层面上的实践队伍。同时,还要拓展联动研训的途径。

(3)建立"回环式"吴兴区12个中小学教育发展联盟联动研训组织结构,如图2所示。

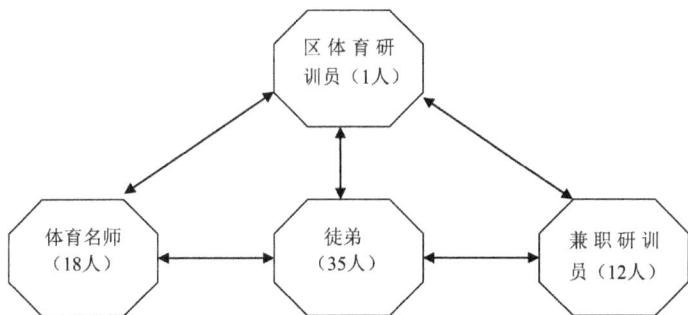

图2　"回旋式"联动研训组织结构

(4)建立体育名师教研网或体育教师论坛,充分发挥网络的优势,搭建一个教师交流的平台。

(5)加强监督,狠抓落实。吴兴区教育局要根据各联盟活动的推进情况,组成相应的检查组,开展不定时间、不定内容的随机检查,确保活动取得实效。要有计划地按照体育名师"三带"活动的要求,结合体育名师"三带"活动计划书,每学年末对每位体育名师的履职情况进行考评,对考核优秀的教师给予奖励。

(6)通过研究探讨出适宜体育教学有效开展的方法和途径,总结和推广吴兴区联盟学校体育名师"三带"活动的经验,促进吴兴区联盟学校体育教育教学均衡发展。

(本文写于2012年)

吴兴区中心城中小学体育场地、器材的现状及对策研究

　　体育场地、器材是学校体育教学的硬件之一,是实施体育教学强有力的物质保证。目前,造成学校体育场地、器材紧缺有两方面原因:一方面由于学生人数多,体育器材极为有限;另一方面由于学校体育资金紧张,体育器材常常成为影响学校体育教学的制约因素。中小学体育场地、器材,是开展体育教学、课外体育活动和学生锻炼身体必不可少的物质条件,是检查、督导、评估、规范学校体育工作的重要指标之一。国内外研究表明,不少国外学校在体育场地、器材方面十分重视,它们的场地设施种类齐全,而且器材质量高,人均场地面积大。而在国内,这种情况却不尽如人意:由于我国是人口大国,人多地少,学校数量少而学生数量多,这就导致人均所占场地面积少;地区与地区、农村与城市学校之间在对器材的购置及经费的支出等方面有着很大的差距,即使是在经济较发达的地区,学校人均所占面积少,器材数量少、质量差等情况也非常严重。吴兴区系湖州市政府所在地,经济等方面相对比较发达,尚且存在场地、器材明显不足。因此,对吴兴区中小学体育场地、器材的现状进行研究,具有重要的现实意义。

一、研究对象与方法

(一)研究对象

　　随机抽取吴兴区中心城10所中小学,以抽样学校的体育场地、器材数量、种类作为研究对象。

(二)研究方法

1. 问卷调查法
　　对吴兴区中心城的10所中小学的体育教师发放问卷调查,共发放问卷39份,现场回收,问卷回收率100%,问卷有效率100%。

2. 数理统计法

将问卷调查所获得的数据进行数理统计。

3. 文献资料法

通过网络、湖州师范学院图书馆等途径,查阅有关体育场地、器材等方面的参考文献。

4. 实地考察法

对抽取的10所中小学进行实地考察,并对10所学校现有的场地、器材现状等进行了解。

二、研究结果与分析

(一)现有器材状况

对吴兴区中心城的10所中小学器材情况进行调查,结果见表1。

表1　10所中小学现有器材情况

学校名称	可用器材程度	器材充足程度
凤凰小学	52.9%	57.5%
爱山小学	77.6%	79.3%
湖师附小	69.2%	71.2%
飞英小学	58.7%	62.1%
东风小学	62.9%	62.5%
湖州四中	78.6%	77.3%
湖州八中	71.7%	70.7%
湖十一中	67.2%	66.9%
湖十二中	65.6%	69.4%
实验中学	72.4%	76.3%

调查发现,抽样学校的教师都能正确掌握学校器材总量和使用情况,所以能正确地反映抽样学校的器材情况,以上调查的数据可作为研究的依据。在器材的可用程度及器材充足程度方面,各学校器材都普遍陈旧,且数量不足。

(二)球类场地现状

球类运动在中小学校开展非常普及,学校球类场地主要包括足球场、篮球场、排球场等。对吴兴区中心城 10 所中小学现有的足球场、篮球场、排球场地情况进行调查,结果见表 2。

表 2　10 所中小学拥有球类场地状况

	篮球场(个)	排球场(个)	小足球场(个)
小学	10	7	3
中学	18	9	6

从表 2 可知,球类场地在吴兴区中心城学校缺少较严重,完全不能满足学生开展体育教学、运动训练的需要,中学在场地数量上要优于小学。从量上可见,篮球场较多,排球场次之,足球场严重缺少,不利于足球运动的开展。

(三)田径场地现状

田径场是学校开展体育活动的主要场地,且面积同其他场地相比相对要大,它的质地、面积以及场地设施影响着体育教学。

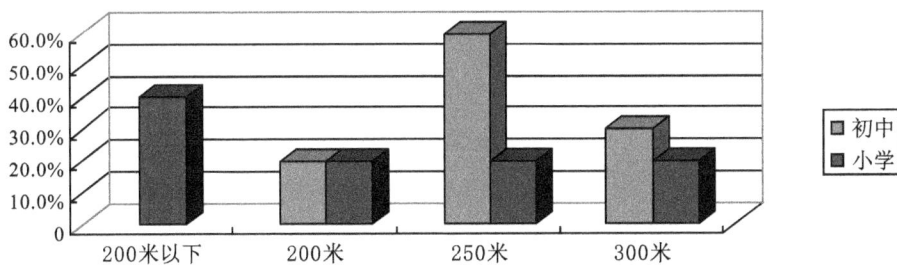

图 1　10 所中小学田径场地跑道状况

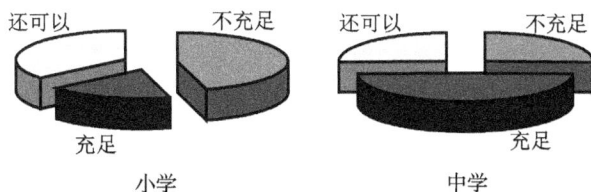

图 2　10 所中小学现有田径场地跑道满足学生体育活动的充足情况

调查发现,被调查的吴兴区中心城 10 所中小学的体育教师能较好地掌握学校田径场地情况,能较正确地反映现有田径场地的充足情况。没有1所学校田径场有400米塑胶标准场地,小学的田径场地在250米以下的超过一半,有个别田径场是泥土质地,中学的田径场地要明显优于小学条件。体育场地是学生开展体育活动最基本的条件,泥土场地在遇到雨雪天气时体育活动将无法开展。调查还发现,吴兴区中心城10所中小学的场地普遍严重不足,特别是小学的场地严重缺乏,体育活动场地不能满足开展体育教育教学和学生课外体育活动的状况比较突出。

三、结论与建议

(一)结论

(1)吴兴区中心城10所中小学场地、器材供给不足。随着吴兴区中心城人口的不断增长,在校人数迅猛增加,使得原本体育场地、器材匮乏的中小学更加捉襟见肘。

(2)吴兴区中心城10所中小学场地、器材总量严重不足,发展不平衡。抽查的10所学校中,大部分小学体育场地普遍量上不足,在结构上不尽合理,制约了体育教学活动的正常进行。因此,体育场地缺乏、设施陈旧、运动器材不足,致使新课程标准规定的内容与要求在落实过程中大打折扣。由于重视程度和改革力度不够、措施不得力,"保证学生每天1小时体育活动"难以落实。

(3)抽查的10所学校中部分中小学校的场地、器材陈旧单一,普遍没有考虑到学生的生理发育因素,而是以成人标准的设施开展学校体育工作,使学生在体育活动过程中,难以达到较好的学习和锻炼效果。

(二)建议

1. 发挥常规体育器材的潜在功能

(1)常规体育小器材的开发。对现有的常规体育小器材进行开发、加工、改造,有效促进其"一物多用",使这些体育小器材充分发挥自身的作用。

(2)废弃体育器材的再开发。根据《中小学体育器材设施配备目录》中的规定,其中必备器材近20种。但体育器材毕竟不是"金刚不朽之身",它属于损耗品,在使用一定时间后,就会出现老化或损坏而不能使用。这些损坏而不能使用的器材走进了废弃器材行列,一般情况下都是以废弃物当垃圾处理掉了,没有很好地加以重新利用。这样,既造成了学校体育器材资源的损失,又浪费了教育资金,学校的体育教学、训练和课外体育活动也因体育器材的不足而不能正常开展。应该对废弃的器材进行二次开发,可让它们再次焕发出活力,重新成为我们体育教学中的"好伙伴",为丰富课堂教学,充实体育器材,发挥其应有的价值。

2. "非常规"体育器材的开发与利用

"非常规"体育器材就是《中小学体育器材设施配备目录》中没有的器材。随着社会经济水平的不断发展,我们的日常生活物品琳琅满目。这些成千上万的生活物品并不是全部都能运用到体育教学中,而是要经过实践检验和筛选。以生活物品作为体育器材替代物,经济实惠,用较少的开支和精力,可达到理想的效果。

3. 培养学生的创新精神和动手能力

科学实践证明,让学生自己动手制作体育器材,不但能使学生的想象力、创造力和动手能力得到提高,而且能使学生开发体育器材的空间非常广阔。学生在老师和家长的指导下,根据自己的喜好和条件精心设计、潜心研究,制作出自己称心如意的小器材。带到学校后,经过老师和同学们的评比,他们会很快发现自己所做器材的不足和需改进之处,这又会促使他们带回家进一步完善。这样经过几轮的研究和制作,不仅东西耐看好用,会让他们体会到一种成功的喜悦,更是对他们创新精神和动手能力的一种培养和训练过程,从而达到培养创新意识和能力的教学目标。

4. 进一步对现有场地、器材进行改造,提高场地、器材的利用价值

学校运动场要从学生的实际和兴趣出发,把学校成人化的场地、器材改造成适合中小学生活动的场地、器材。从学生的实际出发,重新对学校场地、器材进行规划、设计,以适应体育课程改革的需要。如:成人的篮筐距地面的高度是3.05米,对小学生开展篮球练习就不适用,应该重新进行规划和改造。

5. 合理布局学校场地、器材

学校场地、器材的布局应考虑使用性及便利性。考虑使用性上,要根据学校场地实际情况,设置适宜的场地、器材,而不是硬要按照竞技运动的规格和要求去建造,强求标准化的运动场地。对现有的学校场地、器材进行合理布局,使布局后的场地、器材既满足体育教育教学的需要,又满足课外体育活动和校内比赛的需要;既有利于各项活动的组织开展,又方便体育教学活动的开展;既确

保体育活动安全性,又保证学生有地方活动,要形成相互依托、互为补充的多功能活动区。

6. 各级领导应高度重视学校体育

学校体育场地、器材的好坏与学校体育工作有直接关系,这就要求各级领导应高度重视学校体育场地、器材的建设,确实转变传统观念,避免重视文化课教学而轻视体育课教学。要进一步明确体育场地、器材对发展学生身心健康的作用,增加体育经费的投入,对体育教师在开发场地、器材方面成绩突出者给予精神和物质方面的表彰和奖励,从而进一步提高广大体育教师开发和利用体育场地、器材的工作热情。

（本文写于2008年）

构建吴兴区体育校本课程资源开发与利用的理性思考

长期以来,由于我国基础教育课程管理的权力高度集中和统一,很难调动地方和学校参与课程建设的积极性和能动性,已越来越不适应我国基础教育体育课程改革的实际。为此,2001年6月,《国务院关于基础教育改革与发展的决定》指出:"实行国家、地方、学校三级课程管理。""在保证实施国家课程的基础上,鼓励地方开发适应本地区的地方课程,学校可开发或选用适合本校特点的课程。"确立了地方和学校参与基础教育课程管理的主体地位,从而充分调动了各方面的积极性,为确保基础教育的高质量和适应性提供了制度保证。在执行国家与地方课程的基础上,开展体育国家课程校本化的研究,更好地满足了学生对体育知识的需要,使学生能够主动参与体育学习和锻炼,掌握一项或几项运动技能,发挥学生的主体意识和创造性,为学生的个性发展提供表现才能的机会。而现行的体育教材比较笼统地展现在我们的面前,为我们提供的体育教育资源有限,个别教师教育观念滞后,阶段体育观、体质教育观、竞技体育观已经不适应时代发展的要求和教育改革的需求;体育课程内容与学生的身心特点、需要和社会生活脱节,难以激发学生的学习兴趣,难以与终身体育接轨,导致不少学生对体育课产生害怕甚至厌恶的情绪。怎样将有限的资源用好、用活,这就需要我们体育教师在教学中要有创新精神,要不断地提高自己的教学业务能力,不断积累教学经验。在教学中,要积极发掘学校和当地有教育价值的体育资源,将其以开展体育活动的形式引入课堂,成为学生学习的内容,还可开发成体育校本课程,让学生了解体育,喜欢体育,享受体育。基于这些思考与实践指导的需要,结合吴兴区体育课程资源的状况、学校所处的地理位置及教育教学实际、学校的师资队伍的现状及课程实施的方法和途径等,提出"体育校本课程资源开发与利用"的研究,对于整体推进吴兴区基础教育体育课程的改革和发展具有十分重要的意义。

一、吴兴区体育课程资源状况

吴兴区系湖州市政府所在地,湖州是一个物产资源丰富、人杰地灵的地方,素有"丝绸之俯、鱼米之乡、文化之邦"之美名,体育运动历史悠久,民族传统体育始于吴越,盛于明清,源远流长,具有较高健身价值的"船拳"在中华武术宝库中独树一帜。湖州已承办过七届极限运动大赛,被国家体育总局命名为"极限之都",可在学校体育教学中开设轮滑、滑板、独轮车等内容;吴兴区妙西镇盛产竹子,可在竹子上做文章,开发与利用和竹子有关的校本教材,如跳竹竿舞、骑竹马、套竹圈……同时将其融入德育教育的素材等。吴兴区现有三所省级体育传统项目学校,即爱山小学的游泳、龙泉小学的足球和飞英小学的乒乓球,有三所体育特色项目学校代表湖州市直接参加浙江省比赛都取得了辉煌的成绩,即湖州四中的足球、环球小学的羽毛球和龙泉小学的网球。吴兴区学校的体育场地、设施等配置较全,各社区的体育配套设施也较为完备。因此,可以很好地根据湖州这一特有的历史、地理特点和学校特色,开发相应的体育项目,利用好校内、校外、社区和家庭中的教育资源,拓展体育教学时空。我区拥有一支具有较高理论水平和专业素质的年富力强的体育教师队伍,为研究"体育校本课程资源开发与利用"提供了保障。

二、体育校本课程资源开发与利用的研究内容

(1)研究校本课程内容并对课程进行拓展。从实际出发,根据学校的办学思路和育人目标,以促进学生发展为前提,激发学生兴趣为动力,充分发挥学校的师资、场地、器材的优势,确定校本课程内容并对课程进行拓展。

(2)选择体育校本课程内容。学校因学生而存在,学生的兴趣和需要是体育校本课程开发的重要依据,学校开设的选修内容应根据学生的兴趣和需要来确定,应充分体现学生的主体地位。体育校本课程开发的主体是广大体育教师,它为体育教师提供了无限的表现与创造的空间。

(3)构建体育教师正确的教育教学观。为了选定具有我区特色的体育校本课程,体育教师必须遵循"健康第一"的指导思想,按照体育与健康课程改革的基本理念,正确认识体育校本课程资源开发与利用是实施素质教育的载体,它与其他学科课程在各种不同的领域中,为提高学生的素质发挥着不同的作用。为此,我们在研究中应以体育课程标准的精神和理念为指导,高度认识体育课程标准提出的"健康第一"指导思想的重要性,寻找理解"健康第一"偏差的成因,提出转变错误观念的有效途径。

(4)构建学校体育特色项目。根据国家课程计划预留给学校自主开发的时

间和空间,结合各学校体育现有的传统项目及体育教师的特长开发体育校本课程,把已有的一些具有体育特色的项目做大、做强,与国家和地方的体育课程相呼应,形成一个独特的"板块",体现吴兴区学校体育的特色。

(5)构建国家体育课程校本化。根据我区学校体育的实际情况,对国家体育课程进行校本化的适应性改造,从而使国家体育课程更加符合具体的学校体育教学现状。

(6)构建健全的体育管理体系。加强学校体育教学管理,建立健全的教研机制,让教师在体育教学中研究自己,在体育教学课堂中反思,在反思中不断成长。

三、体育校本课程资源开发与利用的预期目标

(1)吴兴区体育教师对体育校本课程资源开发与利用有较深的理解,切实改变以往陈旧的教学方式,积极投身于新课程改革和校本课程资源的开发与利用之中,促进体育教学模式的改革,初步探索一条乃至多条提高吴兴区体育教学实效性的路子,逐渐完善体育课堂教学理论和实践操作的内容、途径和方法,推进国家基础教育体育课程改革和发展。

(2)吴兴区体育教师在体育校本课程资源的开发与利用中,深入探索课堂教学,精心设计活动形式,搭建丰富多彩的体育教育教学平台,构建适合学校实际的、有特色的体育课程资源体系,开发具有吴兴区特色的学生和教师活动辅助用书、活动教辅器材,建立一些体育活动基地。教师要不断提高体育教学业务水平,开发与利用各种体育教学资源,因地制宜,因时制宜,改变仅仅依靠国家课程开展教学的做法,改变"教教材"的观念,造就一支对课程资源钻研较深、教学业务精干、科研水平过硬的教师队伍,扩大吴兴区学校体育的知名度。

(3)学生能切实改变以前传统、单一的学习观念,积极主动地投入新课程改革之中,充分唤醒自身的自主意识。不断提高学生对学习体育的兴趣,通过参与丰富多彩的实践活动,增强学生体质,养成锻炼身体的习惯,树立"健康第一"的指导思想。

(4)通过对体育校本课程资源开发与利用的研究,建立一个有计划、有组织、有评价的课程体系,做到师生全员参与,学生喜欢,符合我区实际,体现出我区的学校体育特色。在课题的研究实施中,以激发学生兴趣为宗旨,以学生主动参与为主体,以学生的身体健康和个性发展为核心,培养学生的创新精神、实

践能力和合作意识。努力寻求新课程、新理念与本地实际的"结合点""切入点",在确立"以人为本""健康第一"的前提下,对校园拓展活动进行教育功能化的开发,以缩短体育新课程、新理念与学生的距离,发挥出最大的教育效应。

四、体育校本课程资源开发与利用的研究方法

(1)文献查阅。基于现代科学教育理论和国内外教学论的认识,查找与本课题相关的资料,特别是对体育(与健康)新课程标准内容的学习理解,有机地结合和运用,并进行详细分析。

(2)调查访谈。为了让本次课题有较强的对比性,在实验初期对实验学校的学生进行抽样问卷调查,在实验的中期、后期也进行调查,同时对部分学校的学生进行访谈,为本课题的研究成果预估提供一个有利的依据。

(3)行动研究和实践反思。本课题重在实践探索,以"健康第一"为核心,全面推进新课改。此外,反思传统的教育模式,从中获取相关研究信息,在实践的过程中不断地反思,确保课题研究的顺利开展。

(4)点面结合,辐射推广。以课题组成员作为课题研究的核心人员,带动吴兴区所有学校的体育教师积极参与。以案例评比、公开课为纽带,适时组织课题组各种成果展示会,推动全区的学校体育教学工作,为广大体育教师提供抛砖引玉的作用。

(5)案例开发。针对本课题所研究的内容,通过反复实践,选取可行的课时计划和教学片断整理成文,形成本课题的案例。本课题最终的目的是尊重和满足学生的个体差异,帮助学生养成锻炼身体的习惯,更好地服务于一线的体育教学工作,使体育课程标准的精神和理念能在我区得到充分的贯彻和落实。

总之,构建体育校本课程资源开发与利用的研究,有利于形成吴兴区体育教育教学的特色,能充分调动广大体育教师的积极性和主动性,对推进吴兴区体育课程的改革和发展具有十分重要的意义。

(本文写于2007年)

教学探究　自主创新

体育课堂教学是学校体育工作的主要表现形式。没有好的体育课堂,就没有好的体育教育,体育课堂教学是体育课程改革的突破口,是开展教学研究、教学实践、课题研究的基地。

我们体育教师成长的第一步就是把课上好,让学生喜欢你,要做到这一点,需要我们立足课堂、立足学生、立足教材,并在日常教学实践中不断地发现问题和解决问题。我们每一位体育教师都是从年青教师成长起来的,都遇到过许多问题,如课前思考不够周密,课中遇到突发事件不知所措,教学调控能力和教学行为表现不足等。在发现和处理这些问题时,需要我们体育教师坚持教学探究、教学实践、大胆创新,以激发学生的运动兴趣为中心,无论是教学内容的选择还是教学方法的更新,都从关注学生的运动兴趣出发。只有激发学生的运动兴趣,才能使学生自觉、积极地参加体育活动,从而不断提高体育教育教学质量。在35年的体育教育教学中,我在教学、训练、研讨、指导和交往中留下了许多感人的故事。

有效提高小学生足球运球能力的教学技巧

足球运球是近年来《国家学生体质健康标准》测试的内容之一,能反映学生在快速跑动中脚对球的控制能力。在测试中,我们经常会遇到部分学生随着跑动的加速,脚就控制不住球,其主要原因是这部分学生的足球基础和运球动作要领掌握不好。在教学中,怎样才能在有限的时间内使学生尽快提高在快速跑动中脚对球的控制能力? 笔者根据小学生的年龄特点,通过对足球运球的反复教学与探索,将教学内容与趣味游戏相结合,激发学生的练习兴趣,改进了教学方法,取得了事半功倍的教学效果,现总结如下,以期与大家探讨。

一、熟悉球性,增强运球练习的趣味性

多样的球性练习是提高运球能力的基础,球性贯穿于整个足球运动中,正所谓"九层之台起于垒土,千里之行始于足下"。颠球、推球、拨球、滚球、回拉球等都是最基本的球性练习。那么如何结合"球性"丰富运球的练习与方法,提高运球的乐趣呢? 实践中,笔者尝试了几种简单的练习方法,例举如下。

球性1:行进拨球(拨浪鼓)

方法:行进间两脚之间左右拨球前行,如图1。
要求:用脚内侧拨球。
建议:可以把该球性练习比作"拨浪鼓",形象又可爱。

球性2:一拨一扣(蛇之行)

方法:行进间单脚拨球和扣球,利用脚背外侧拨球,脚内侧扣球,使足球像蛇一般呈"之"字形前行,如图2。
要求:明确脚拨球、扣球的部位,力度适宜。
建议:可以把该球性练习比作"蛇之行",使动作概念简单化。

图1　行进拨球(拨浪鼓)　　　　图2　一拨一扣(蛇之行)

球性3:一运一停(红绿灯)

方法:行进间单脚触球跑几步,用脚底板即时踩球,使球停住,反复进行,持续前进,如图3。

要求:脚背绷直,初练者用脚背正面轻巧触球。

建议:可以把该球性练习与"红绿灯"巧联系,渗透行规教育。

球性4:行进踩球(水中踏浪)

方法:行进间两脚交替踩球前行,如图4。

要求:把足球当拨浪鼓一样在两脚之间滚动。

建议:将该球性练习比作"水中踏浪",形象又生动。

结合"球性"趣味练习运球技术,加强脚对足球的感觉,提高掌控球的能力,就能逐渐运球自如,体会足球运动带来的更多乐趣。

图3　一运一停(红绿灯)　　　　图4　行进踩球(水中踏浪)

二、巧用儿歌,掌握足球运球的动作要领

利用儿歌可以加深学生对动作要领的理解,而且朗朗上口的儿歌也能增强练习的氛围,较好地提高学生的学习积极性。教学中,笔者也运用过一些儿歌,

例举如下：

儿歌1："要让小猪最听话，别用脚尖去碰它，绷脚尖，用脚背，让它上哪就上哪。"

儿歌2："要让足球最听话，就用脚背去碰它，一脚支撑一脚运，让它上哪就上哪。"

儿歌3："球儿跑，我也跑，我和球儿一起跑，球儿贴着地面，球向前，眼看前，时刻护球到终点。"

儿歌4："小足球，真听话，轻轻踢，向前跑，左一下，右一下，乖乖把它运回家。"

儿歌5："小足球，真淘气，你不踢它它生气，1、2、3、3、2、1，大家都来踢一踢，踢远了，追上去，踢来踢去长力气。"

建议：针对不同年段的学生，儿歌使用方法也有所不同。例如，低段学生可以边念儿歌边练习，如儿歌4、儿歌5等，高段学生可以在练习前念熟儿歌，记住动作要领或要求，如儿歌2、儿歌3等。

三、结合图线，丰富足球运球练习方式

在日常教学实践中，利用图形或借助场地上已有的图线引导学生运球，不仅能较好地激发学生的练习兴趣，还能有效锻炼学生的控球能力，不失为巧妙的办法。如以下几种简单的图线（图5），教师稍加引导，学生就能自练自析，积极探寻其中的奥秘，从而发现更多的运球方法。

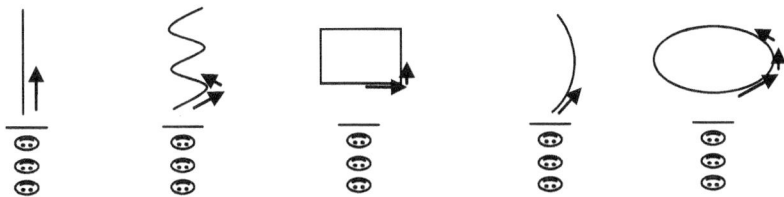

图5　几种简单的图线

方法：沿着图线运球。

作用：加强脚部触球的感觉，提高控球和运球能力。

要求：用脚的不同部位触球，观察球行进路线的变化。

建议：利用图线，可以通过教学设疑引导多样的运球技术。例如，教学中对学生设疑：如何运球才能让球沿直线向前跑？如何运球才能让球左转弯或右转弯？

技术引导：

直线：脚背正面运球、脚背外侧运球。

曲线：脚背外侧运球、脚背内侧运球、脚内侧运球。

四方形：脚背正面运球、脚背外侧运球、脚内侧运球。

弧线：脚背内侧运球、脚背内侧运球。

圆形：脚背外侧运球、脚背内侧运球。

四、结合游戏，增强足球运球能力

为提高学生的学习积极性，增强足球运球能力，教学中，我们可运用较多的游戏加强练习，如"通过封锁线""运球绕杆""运球射门"等。下面介绍几种情境和常态游戏，仅供参考。

游戏1：螃蟹夹球（图6）

目的：提高运球能力和应变能力。

规则：在规定的区域内，将学生分成人数适宜的两组（可按场地大小规定人数），一组同学运球，并在运球中灵巧护球；一组同学仰面四肢着地做"螃蟹"，快速移动中努力用双脚夹对方的球，球一旦被夹住，即互换角色继续进行。

场地、器材准备：地面平整，区域范围清晰明确；足球若干。

安全防范：游戏前，检查地面是否干净整洁，防止石子、碎玻璃等尖锐杂物出现。

图6　螃蟹夹球

游戏2：圈羊（图7、图8）

目的：加强触球的感觉，培养合作意识。

规则:在相距10米的起点处,2~5人一组互搭肩合作为羊圈,足球置于圈中作"羊","圈"合作赶"羊"至终点,"羊"不能丢失。

场地、器材准备:相距10米的场地,地面平整;足球若干。

安全防范:一个"羊圈"人数不宜过多,确保各小组安全练习间距,防止"羊圈"移动时互相冲撞。

图7　圈一只羊　　　　　　　　　　图8　圈两只羊

游戏3:卓别林赶球(图9)

目的:丰富脚触球的部位,增强脚背内侧触球的感觉。

规则:分若干组,在相距5~10米的起点处,模仿卓别林一字步赶球前行。

场地、器材准备:相距5~10米的场地,地面平整;足球若干。

安全防范:下肢准备活动要充分。

图9　卓别林赶球

游戏4:比谁触球多(图10)

目的:增强脚背触球的感觉,锻炼脚踝灵敏性。

规则:在规定的距离内,比谁触球次数多。

场地、器材准备:起点和终点相距10米左右为宜,地面平整;足球若干。

安全防范：加强球类课堂常规教育，养成良好的上课常规。

图10　比谁触球多

在足球教学实践中，提高运球能力的方法多种多样，如通过实战、对抗、过关等竞赛形式，也会达到较好的激励效果和促进作用。只要方法得当，注重趣味，便能让孩子兴趣使然，乐于学习，感知足球无穷的魅力。

五、教学建议

（1）练习前，教师要对学生进行安全教育，在带领学生做好一般性准备活动的同时，还要带领学生做好专项性准备活动。练习中，教师要随时观察学生的技术动作，并采取必要的保护与帮助的措施，预防伤害事故的发生。练习后，教师要带领学生做好整理活动，使学生的身心尽快得到调整。

（2）教学内容的安排要由易到难、循序渐进。当发现少数学生有练习畏难情绪和枯燥感时，教师应及时改进教法，给予必要的辅导与帮助，调整练习内容，并用适时的表扬鼓励学生，不断激发学生的学练兴趣和完成教学内容的信心。

（3）安排适宜的运动密度。在足球教学中，教师不仅要采用多样化的练习内容以规范学生的技术动作，还要在组织方法上尽可能地让学生在小组长的带领下进行分组练习，增加学生接触球的机会，提高练习的密度，帮助学生通过足球的学练，不仅学会运球的动作方法，还能锻炼身体，促进体质水平的提高。

（本文写于2014年）

妙用"口诀",巧教"蹲踞式跳远"

蹲踞式跳远是小学中高年级学习的内容,小学生很难一下子掌握动作的要领和方法,所以要根据小学生的生理、心理特点,将动作要领归纳成简明扼要、具体形象、易懂、易记的口诀式要领。在蹲踞式跳远教学中合理地运用口诀,激发学生的学习兴趣,快速掌握技术动作要领。

蹲踞式跳远是一个完整的统一体,为了便于分析,可将它分为助跑、起跳、腾空、落地四个部分。

助跑是为了获得高的水平速度,并为准确踏板和起跳做好准备。助跑的速度与腾起的初速度关系密切,对跳远成绩的影响也很大。教材中对助跑技术动作要领的叙述有200多字,而且重点不突出。由于动作要领的叙述文字较多、不易记,小学生很难一下子掌握动作的要领和方法。为了便于学生理解和记忆动作要领,按照助跑动作要领的要求归纳成简明扼要、具体形象、易懂、易记的口诀式要领:"跑距步数因人异,静止行进选其一,积极逐渐加速跑,后蹬摆臂快有力,快速协调效果好,直线节奏很重要,平稳准确速攻板,最后一步移重心",让学生读起来朗朗上口,对学习蹲踞式跳远产生兴趣。当学生基本掌握蹲踞式跳远的助跑技术时,可将口诀简化成:"助跑节奏掌握好,平稳轻快向前跑",按照此口诀,让学生反复练习,逐步掌握助跑的技术动作。

起跳的任务是改变身体重心向前运动的方向,使身体按适宜的腾起角向空中腾起,腾起的初速度越大,越有可能跳出优良的成绩。教材中对起跳技术动作要领的叙述也有200多字。由于动作的叙述文字较多、不易记,按照起跳动作要领的要求,可以编成:"积极踏板全掌滚,摆腿屈膝向前方,摆臂提肩腰拔正,快速离地腿蹬伸。"当学生基本掌握蹲踞式跳远的起跳技术时,可将口诀简化成:"蹬伸摆臂向前跃,跑踏结合是关键",按照此口诀,让学生反复练习,逐步掌握起跳的技术动作。

在蹲踞式跳远时,腾空步的时间较长,摆动腿大腿抬得较高,膝关节的屈度大,两大腿之间的夹角也较大。腾空步后,起跳腿逐渐向摆动腿靠拢,然后两腿一起上举,使膝关节接近胸部。教材中对腾空技术动作要领的叙述也有200多字。由于动作要领的叙述文字较多、不易记,按照腾空动作要领的要求,可以编成:"跳起腾空成弓步,两腿折叠靠胸部,伸腿前倾臂后摆,重心前移稳落地。"当学生基本掌握蹲踞式跳远的腾空技术时,可将口诀简化成:"蹲踞收腿靠胸部,保持稳定防后倒。"按照此口诀,让学生反复练习,逐步掌握腾空步的技术动作。

落地技术的要求是尽可能地推迟脚落地的时间,加大着地点和身体重心投影点之间的距离,保证身体移过着地点安全落地。将落地技术可以编成:"折体小腿向前伸,两臂后划体前倾,脚跟落坑压脚掌,屈膝缓冲臂前伸。"当学生基本掌握蹲踞式跳远的落地技术时,可将口诀简化成:"两臂配合腿协调,落坑伸压膝缓冲。"

当学生掌握蹲踞式跳远的助跑、起跳、腾空、落地四个部分的技术动作后,再进行蹲踞式跳远的完整技术动作教学,其动作要领是:快速助跑起跳成腾空步后,上体正直,摆动腿尽量高抬,两臂配合腿作向前、向侧的摆动。接着起跳腿向前提到与摆动腿平行,形成蹲踞姿势。两腿向上收,靠近胸部。快落地时,手臂由前向下后方挥摆,同时上体前倾,前伸小腿落入沙坑,两臂向前回摆,维持平衡。由于动作要领的叙述文字较多、不易记,按照蹲踞式跳远动作要领的要求,可以编成:"轻快弹性向前跑,快速离地腿蹬直,两腿屈膝胸前靠,屈膝缓冲臂前伸。"当学生基本掌握蹲踞式跳远的技术时,可将口诀简化成:"助跑加速,踏跳积极,伸腿落地。"按照此口诀,让学生反复练习,逐步掌握蹲踞式跳远的技术动作。这种编口诀教学的方法,符合循序渐进的教学原则,学生在学习蹲踞式跳远就容易记住。在教学中既可采用学生边说边做,也可采用师生对答的方式进行。

另外,在其他项目教学时,也可按照其动作要领,编成适合学生使用的口诀让学生练习,调动他们的学习积极性,这样他们对所学的技术动作就能收到事半功倍的效果,达到快速掌握技术动作的目的。

（本文写于2013年）

有效提高学生跨越式跳高能力的教与学

　　跨越式跳高在初中体育课程中是提高学生身体素质和发展跳跃能力的重要组成部分,农村初中由于受场地、器材和师资力量的限制,在田径运动会的跳高比赛中运动员普遍采用的姿势是跨越式。跨越式跳高技术掌握得好,可为以后学习俯卧式和背越式跳高技术打下坚实的基础。在教学中,我们经常遇到部分学生很难掌握跨越式跳高的技术动作,怎样运用合理的教法与手段,使学生能尽快地掌握跨越式跳高的技术动作,提高跳跃能力呢? 近年来我采取了以下几项教学措施,收到了较好的效果。

一、发展跳跃能力的练习

　　进行跨越式跳高练习要具备一定的跳跃能力,在教学中要特别加强学生这方面的练习。在跨越式跳高教学时,发展跳跃能力的主要手段有:

　　(1)原地纵跳摸高:比一比在规定的时间内摸到一定高度的次数谁最多。

　　(2)助跑单脚起跳:用摆动腿触高悬物。

　　(3)单脚或双脚连续越过障碍物:障碍物的高度和间距要符合学生的实际,练习时要掌握好学生跳的节奏。

　　(4)跳深练习:让学生从40～60厘米高的跳箱上跳下,用双脚或单脚落地,紧接着马上起跳用手摸悬挂的高物。跳箱的高度要符合学生的实际。

　　(5)弓箭步交换跳:练习时要注重蹬腿跳后,两腿在空中交换时两臂要积极配合摆动。

　　(6)立定三级跳远或多级跳远:比一比在跳的级数相同时,谁跳的距离长。

二、突出重点、抓住难点、明确关键

　　在整个跨越式跳高技术的教学过程中,要突出教学的重点——起跳技术,抓住教学的难点——助跑与起跳相结合。教师在教学过程中如果能做到突出重点、抓住难点的讲解与示范,那么就有助于学生进一步明确动作的关键——当身体重心腾越到最高点过杆时,摆动腿内转下压,起跳腿外旋上提,杆上动作要注意摆动腿和起跳腿的协调配合,这样就有利于学生尽快掌握跨越式跳高的技能、技巧。

三、诱导、辅助练习法

(1)让学生观察教师的示范动作并听教师讲解,再结合多媒体教学,通过影像直观地观察跨越式跳高技术的动态和连贯性及静、慢动作的技术分析,特别是要能解决教师示范不能解决的部分,使学生建立一个完整直观的技术动作概念,然后进行模仿练习,体会技术动作的用力顺序,加深对技术动作概念的理解。

(2)原地做摆动腿和起跳腿的过杆模仿练习。把摆动腿、起跳腿技术动作要领分别归纳为:抬(膝)、提(臀)、跨(杆)、压(大腿)、蹬(小腿)、提(大腿)、(侧)拉、收(后腿)"八字诀",要求学生"口念""心想""体验",充分调动多种感觉器官的参与,促进学生运动技能的形成。

(3)从原地开始,起跳脚向前迈一步,用脚跟先着地,同时髋部前送,上体后仰与起跳腿成一直线,起跳腿用力蹬地起跳,两臂与摆动腿配合上摆的练习。

(4)30米站立式起跑练习,让学生体会在快速跑中最大的步长;丈量助跑距离,反复检查和调整助跑步点,并要求按一定固定模式和节奏助跑;丈量好步点和稳定的助跑;画出最后几步助跑步点,以便及时调整,并通过练习找出适合自己的4、6、8步的助跑距离。

(5)让学生反复进行助跑与最后三步加速的练习,体会助跑时上体由稍前倾过渡到正直及制动起跳时后仰与起跳腿成一直线的技术动作。

(6)斜向助跑起跳,左(右)腿用力蹬地,右(左)腿向上、向外摆动触悬挂物练习。

(7)让学生右手持1.5米左右竹竿的一端于体侧,另一端触地(以左脚起跳为例),右腿侧跨过竹竿的同时,竹竿在胯下迅速由右手转移到左手(左脚起跳时动作相反)。

(8)由两名学生站立在沙坑边,相距2~3米的距离,手拉一根橡皮筋代替横杆,拉橡皮筋的学生要与其他同学的起跳动作相配合,当橡皮筋绊住起跳同学时,就有一端松手,这样可以消除学生的心理障碍,培养运动乐趣。

(9)将横杆放置在跳高架上,根据学生起跳脚确定横杆倾斜的方向,若是右脚起跳,则横杆右高左低,左侧高度60~70厘米,右侧高度80~90厘米,采用左脚起跳的横杆左右高度相反,让学生练习侧对横杆向前迈一步以脚跟先着地,迅速滚动至全脚掌起跳越过横杆。循序渐进,待学生基本掌握摆动腿和起跳腿协调配合的技术时,将两侧的高度逐渐上升10厘米,让学生练习侧对横杆4步助跑起跳越过横杆。待学生基本掌握后,再将两侧的高度逐渐上升12厘米,让学生练习侧对横杆6、8步助跑起跳越过横杆,最后将横杆升到两端等高的位置让学生练习。

(10)用标枪代替跳高架,橡皮筋代替横杆,落地区放置海绵垫,在运动场上插上四根标枪,一根置于中心,其余三根距中心3米远并等距,根据学生的实际情况分成三个不同的高度,用橡皮筋连接,每个高度由低到高给以不同的分值。每个高度可以跳三次,如成功,则升级,如最低高度三次失败,则得"0"分,淘汰出局,比一比谁的得分高。

四、教学建议

(1)课前教师要做好跳高场地的准备工作,挖松和整平沙坑,清扫助跑道,检查跳高架是否牢固,场地周围是否有不安全的物品堆放,学生是否佩戴有碍于运动的物品等。

(2)教师要指导学生做好充分的准备活动。一般性准备活动主要是大肌肉群、关节、韧带等的练习。专门性准备活动可采用模仿、诱导、辅助等与跨越式跳高动作接近的练习方法。

(3)如果学校跳高场地少,班级学生人数多,可用标枪代替跳高架,用橡皮筋代替横杆,用体操垫代替沙坑,这样不仅可以避免农村学校场地、器材缺乏的现状,还可以消除学生的心理障碍并增加练习的机会

(4)要加强组织管理,有秩序地进行,特别是后一位学生必须要等前一位学生离开沙坑后才能开始助跑,绝不允许一个紧跟一个或两人一起跳的现象发生。

(5)跨越式跳高下肢负担较重,在教学中要与上肢和腰腹肌搭配练习,教学内容的安排要由简到繁、由易到难。教师要随时观察学生的技术动作,每一轮练习后,教师要有针对性地进行评价,发现少数学生有练习畏难情绪和枯燥感时,教师应及时改进教法,充分调动学生的练习兴趣和信心。

(6)当学生练习较熟练时,可采用所学的跨越式跳高技术,开展各种比赛,提高学生的跳跃能力。在组织方法上,教师可让学生在小组长的带领下进行分组练习,以提高练习的密度。

(本文写于2013年)

有效发展学生头手倒立能力的教与学

一、头手倒立的教学内容分析

头手倒立属于技巧运动中的静止平衡类教学内容,是指用手和头支撑使人体倒置的静止动作,与人体正常的姿态恰恰相反,同时伴有一定的危险性,因此"头手倒立"这个教学内容成了体育教学中的"拦路虎"。为了教好这个内容,我们进行了认真的实践与研究。头手倒立动作的关键在于合理调整身体各部位的相互位置,使身体重心的垂线位于支撑面的范围之内,支撑面大,稳定度大,支撑面小,稳定度小。支撑面不仅包括支撑点的接触面积,同时也包括支撑点边缘所围成的空间,因此,在头手倒立时要求五指分开手掌外旋就是根据这个原理来的。头手倒立属于支撑面大、身体重心位置较低的动作,比较容易保持身体的稳定平衡,在教学中要求头手倒立时,头和手组成"等边三角形",目的也是为了增大支撑面。

从头手倒立的技术动作来看,要保持身体的重心落在支撑面内,动作稳定平衡,对练习者的力量和空间感要求较高。尤其是初学者在进行头手倒立时,最大的问题是没有方位感,不知道应该怎样用力,向什么方向用力,无法完成头手倒立动作。在体育教学中,怎样才能在有限的时间内使学生尽快掌握头手倒立技术动作?笔者经过对头手倒立的反复教学与探索,改进了教学方法,取得了事半功倍的教学效果。

二、头手倒立的动作方法

从蹲撑开始,两手和前额撑垫成等边三角形,两手撑地用力,提臀,接近垂直部位时,一腿上举,另一腿蹬地,两腿并拢、展髋,身体挺直,体重均匀地落在两臂和前额上,稍作停留,两手用力推撑,迅速低头屈体团身,向前滚翻成蹲立。

三、头手倒立的教学重点与难点

(1)教学重点:两手和前额成等边三角形撑地,紧腰提臀。

(2)教学难点:举腿与展髋的配合。

四、保护与帮助

(1)自我保护的方法:当身体重心前移失去平衡时,立即推垫,迅速低头、屈体、团身向前滚翻。

(2)对初学者的保护与帮助方法:保护者站在练习者的前方,前后分腿站立,上体前倾,两手扶其大腿并用膝顶住练习者的腰部,助其成头手倒立,然后两手换扶小腿,帮助其控制重心。

(3)对稍有基础者的保护与帮助方法:保护者站在练习者的侧面,左右分腿站立,一手托其摆动腿用力向上摆起,另一手扶其臀部,帮助调节重心,防止倒立前翻。

(4)加强对练习者髋部的保护与帮助。髋部是学生做头手倒立时维持身体平衡的重要部位,是身体上下肢连接的中枢。学生做手倒立时髋部是否到位与稳定对完成头手倒立的质量具有一定的影响,因此,加强对练习者髋部的保护与帮助是非常重要的。保护者站在练习者的侧前方,左右分腿站立,两手扶其臀部,帮助其调节重心,维持身体平衡。

五、教学步骤与学练方法

(1)体会直立时身体姿态的感觉。让学生在立正的同时尽力提踵,并保持闭气,教师用直观形象的语言引导学生,使学生体会人体成为一个圆柱体时的感觉,再让学生体会前额朝上和将两手屈臂向前上方举时全身都会用力的感觉。同时用语言进一步引导,当头和手组成"等边三角形"撑地成倒立时,身体也要保持这样的感觉和姿态,就能完成头手倒立的技术动作了。

(2)练习靠墙或有人扶持的头手倒立,提高倒立能力和人体在倒立时的定向能力。

(3)固定头、手和臀部的位置,从屈体头手倒立开始做改变各种姿势和条件的头手倒立,提高稳定性和控制身体重心的能力,如一腿触垫头手倒立,屈腿——屈体变换。

(4)在倒立架上练习,让其感受头手倒立时身体姿态和空间感觉。

(5)让学生将脚尖靠在单杠上做头手倒立(保护者帮助扶持练习者把脚放好),使其体会紧腰、展髋、绷脚尖的技术动作。

（6）有人扶持的头手倒立，扶持人逐渐减少对练习者的助力，使其能独立完成头手倒立。

（7）在同伴帮助下完成头手倒立动作。

（8）头手倒立后可用前滚翻结束动作。

（9）技术水平好的学生可选做两脚同时蹬离地面，举臀、屈腿，成屈腿头手倒立，当身体平稳后，两腿再伸直上举成标准的头手倒立。

（10）采用竞赛法，比一下哪位学生独立完成头手倒立的时间长，从而激发学生的练习兴趣。

（11）发展专项身体素质练习：抱腿仰卧起坐，俯卧两手放头后挺身，靠墙头手倒立计时，有人帮助的头手倒立推起成手倒立。

六、易犯错误及纠正方法

（1）蹬腿用力过大或过小：让学生在保护下或靠着墙进行蹬腿练习。

（2）倒立起不来：对学生加强手臂力量的素质练习；让学生在保护下进行蹬腿、移髋练习；保护者站在练习者的前方或前侧方，两手扶其髋帮助其头手倒立。

（4）倒立停不住：保护者站在练习者的前方，两手扶其双腿帮助其头手倒立；靠着墙或器械练习头手倒立。

七、注意事项

完成头手倒立动作要注意以下几个方面：一是要梗头，并使头、手的位置成等边三角形；二是要使身体各部位（包括头、手、腰、腹、腿）协调配合用力；三是要提高控制身体重心、维持平衡的能力；四是要提高学生在倒立时，辨别前、后、左、右、上、下方向的能力。

八、教学建议

（1）练习前，教师要对学生进行安全教育，要带领学生做好专项准备活动。练习中，教师要随时观察学生的动作，并采取必要的保护与帮助措施，预防伤害事故的发生。练习后，教师要带领学生做好整理活动，使学生的身心尽快得到调整。

（2）教学内容的安排要遵循循序渐进的原则，由易到难、由简到繁，激发学生的运动兴趣。在组织教学中,教师可让学生在小组长的带领下进行分组练习,以提高练习的密度。

（3）由于青少年的心血管系统和呼吸系统正处在生长发育的过程中,因此不宜长时间做头手倒立和一些闭气的静力练习。

（本文写于2013年）

低年级学生一分钟跳绳的教与学

一、学情分析

（1）有一定的跳绳基础。低年级学生在幼儿园期间基本上都已接触过跳绳，一部分家长也做过家庭辅导，因此，大部分学生对跳绳运动并不陌生，个别学生还比较熟练，但跳绳动作普遍不规范，还有极个别学生幼儿园期间没有接触过跳绳。

（2）动作形态可塑性强。虽然大部分学生的跳绳动作不规范，但该年龄段学生运动形态可塑性强，教师加以正确引导，注重调动练习兴趣，学生一般都能较快地掌握练习方法。

二、常见问题与解决办法

（一）会跳，动作不规范

现象一：每两次跳绳间要间隔一小跳，导致跳绳速度慢。

解决办法：减慢速度，尝试连跳。

现象二：握绳方法错误，不利于手臂摇绳。常见的有直接握住绳头（如图1左图，直接拿捏绳头，易滑落），绕绳方向错误（如图1右图，绳绕至小手指延伸，不利于摇绳）等。

解决办法：绳头绕手掌一至数圈，绕至大拇指与食指中间再延伸，圈数视调整适宜长度而定（如图2），方向顺且稳妥。

现象三：绳子长短不适宜，有的太长，有的太短，易导致跳绳动作失误。

解决办法：身体直立，两手各握绳头，两臂自然屈肘于体侧，小臂平抬，一脚踩住绳子中间，绳子被拉直即为适宜的长度（如图3）。

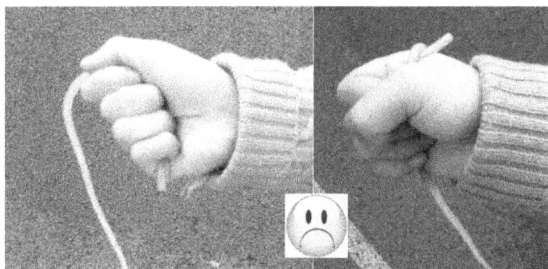

图1　握绳错误方法示例

图2　握绳正确方法示例　　　图3　绳子适宜长度示例

(二)完全不会跳

动作表现:跳得太高、直臂摇绳、肩关节转动或动作不协调等。如图4,未屈肘,直臂摇绳,肩关节转动;如图5,跳跃时手脚不协调。

原因分析:多为两个原因,一是身体协调性较差,二是极个别学生还从未接触过跳绳。一般这类同学极少。

解决办法:观摩跳短绳完整动作,建立正确的动作概念;学会握绳方法,学习调整绳子的长短;选定小老师进行一对一辅导,争当同学好帮手。

动作要领:两臂体侧屈肘,上臂贴近身体,手持绳于腰上部摇绳,肩肘关节不动,手腕转动,跳跃时前脚掌着地。如图6,跳绳动作协调,轻松自然。

图4　不会跳绳示例一　　图5　不会跳绳示例二　　图6　正确跳绳示例

三、注意事项

（一）安全教育

课前进行安全教育，明确跳绳课堂常规。例如，绳在手中不抛甩、转圈，以免伤害到他人；二人一绳轮换练习交接时，个人练习场地不变，只需将短绳交给同伴，但不乱丢弃，文明传递等。

（二）安全组织

1. 采用两组轮换方法，增大安全练习空间

为增大安全练习空间，不宜全员齐跳。以四列横队为例，一、二排与三、四排分别相向而立，互为同伴，一、三排同学练习时，二、四排同学帮助同伴数数，相邻两排练习互相错开，有利于练习安全（如图7）。

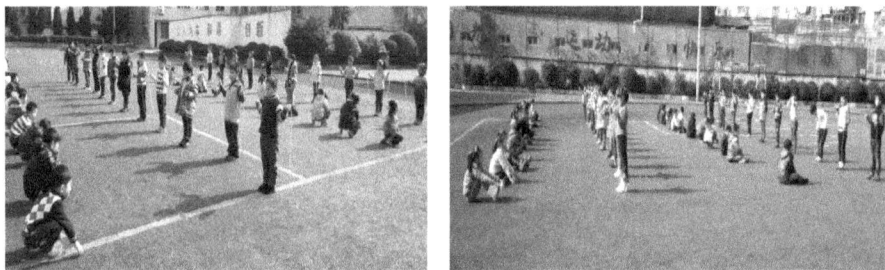

图7 安全练习空间示例

2. 练习队形一定要保持安全间距

以四列横队为例，学生左右间距一般在2米左右，前后排间距为3米左右。为防止学生在练习中随意变动位置，若场地允许，如塑胶或水泥地面，可用粉笔写上数字标记，这样有利于学生保持练习间距。

3. 统一练习方向，防止受到伤害

练习队形要求：两排同学相向而立，练习时一定要面向同伴始终保持一个方向，避免转向，以免造成动作失误或伤害到他人。

四、教学感悟

(一)加强练习,激发兴趣

(1)运用游戏,辅助教学。对于低年级学生,激发学生跳绳的兴趣是关键。单纯地传授技术,孩子们会感到疲倦,假如能运用游戏辅助教学,效果会更好。

(2)激励办法,促进教学。对于有进步、表现佳的学生,多利用"小星星""大拇指"等小奖品进行教学激励,会达到较好的效果。

(3)丰富形式,加强练习。单一地长时间进行个人跳绳练习,孩子们容易感到枯燥。若适当丰富练习形式,可促进学生的练习兴趣,如二人带跳,三人合作跳等。

(二)因人而异,循序渐进

(1)因人而异。针对运动技能弱的学生可降低要求,请技能强的同学帮助指导,既锻炼小助手的能力,也增进了同学间的感情。

(2)循序渐进。练习时间与次数可由少到多。以二组轮换为例,一节课中,练习跳绳时间可递进式安排,比如:第一次练习20~30秒,第二次练习40~50秒,第三次练习1分钟。跳绳单元每课次练习时,应学生体质情况而定。一般第一课次练习次数相对少,第二、三及以后课次练习次数可适当增加。一般一节课中1分钟跳绳以每人练习5~6次为宜。循序渐进的方法有助于孩子们较快地适应1分钟跳绳的练习节奏。

(本文写于2014年)

有效发展学生坐位体前屈能力的教与学

"坐位体前屈"是《国家学生体质健康标准》监测内容之一,是反映人体关节运动幅度的能力,评价学生身体柔韧素质的指标之一。在测试中,我们经常会遇到部分学生坐位体前屈的成绩较差,主要是由于这部分学生的身体柔韧性差和动作要领掌握不好。在体育教学中,怎样才能在有限的时间内使学生尽快提高坐位体前屈的成绩?笔者通过对坐位体前屈的反复教学与探索,改进了教学方法,取得了事半功倍的教学效果,现介绍如下与大家分享。

一、坐位体前屈的动作方法

平坐在地上,伸直双腿,脚后跟贴于地面,脚尖勾紧,弯曲腰部,双手放在头的两侧,手臂尽力向前伸,五指并拢,指尖向前。

二、立位姿势教学

(一)平地立位体前屈(常规教学)

1. 两脚开立体前屈

方法:两脚开立同肩宽,膝关节伸直,腰部、背部放松,双手自然下垂,上体挺胸塌腰做体前屈振动练习。为丰富练习形式,练习时,可引导学生变化手形与接触点(如图1、2、3)。

图1 手掌触脚背　　图2 手指触地面　　图3 手掌触地面

要点:直膝,两脚开立,挺胸塌腰。

易犯错误:立位体前屈后,手触地面与双脚前后相距太远,如图4。

纠正办法:借场地白线为标志线,要求站在线旁,手触白线。

2. 两脚并拢体前屈

方法:双脚并拢,膝关节伸直,腰部、背部放松,两臂自然下垂,上体挺胸塌腰,做体前屈臂振动练习。

要点:直膝,两脚并拢,挺胸塌腰。

建议:循序渐进,便于学生掌握,如从图5至图6再过渡到图7。

图4　错误动作

图5　手指触地面　　图6　手掌触脚背　　图7　手掌触地面

(二)台阶立位体前屈(片段情境"悬崖峭壁")

方法:学生站在台阶上(台阶以不超过15厘米为宜),双脚并拢,直膝,双脚尖与台阶垂直面对齐,腰部、背部放松,两臂自然下垂,上体挺胸塌腰,下摆振动,用手指或手掌去触摸下一台面或地面。

要点:直膝,两脚并拢,挺胸塌腰。

案例:情境教学"悬崖峭壁"(适用于小学低段)

教师面向学生,站在"悬崖峭壁"之上,对学生设疑:就在我们的身旁,有一座"悬崖峭壁",请同学们仔细观察一下,它在哪里?

学生常常会将周边的围墙、房子等大建筑物猜作老师所说的"悬崖峭壁"。

教师解疑(图8或图9),学生一片哗然,引出立位体前屈动作,进行教学。

建议:

(1)教师可通过语言、肢体语言对站在"悬崖峭壁"上的畏惧或惊讶等心理状态作个人的趣味表达,以烘托情境气氛。借此契机,引导学生对平凡的事物有新的认识,且情境的创设也培养了学生不畏困难、勇于挑战的探索精神。

图8 "悬崖峭壁"一　　　图9 "悬崖峭壁"二

（2）教学步骤同"平地立位体前屈（常规教学）"，部分教学参见图10～13。

图10 脚尖与"崖壁"对齐　　图11 挺膝直立

图12 手指触摸"崖壁"　　图13 手掌触摸"崖底"

三、坐位姿势教学

（一）两人合作（结合游戏）

方法：两人垫上相对而坐，手拉手，脚背屈，脚对脚，上体挺胸前屈靠近或紧贴大腿，两人依次互拉。为丰富练习形式，笔者尝试了几种练习方法，如直膝贴垫两脚分开呈菱形（如图14），直膝贴垫两脚并拢呈"一"字形（如图15），直膝两脚高抬并拢呈"人"字形（如图16）。

图14 两脚分开呈菱形　图15 两脚并拢呈"一"字形　图16 两脚高抬呈"人"字形

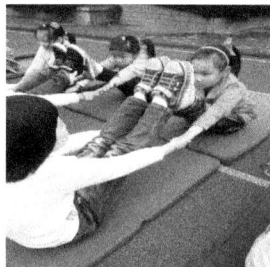

要点:脚背屈,直膝,上体挺胸前屈靠近大腿。

易犯错误:膝盖弯曲,背易弓。

纠正办法:同伴帮助按压。

建议:针对低段学生,两人合作直膝练习时可结合拍手游戏,如用简单儿歌"手拉手、拍拍手,我们都是好朋友""你拍一,我拍一……",增强练习的趣味性,从而提高学生练习的积极性。

(二)同伴帮助(节奏按压)

方法:同伴用手按压练习者的肩背部,助其用力,达到伸拉目的。按压时有节奏,用力由轻至重,方向不宜往正下方,而以前下方为佳,按压时间因人而异,小学低年级一般以20″左右为宜(如图17)。

图17 同伴帮助

要点:按压后背易弓处,前下方向巧用力。

要求:按压部位要准确,练习者膝盖不能弯曲,同伴互相提醒,帮助按压。

(三)独立完成(师生评价)

方法:单人垫上坐,脚背屈,直膝双脚并拢,上体前屈挺胸靠近大腿,加振动用双手去触摸双脚脚尖或双脚前脚掌,坚持时间不少于10″(如图18)。

图18 独立完成

要点:两脚并拢,直膝贴垫,挺胸直背,上体靠近或紧贴大腿。

教学评价:当学生能独立完成练习时,教师可进行教学评价,以百分制给学生评分。笔者在教学中发现学生个

个不甘示弱,课堂即兴评价的激励效果出人意料,学生练习积极性更加高涨。

建议:对于低年级学生,教学评价可结合"星星""小红旗"等小奖品,形成奖励制度,评价效果会更佳。

四、教学建议

(1)练习前,教师要对学生进行安全教育,带领学生做好专项准备活动。练习中,教师要随时观察学生的技术动作,并采取必要的保护与帮助措施,预防伤害事故的发生。练习后,教师要带领学生做好整理活动,使学生的身心尽快得到调整。

(2)教学内容的安排要由易到难,当发现少数学生有练习畏难情绪和枯燥感时,教师应及时改进教法给予必要的帮助,及时调动学生的练习兴趣和信心。在组织方法上,教师可让学生在小组长的带领下进行分组练习,以提高练习的密度。

(3)由于少年儿童的心血管系统和呼吸系统正处在生长发育的过程中,因此不宜长时间做坐位体前屈和一些闭气的静力练习。

(本文写于2014年)

有效发展学生立定跳远能力的教与学

立定跳远的教学,要使学生了解立定跳远的基本原理,学会立定跳远的基本方法,掌握立定跳远的基本技术和动作要领,发展学生下肢肌肉、腰腹肌、关节、韧带和内脏器官的机能,提高弹跳力、灵敏性和协调性等素质,培养学生果断、顽强和勇于克服困难的意志品质。

一、动作方法

两脚自然开立与肩同宽,膝微屈,上体前倾,两臂留在身后。起跳时,两腿用力蹬地,充分伸膝、踝关节。同时,急剧向前上方摆臂,挺胸、展髋,使身体成自然挺身姿势。然后,两臂自前上向后下用力挥摆,收腹举腿落入沙坑,身体重心很快移过两脚着地点。

二、教学技巧

(一)观察示范

让学生站在侧面观察教师的示范动作,再结合多媒体教学,通过影像直观地观察立定跳远的动态和连贯性及静、慢动作的技术分析,特别是要能解决教师示范不能解决的部分,使学生建立一个完整直观的技术动作概念,然后进行模仿练习,体会技术动作的用力顺序,加深对技术动作概念的理解。

(二)手臂摆动与腿部屈伸的协调性练习

让学生按统一口令练习,口令"1"时,两手臂经前至上举,同时向后振,使身体像弹簧一样充分伸展;口令"2"时,两腿屈蹲(膝、踝、髋关节弯曲),两手臂迅速经体侧向下后摆,同时重心前移,脚跟稍离地,以前脚掌支撑,臀部稍低于膝部,使身体像弹簧一样压缩,然后立即弹起,要求身体在预摆时充分拉伸。反复练习,使学生提高手臂摆动与腿部屈伸的协调性。

（三）摆臂与蹬地的协调性练习

让学生在练习时,两手臂经体侧摆至上举后挺身,同时提脚跟,前脚掌用力蹬地,使身体向正上方腾起,两小腿用劲绷直,完成挺身、送髋和收腹动作。反复练习,使学生提高摆臂与蹬地的协调性。

（四）蹬地与摆臂快速协调用力的练习

蹬地与摆臂快速协调用力是整个立定跳远技术中最关键的环节,它的好坏将直接影响到运动成绩,要求在起跳时做到"两快",即蹬地快、摆臂快;起跳后做到"三直",即髋、膝、踝三关节尽量伸直。先让学生练习两腿屈蹲两手臂向后摆的平衡性,然后练习两脚用力蹬地、两手臂用力向前上方摆动的技术,要求两脚用力蹬地与两手臂由体侧下方向前上方用力摆动时的速度一致。当向上跳技术达到一定水平时,再练习向前跳技术。反复练习,使学生提高蹬地与摆臂快速用力的协调性。

（五）摆臂与蹬地起跳技术的练习

摆臂与蹬地相结合,以摆促蹬。让学生站在离单杠适当的地方,采用两臂由后向前上方快速摆臂、蹬地起跳,两手攀单杠,可提高学生摆臂的速度和力量,增加两腿对地面的压力,使身体向前上方腾起,促进学生蹬摆技术的有机结合。

（六）蹬摆起跳后的腾空技术练习

由于蹬摆后的腾空阶段停留的时间较短,学生不易体会腾空技术。为了帮助学生建立正确的技术动作,在教学中可采用下列方法:(1)让学生侧卧在体操垫上做蹬摆起跳后的腾空姿势造型练习,体会进入腾空阶段的挺身、收腹、举腿的肌肉感觉。(2)在起跳线与沙坑或垫子之间适当的地方设置一条高20～30厘米的橡皮筋,让学生体会起跳后腾空阶段的挺身、收腹、举腿动作,帮助学生建立正确的腾空技术动作概念。(3)在起跳线前适当的地方放一块高40～50厘米的海绵垫,让学生从底向高起跳练习,体会腾空阶段的挺身、收腹、举腿动作。(4)在起跳线前适当的地方放2～3节跳箱(视学生水平而定),在跳箱前面放置海绵垫子作保护(可以帮助学生克服对跳箱的恐惧心理),让学生从起跳线后起跳到跳箱上,体会腾空阶段的挺身、收腹、举腿动作。

(七)腾空与落地衔接技术练习

由于部分学生在身体腾空到最高点后,还没有完成收腹、举腿动作,便过早地屈腿落地,还有部分学生起跳后没有足够的高度,在空中难以形成收腹、举腿动作。为了帮助学生建立正确的技术动作,在教学中可采用下列方法:(1)让学生练习收腹屈腿跳(原地起跳后两臂由前向后摆时,大腿紧贴身体);将小体操垫折叠成竖立的"人"字形,让学生两脚连续越过;让学生两脚连续跳越栏架,发展腹肌、髂腰肌等力量素质,有利于提高学生的腾空与落地衔接技术。(2)让学生站在4~5节的跳箱(视学生水平而定)上,落地处用海绵垫作为缓冲。学生用力向前上方跳离跳箱后,用力收腹、提膝,大小腿充分折叠,向前伸小腿,重心前移,缓冲落地。为了促进学生充分伸展小腿的技术提升,练习前,在海绵垫上做好"优秀""良好""及格"等标志,给学生制订落地目标,在练习中学生自然就体会了伸小腿落地动作。

(八)学习落地技术,提高完整技术的动作质量

正确的落地技术,不仅能提高和保证有效的运动成绩,而且能避免落地时后坐和减少地面对脚跟的撞击力。为了帮助学生建立正确的技术动作,在教学中可采用下列方法:(1)让学生练习向上跳起,迅速团身并在空中做出全蹲姿势,然后落地。(2)在接近学生最好水平的附近放置标志物,让学生在练习时主动做出向前举腿、伸小腿的落地技术。(3)让学生练习落地后迅速屈膝、降低重心、两臂前摆、重心前移的技术动作。

(九)学习立定跳远技术

按立定跳远的要求,部分初中学生很难一下子掌握动作的要领和方法,可根据这部分学生的生理、心理特点,在立定跳远教学中合理地运用口诀,激发学生的学习兴趣,以达到快速掌握技术动作要领的要求。按照立定跳远动作要领的要求,可以编成:"一摆二蹲三跳起,快速蹬地展身体,收腹提膝伸小腿,后跟着地身前移。"当学生初步掌握立定跳远的技术时,将口诀简化成"摆、蹬、展、收、提、伸、移"七个字来概括其动作要点。这种编口诀教学的方法,符合循序渐进的教学原则,学生在学习立定跳远时就容易记住。在教学中既可采用学生边说边做,也可采用师生对答的方式进行。

（十）引入游戏比赛

通过一个阶段的练习，学生基本掌握了立定跳远的技术，如果再让学生单调地重复练习，学生就会失去对立定跳远的练习兴趣。这时适当地引入游戏比赛，可再次激发学生对立定跳远练习的积极性。当学生的立定跳远技术动作达到运用自如时，教师可采用难度较高的游戏比赛来不断变换练习条件，加深自动化程度，提高学生立定跳远的技术动作和运动成绩。

（1）接龙立定跳远。将学生分成人数相等的若干组，每组10～12人，分男生组、女生组，在男、女生混合组的时候要特别注意男、女生的比例应一致。每组选一名学生当裁判，观察每个学生立定跳远落地时脚后跟的落点。比赛开始后，各组排头在规定的起点起跳，裁判确定落点后，各组的第二名学生在前一名学生的脚后跟落点处继续起跳，依此类推，以跳的距离最远的组为获胜者。

（2）花样艺术立定跳远。让学生站在中间的位置上，画一个直径为40厘米的圆，再在前、后、左、右的一米处各画一个同等的圆，将5个圆分别标上编号。练习时，让学生随着迪斯科音乐的节奏按编号跳跃。采用此方法，既能使单一枯燥的练习得到较好的改观，又能大大激发学生练习的积极性。

（3）"石头、剪刀、布"与立定跳远。两名学生一组，在同一条起跳线上玩"剪刀、石头、布"游戏，赢的学生用立定跳远动作向前跳一次，如此反复，以先跳到终点的学生为胜者。

三、教学建议

在立定跳远教学时，教学内容的安排要由易到难，当发现少数学生有练习畏难情绪和枯燥感时，教师应及时改进教法，充分调动学生的练习兴趣和信心。当学生练习较熟练时，可采用所学的立定跳远技术，开展各种游戏比赛，以提高学生的立定跳远能力。练习时，应选择平坦又不过于坚硬和光滑的地面，如草坪、塑胶场地、沙坑等，要带领学生充分做好专项准备活动。练习中，每次试跳前，要检查跳板和鞋底是否打滑。教师要随时观察学生的技术动作，学生练习时应加强保护与帮助，进行安全教育，并采取必要的防护措施，预防伤害事故的发生。在组织方法上，教师可让学生在小组长的带领下进行分组练习，以提高练习的密度。

（本文写于2013年）

有效发展学生三级跳远能力的教学技巧

三级跳远是高中阶段男生跳跃项目中的教学内容之一,是田径运动中技术较为复杂的一个项目。在教学中,我们经常会遇到部分学生在学习中很难掌握三级跳远的技术动作,主要原因是这部分学生的助跑速度慢、下肢及腰背力量差和三跳的节奏掌握不好,故要达到三跳紧密衔接有一定的困难。为了尽快发展学生三级跳远能力,笔者经过教学实践总结了一些简捷有效的教学方法,现介绍如下与大家分享。

一、教材重点、难点分析

在三级跳远教学过程中,要突出技术动作的重点——维持身体平衡,按适当比例有节奏地完成三跳,抓住技术动作的难点——扒地式落地,保持三跳的向前速度。教师在教学过程中如果能做到突出重点、抓住难点地讲解与示范,那么,就有利于学生进一步明确动作的关键所在,尽快掌握三级跳远的技术及发展三级跳远能力。

二、采用的主要教学方法

(1)根据三级跳远的技术特点,采用针对性的手段,发展学生三级跳远的专项素质。

(2)采用诱导辅助练习,通过分解教学,帮助学生掌握各环节的技能技巧,再以完整技术动作教学为主,发展学生三级跳远能力。

三、教学形式

先集中讲解示范,再分散自主学练,教师巡回指导。

四、练习形式

自由组合小组,先按教师设计的教学环节进行,待部分学生动作节奏掌握后,可开展各种比赛,提高学生的跳跃能力。

五、教学步骤及学练方法

（1）加强速度、下肢及腰背力量练习。做三级跳远练习时要具备一定的助跑速度、弹跳力和腰背力量，在教学中要特别加强这方面的练习，如短距离反复跑、行进间跑和改变节奏跑、连续单脚跳、快速蛙跳、多级跨步跳、负重半蹲跳、单杠颈后引体向上等练习。

（2）让学生一手扶肋木侧向站立，远离肋木的腿屈膝向前上方摆动，当大腿摆到与地面平行时，大腿带动小腿积极下压，并用全脚掌在身体前约30厘米处扒地。

（3）让学生从跳箱盖上向下跨，体会扒地式起跳动作，以另一腿摆动落入沙坑。在做从跳箱盖上跨下接起跳的练习时，要维持身体的平衡和起跳时全身各部分力量的协调配合。

（4）短距离助跑，起跳后用起跳脚落在离起跳点适当的跳箱上（跳箱的高度和距离视学生的实际情况而定）。要求学生在起跳后腾空的中段开始做换步动作，并用较小幅度的扒地式动作踏上跳箱后再起跳，以摆动腿向前跨入沙坑。

（5）短距离助跑单足跳，越过放在这一跳中间的小纸箱，落地后接着起跳，以摆动腿跨入沙坑，然后向前跑进。要求学生快到小纸箱的上空时开始做换步动作。

（6）短距离助跑，沿着已经划定的直线（按一定比例划线）按一定的比例和节奏完成第一、二跳，强调身体的平衡性和跳跃的直线性，两臂要协调配合。

（7）将跳箱盖纵放在第二跳的落点处，让学生练习在第一跳落地缓冲后，摆动腿要积极屈膝前摆送髋，两臂配合向前上方有力地摆动，同时起跳腿用力蹬地起跳，在空中形成大跨步，跨上跳箱。练习时要适当缩短第一跳的远度，以利于加强第二跳的起跳效果。

（8）短距离助跑，跨步跳上跳箱盖，两脚越过橡皮筋落入沙坑；中距离助跑，单足跳过小纸箱，跨步跳上垫子，两脚落入沙坑。要求第二、三跳要有适当的比例和明显的节奏。

（9）短距离助跑三级跳远，第一跳后在跨步跳中越过实心球，然后在第三跳中越过小纸箱，最后用两脚落入沙坑。要求学生做到第一跳"平"，第二跳"远"，第三跳"高"，三跳动作要连贯。

（10）中距离助跑的单足跳练习，落入沙坑后继续向前跑进。练习时助跑速度要快,助跑与起跳要紧密衔接,起跳要充分,腾空时抛物线的轨迹要"平",向前的速度要快。

(11)全程助跑的完整三级跳远练习,要求三跳的节奏明显、衔接紧密,特别是第三跳要有一定的高度和远度,使学生明确"三级跳远技术的整个过程是不可分割的整体,前一个环节是后一个环节的准备,后一个环节是前一个环节的延续,各技术环节是相互依存,相互影响的"。

六、教学建议

练习前,教师应认真检查助跑道是否平整、起跳板是否打滑、沙坑是否松软、学生是否佩戴有碍于运动的物品等。练习中,由于三级跳远时下肢负担较重,踝关节、脚跟、腰部等部位容易受伤,故教师要带领学生充分做好专项准备活动,借用辅助器材进行分解教学,让学生掌握各部分的技术。当学生各部分的技术掌握得比较熟练时,再进行完整技术动作教学。教学内容的安排要由简到繁、由易到难,从学习和掌握正确的着地技术入手,动作幅度、用力强度要从小到大,提高学生的跳跃能力。学生练习时应加强保护与帮助,进行安全教育,并采取必要的防护措施,预防伤害事故的发生。

（本文写于2014年）

有效发展学生跳远能力的教与学

跳远是初中阶段跳跃项目中的重点教学内容之一,是田径运动中技术较为复杂的一个项目。在教学中,我们经常会遇到部分学生助跑速度很快,但就是跳不起来,或有部分学生虽然能跳起来,但由于助跑速度较慢,导致跳远成绩不理想等。出现这种情况的主要原因,一是跳远的专项跑跳能力较差,二是助跑与起跳技术衔接得不好,三是下肢及腰腹力量较差。为了尽快发展学生的跳远能力,近年来我们在跳远教学中采取了以下教学手段,收到了较好的教学效果。

一、注重针对性练习,有效发展速度、下肢及腰腹力量

急行跳远要求学生具备一定的助跑速度、弹跳力和腰腹力量,在教学中要特别加强这方面的练习,如短距离反复跑、行进间跑和改变节奏跑、连续单脚跳、快速蛙跳、多级跨步跳、收腹跳、负重半蹲跳等练习。

二、突出重点、抓住难点,有效发展跳远的专项能力

在发展跳远能力的教学过程中,要突出发展跳远能力的重点——抓好助跑技术,发展助跑与起跳能力相适应的可控速度;抓住技术动作的难点——抓好起跳技术,发展起跳时的支撑能力。教师在发展学生跳远能力的教学过程中如果能做到突出重点、抓住难点地讲解与示范,那么,就有助于学生进一步明确动作的关键所在,就能有效有发展跳远能力。

三、抓好自然跑技术,有效发展助跑的专项基础能力

学生助跑的速度是决定跳远成绩的先决条件,单一的短跑技术在某些动作细节上与跳远的助跑技术是有区别的。为此,在跳远教学的开始阶段首先要抓好学生的自然跑技术和能力,如利用助力(顺风、下坡)练习30~50米不同距离的大步幅放松跑。其次要抓好学生自然加速跑的技术和能力,要求在规定距离内达到1~2个速度高峰,速度的快慢过渡要自然。最后要抓好学生跑的节奏,发展步幅的稳定性。如在直跑道上一定距离处放置易拉罐作为标

志,让学生反复在标志之间跑,进一步体会跑的节奏和步幅的稳定性。当学生练习时,教师要讲清每一个练习与助跑技术的内在联系。以上教学手段能使学生正确地掌握跑的技术,培养学生对各种跑的控制能力,有效发展学生跳远中助跑技术的专项基础能力。

四、抓好助跑技术,有效发展与起跳能力相适应的可控速度

当学生的自然跑技术逐步过渡到跳远中助跑技术后,要加强学生的助跑技术与起跳技术相衔接的练习,发展与起跳能力相适应的可控速度。练习时,先要初步确定每个学生助跑的距离和步数,要求加速平稳、节奏感强、重心要高、直线性强。按照初中生的助跑技术特点,可将助跑距离分为三个阶段,放置三个易拉罐作为标志,第一个标志可放在起跑后8米左右处,作为加速阶段;第二个标志可放在起跑后18米左右处,作为保持速度阶段;第三个标志放在起跳点前6米左右处,作为进入起跳阶段。学生练习时,教师要讲清不同阶段有不同阶段的具体要求。通过以上教学手段,可以进一步发展学生助跑与起跳能力相适应的可控速度,有利于学生更快地掌握跳远的助跑技术。

五、抓好起跳技术,有效发展起跳时的支撑能力

教师可采用各种诱导性练习,让学生重点体会起跳时脚的正确着地部位、蹬摆的协调配合,以及肌肉用力的感觉,如短距离助跑,沿着已经划定的直线(一定距离划线)按一定的节奏练习跨步跳,短距离助跑五级跳落入沙坑等练习。做助跑过渡到跳远的起跳诱导性练习时,可先做上一步落入沙坑;连续起跳跨过一定距离的小纸箱;短距离助跑,起跳后越过一定高度的橡皮筋后双脚落入沙坑等练习,当学生达到一定的水平时,再进入正规的助跑起跳练习。通过以上教学手段,有利于学生更快地发展起跳时的支撑能力。

六、抓好"腾空步"技术,有效发展起跳后的自控能力

让学生站在侧面观察教师的示范动作,再结合多媒体教学,通过影像直观地观察腾空步的动态和连贯性及静、慢动作的技术分析,特别是要能解决教师示范不能解决的部分,使学生建立一个完整直观的技术动作概念,然后进行模仿练习,体会技术动作的用力顺序,加深对技术动作概念的理解。可在单杠上

悬挂或双杠上支撑做腾空步的模仿练习。短、中距离助跑,在跳箱盖上起跳,有利于增长腾空时间,使学生体会腾空步和身体平衡。短、中距离助跑,起跳后,用头顶触及悬挂的标志物,使学生进一步体会腾空步和身体平衡。短、中距离助跑,起跳结束时,以摆动腿踏上跳箱盖(起跳点与跳箱盖的距离视学生的水平而定)。通过以上教学手段,能有效发展学生起跳后的自控能力。

七、抓好快速助跑与正确起跳相结合技术,有效发展快速起跳能力

在快速助跑后瞬间的有力起跳,是跳远的关键,起跳时蹬地的力量取决于动作的幅度、连贯性等条件,特别是摆动腿摆动与支撑腿蹬伸的速度。短、中距离助跑后在成俯角的斜板起跳,有利于完成快速的起跳和体会起跳时的向前用力,减少水平速度的损耗。确定步点后,可在助跑时有意识地适当缩短最后一步的步长,在成俯角的斜板上作积极快速起跳练习。还可让学生交替练习在成俯角的斜板起跳和正式踏跳板起跳。通过以上教学手段,能有效发展学生的快速起跳能力。

八、教学建议

在进行跳远教学时,应分解教学,但主要以完整技术动作教学为主,不可以照搬竞技体育跳跃动作的教法。练习前,教师应认真检查助跑道是否平整、起跳板是否打滑、沙坑是否松软、学生是否佩戴有碍于运动的物品等,要带领学生充分做好专项准备活动。练习中,由于跳远时下肢负担较重,踝关节、脚跟、腰部等部位容易受伤,因此,教学内容的安排要由简到繁、由易到难,从学习和掌握正确的技术动作入手,动作幅度、用力强度要从小到大。教师要随时观察学生的技术动作,当发现少数学生有练习畏难情绪和枯燥感时,教师应及时改进教法,充分调动学生的练习兴趣和信心。当学生练习较熟练时,可采用所学的跳远技术,开展各种教学比赛,以提高学生的跳远能力。学生练习时应加强保护与帮助,进行安全教育,并采取必要的防护措施,预防伤害事故的发生。在组织方法上,教师可让学生在小组长的带领下进行分组练习,以提高练习的密度。实践证明,采取以上教学手段,对培养初中学生的实践能力、发展初中学生的跳远能力,都具有积极的作用。

(本文写于2011年)

小学"滚动"的教学技巧

滚动是小学低年级技巧项目中的一项基本内容,是学习前、后滚翻的基础。滚动在生活中有很大的实用价值,当身体失去平衡时可起着缓冲和自我保护的作用。在小学低年级技巧学习阶段,滚动练习可提高学生控制身体重心移动的能力及身体的柔韧性、灵敏性和协调性等素质,改善中枢神经系统的功能,培养学生勇敢、顽强的意志品质,使学生在滚动的学练过程中实现"乐学、爱学"目标。

一、前后滚动

(1)让学生下巴、胸和大腿夹一球两手抱膝成团身,从屈体仰卧开始练习小幅度的前后滚动;在教师或同伴的帮助下前后滚动的幅度逐渐增大。

(2)从屈体仰卧开始,让学生做出低头、含胸、圆背的姿势后练习前后滚动。

(3)从坐撑开始,练习团身、屈体、两手抱头的前后滚动。

(4)从坐撑开始练习团身、屈体前后滚动。向前滚动时两腿并拢,两手体侧撑垫,身体重心向前移动。

(5)从蹲撑开始,练习屈体胸前抱臂的前后滚动。

(6)从半蹲开始,练习屈体屈膝两手肩上翻掌的前后滚动。

二、左右滚动

(1)从直体仰卧开始,两手臂上举并拢,练习向左向右的滚动。滚动的速度由慢到快,滚动的距离由小到大,循序渐进,使学生逐步体会滚动的动作要领。

(2)从仰卧开始,练习两手胸前抱臂的直体左右滚动。

(3)从坐撑开始,练习两手放两侧的直体左右滚动。

(4)从坐撑开始,练习两手抱头的屈体左右滚动。

(5)从蹲撑开始,练习两手抱膝成团身的左右滚动。

(6)从半蹲开始,练习屈体两臂胸前屈肘、两手握拳的左右滚动。

三、结合实际生活的滚动

（1）教师结合实际生活中的一些事例，如设问："当人体在高处失去平衡时应该怎样自我保护？"启发学生思考，进行讲解与示范。让学生从小凳、低花台等20～30厘米的高处跳到垫子上接滚动练习，让学生体会滚动在身体失去平衡时起着缓冲和自我保护的作用。

（2）当走路或慢跑时脚碰到了障碍物时，应该怎样自我保护？联系生活实际，让学生在走路或慢跑时，听到哨声后就地蹲下接滚动练习。

（3）当一物掷向你时，应该怎样躲闪加以自我保护？联系生活实际，让学生先练习听到哨声，做躲闪一下后就地蹲下接滚动练习，再做游戏"躲闪小皮球"，同伴轻掷小皮球时，做出躲闪小皮球后就地蹲下接滚动的动作，练习几次后两人交换，比一比哪一位小朋友躲闪小皮球后就地蹲下接滚动的动作做得好。教师要及时对做得好的小朋友进行鼓励、表扬，进一步激发学生学练的积极性。

（4）创设实际生活中的情境，让学生在游戏中学练滚动技术时，配合轻柔音乐，让学生感受课堂的愉悦气氛，减轻练习时的疲劳感，进一步巩固滚动技术。

在进行滚动教学时，教学内容的安排要符合小学低年级学生的心理、生理特点，由易到难，循序渐进。当发现少数学生有练习畏难情绪和枯燥感时，教师应改进教法，创设实际生活中的情境，结合游戏进行教学，充分调动学生的练习兴趣和信心。在学生练习较熟练时，可开展各种滚动比赛，以提高学生的滚动能力。教师要随时关注学生的练习，加强保护与帮助，特别是发现有学生身上佩戴一些有碍于滚动的物品时，要及时进行安全教育，预防伤害事故的发生。在组织方法上，教师可让学生在小组长的带领下进行分组练习，以提高练习的实效性。

（本文写于2008年）

初中"跳箱"的教学技巧

一、纵箱分腿腾越

(一)动作方法

助跑后双脚在踏跳板上起跳,接着两手支撑跳箱,提臀,两腿伸直向侧分开,迅速推离跳箱,使身体向前上方腾空越过跳箱,然后双腿屈膝缓冲,双脚并拢落地站稳(如图1)。

图1　纵箱分腿腾越

(二)教学技巧

(1)在教纵箱分腿腾越前必须让学生学会上板踏跳的正确动作,如双脚上板起跳技术(一脚上前一步后的双脚并拢跳起);短程助跑,在跳板上踏跳等。

(2)利用山羊作为纵箱分腿腾越的辅助器械,可以改变学生对纵跳箱的恐惧心理,让学生先做手不离开山羊的练习,然后过渡到手推离山羊后再落地的练习。

(3)先练习"跳人背",再练习跳山羊。

(4)在山羊两侧拉一条接近器械高度的橡皮筋,可帮助学生腾越时提高脚的高度,然后再逐渐过渡到纵箱分腿腾越。

(5)当技术达到一定水平后,延长踏跳板与跳箱之间的距离,可提高第一腾空的质量,再逐渐升高跳箱的高度,有利于学生体会和掌握第二腾空的伸髋挺身动作。

（三）保护与帮助

保护者站立于练习者落地点附近,从侧面扶住其背部或握上臂;帮助时,正面站立,扶其上臂提拉,帮助其越过跳箱。

二、横箱蹲腾越

（一）动作方法

快速助跑,两脚用力在踏跳板上起跳,上体稍前倾,向前上方腾起,两臂前摆,顶肩,直臂用力推箱,同时收腹、提臀、屈腿,使膝尽量靠近胸部,过箱后挺身落地(如图2)。

图2　横箱蹲腾越

（二）教学技巧

（1）在地上由俯撑开始,练习迅速推手、收腹、屈膝成蹲立技术。

（2）练习短距离的助跑、踏跳、手撑跳箱技术,熟练后,再结合提臀、收腹、屈膝动作或支撑跳上跳箱成蹲撑。

（3）用高垫子垛代替跳箱,可让学生消除顾虑,大胆助跑,用力踏跳,跳上垫子垛成蹲撑。

（4）当技术达到一定水平后,先让学生蹲腾越高度较低的横箱,再逐渐升高横箱的高度,最后让学生在标准的横箱上练习蹲腾越的完整动作。

（三）保护与帮助

（1）保护者站在练习者落地点的侧面，必要时扶其背部或腹部。

（2）帮助者站在跳箱近端侧面，当练习者推手后，顺势一手托送其臀部，帮助其蹲腾越过跳箱。

三、横箱侧腾越

（一）动作方法

助跑后双脚在踏跳板上起跳，两手撑横箱，收腹提臀两腿向一侧上方摆起，两手依次推离横箱，使身体成侧向的展髋挺身姿势腾过横箱，重心要靠向单臂支撑一侧（如图3）。

图3　横箱侧腾越

（二）教学技巧

（1）在平地上成俯撑姿势，然后两脚蹬地，迅速提臀向一侧摆双腿成单臂支撑的侧撑，或由俯撑向一侧快速摆越双腿后成仰卧撑，摆越腿同侧的手用力推地。

（2）让学生站立在地上，手撑乒乓球台边，双脚蹬离地面，跳上成卧撑。

（3）侧摆侧撑练习：侧腾越不过箱，双腿侧摆落在横箱上，身体成单臂支撑姿势。

（4）先在山羊上练习侧腾越，熟练后，再过渡到横箱上练习。

（5）当学生掌握动作后，可在横箱的一端放实心球等限制物，以增加摆腿的高度。

（三）保护与帮助

保护者站立在支撑臂一侧，一手扶持练习者的上臂，另一手托或推练习者的臀部，帮助练习者腾越过横箱。

四、斜向助跑直角腾越（横跳箱）

（一）动作方法

斜向跳箱助跑，用外侧脚在助跳板上起跳，同时上体稍后仰，靠近跳箱一腿向上摆踢，同侧手撑箱。起跳腿蹬离后，迅速向摆动腿并拢，起跳腿同侧手在体后撑箱，接着另一手推离箱，两腿向前下伸压挺身，侧对跳箱落地（如图4）。

图4　斜向助跑直角腾越（横跳箱）

（二）教学技巧

（1）斜向助跑直角腾越技术的踏跳和摆动与跨越式跳高相似，可让学生练习起跳脚放在踏板上的跨越式跳高。

（2）在低双杠上外侧坐，练习两腿上摆挺身落地技术。

（3）让一名学生在地上仰撑另一名学生抬扶其两脚踝，使之双脚离地，抬扶的学生沿顺或逆时针方向转动，仰撑的学生两手交替离地，随着圆周转动。

（4）在双杠上练习支撑摆动前摆挺身下技术。

（5）斜向助跑，起跳后直腿坐上跳箱，再做越过跳箱的练习。

（6）降低跳箱的高度，让学生练习斜向助跑背腾越技术，熟练后，再逐渐升高跳箱，最后让学生在标准高度的横箱上练习斜向助跑背腾越的完整动作。

（三）保护与帮助

帮助者站在跳箱近端外侧，在练习者踏跳后，一手握其上臂，一手托其臀部，帮助练习者腾越过横箱。

五、教学建议

教学内容的安排要由易到难，当发现少数学生练习有畏难情绪和枯燥感时，教师应及时改进教法。当学生练习较熟练时，可开展各种腾越跳箱比赛，以提高学生的支撑跳跃能力。练习前，教师应认真检查助跑道是否平整、起跳板有无裂缝、跳箱是否牢固、海绵垫（棕垫）是否平整均匀等，要带领学生充分做好专项准备活动。练习中，应加强保护与帮助，并采取必要的防护措施，预防伤害事故的发生。在组织方法上，教师可让学生在小组长的带领下进行分组练习，以提高练习的密度。

（本文写于2008年）

中学双人前滚翻与双人后滚翻的教学技巧

学会双人前滚翻与后滚翻的基本方法,不仅有利于发展中学生身体的柔韧性、灵敏性和协调性等素质,改善中枢神经系统及平衡器官的功能,提高控制身体重心移动的平衡能力,而且有利于培养学生的合作意识和勇敢顽强的意志品质。

一、双人前滚翻

(一)动作方法

甲生成仰卧姿势躺在垫上,同时分腿上举,乙生分腿站立于甲生的头两侧。甲、乙两生互相握住对方的踝关节,当动作开始时,乙生两脚蹬地做前滚翻(动作跟鱼跃前滚翻相似),甲生跟随动作顺势蹲起,接着甲生做乙生的动作,依次进行,向前滚动(如图1)。

图1 双人前滚翻动作

(二)教学技巧

(1)巩固与提高鱼跃前滚翻的基本技术和动作要领。先复习远撑前滚翻,在此基础上练习鱼跃前滚翻,当学生熟练掌握鱼跃前滚翻时,让学生进行鱼跃前滚翻的钻圈练习,为双人前滚翻打下良好的基础。

(2)将若干块体操垫摆放在有一定倾斜角度的斜坡上,让两名学生在上面做有人保护与帮助的双人前滚翻,保护者站于练习者的两侧,助力时,托住上面人的腹部及大腿,跟随动作前进。开始练习时,慢慢做,体会"一蹬、二撑、三滚"的用力顺序。

(3)当两名学生在斜坡上做有人保护与帮助的双人前滚翻配合协调、动作连贯时,可做无人保护与帮助的双人前滚翻。

(4)当两名学生在斜坡上能做无人保护与帮助的双人前滚翻时,再将若干块体操垫摆放在平地上,让学生做有人保护与帮助的双人前滚翻练习,再逐步过渡到脱保状态下的练习,进一步提高练习者的合作意识。

(5)分组展示双人前滚翻的技术动作,并即时评价,以巩固和提高双人前滚翻的动作质量。

二、双人后滚翻

(一)动作方法

甲生成仰卧举腿时,乙生分腿站立于甲生的头两侧。当动作开始时,站立的乙生屈臂用力提甲生,屈膝后坐,上体后倒成仰卧,同时把甲生的脚放置在自己的头两侧,两腿用力挑起甲生。甲生在乙生的拉、挑作用下,顺势完成后滚翻,接着甲生做乙生的动作,依次进行,向后滚动(如图2)。

图2　双人后滚翻动作

(二)教学技巧

(1)巩固与提高后滚翻的基本技术和动作要领。先复习斜坡后滚翻,再练习后滚翻成手倒立,为双人后滚翻的学习打下基础。

(2)将若干块体操垫摆放在有一定倾斜角度的斜坡上,让两名学生在上面做有人保护与帮助的双人后滚翻练习,保护者站于练习者的两侧,助力时着重帮助下面的人(托其肩)抬起上体,顺势跟随动作前进。开始练习时可慢做,体会"一提、二倒、三挑"动作的用力顺序。

（3）当学生在斜坡上做有人保护与帮助的双人后滚翻配合协调、动作连贯时，可做无人保护与帮助的双人后滚翻。

（4）当学生在斜坡上能做无人保护与帮助的双人后滚翻时，再将若干块体操垫摆放在平地上，做有人保护与帮助的双人后滚翻，再逐步过渡到脱保状态下的练习，进一步提高练习者的合作意识。

（5）分组展示双人后滚翻的技术动作，并即时评价，以巩固和提高双人后滚翻的动作质量。

三、教学建议

练习前教师要进行安全教育。教师应认真检查海绵垫（棕垫）是否平整均匀，要带领学生充分做好专项准备活动。练习中，随时观察学生的技术动作，并采取必要的帮助与保护措施，预防伤害事故的发生。

练习内容的安排要由易到难，当发现少数学生有练习畏难情绪和枯燥感时，教师应及时改进教法给予必要的帮助，及时调动学生的练习兴趣和信心。在学生练习较熟练时，可开展双人前滚翻和后滚翻比赛，进一步提高学生的合作和竞争意识。

（本文写于2008年）

妙用"口诀",巧教"后滚翻"

口诀教学法是根据教学内容的技术动作结构和特点,抓住动作的实质,利用学生熟悉的语言、喜欢的方式,将难以理解和记忆的动作要领归纳成简明扼要、具体形象、易懂、易记的口诀式要领,有利于学生掌握技术动作要领的一种方法。后滚翻是小学生学习的内容,按要求,小学低年级学生很难一下子掌握动作的要领和方法,所以要根据小学生的生理、心理特点,在后滚翻教学中合理地运用口诀,激发学生的学习兴趣,以求达到快速掌握技术动作要领的要求。

在后滚翻教学时,教师要由易到难、由简到繁进行教学。后滚翻的动作要领为:蹲立,重心后移,团紧身体并保持一定速度后滚,当滚到肩、颈部,身体重心超过垂直部位时,两手在肩上用力推垫,使身体翻转,两脚落地成蹲撑。由于动作要领文字较多、不易记,按动作要领的要求,可以编成"屈臂后倒臀靠跟,后滚低头腿贴胸,举臂收腹团身紧,两手头侧屈臂撑"的口诀,让学生读起来朗朗上口,对学习后滚翻产生兴趣。当学生初步掌握后滚翻的技术时,可将口诀简化成:"团身向后滚,屈肘肩上翻,低头快推手,身体成蹲撑。"当学生基本掌握后滚翻的技术时,还可将口诀简化成:"抱膝团身向后滚,低头推手滚动稳。"为巩固提高后滚翻的技术,还可从前两句口诀中提炼出"倒、团、推"三个字来概括其动作要点。

这种编口诀分层教学的方法,符合循序渐进的教学原则,能调动学生的学习积极性,学生在学习后滚翻时就容易记住,对所学的技术动作就能收到事半功倍的效果,达到快速掌握后滚翻的动作技巧之目的。

(本文写于2007年)

初中"攀爬"的教学技巧

一、学习目标(水平四)

学会攀爬的基本方法,掌握横梯攀爬,手足并用攀爬横、斜、垂直的竿(绳)的基本技术和动作要领,发展学生的力量、耐力等素质,增强灵敏性和协调能力,提高观察力、动作思维能力和运动器官的功能,培养勇于登攀、不怕艰险的意志品质。

二、教学方法

(一)巩固与提高手足并用攀爬肋木的教学技巧

先让学生复习攀爬肋木到顶端后,翻越过顶,从背面下地,在此基础上练习快速上、下攀爬肋木,最后做背靠肋木,手足并用攀爬练习。

(二)手足并用攀爬横梯的教学技巧

(1)让学生双手握横档悬垂,小幅度摆动,体会身体的摆动感觉,再做前后或左右摆动,提高悬垂摆动的能力。

(2)先利用前摆的惯性力量,一手迅速换握前面一根横档;然后再随前摆的力量,后面一只手迅速换握成两手同握一根横档的姿势,如此一档一档地向前攀爬。当有一定控制身体能力时,可以练习一档一档地向侧、向后攀爬。

(三)手足并用攀爬横、斜竿(绳)的教学技巧

(1)在离地约一米高的横梯上练习手足并用向前攀爬基础上,进一步提高攀爬技能,再在两根相距宽约50厘米的横竿上练习俯爬技术。

(2)将木梯斜靠在固定物上,让学生练习手足并用俯爬斜梯技术,在此基础上练习仰爬斜梯技术。

(3)将一根学生伸臂能握到的粗绳拉紧,让学生用"挂钩法"练习仰爬绳

(竿)向前攀爬技术,当技术较熟练时,再用"挂钩法"练习仰爬绳(竿)向后攀爬技术。

(4)学生初练攀爬斜竿(绳)时,斜度要小,随着学生力量的增长和动作掌握程度的加深,可逐步增大斜度。

(四)手足并用攀爬垂直竿(绳)的教学技巧

一般采用"三拍法"攀爬垂直竿(绳),这种方法对臂力及身体素质较差的学生很适用。动作分三个节拍进行:提夹、蹬引、换握。在掌握"三拍法"的基础上学习"二拍法"。"二拍法"攀爬垂直竿(绳)对臂力及身体素质的要求较高,动作分两个节拍进行:提夹、蹬引换握。

(1)在同伴的帮助下练习夹竿(绳)悬垂技术,夹的方法是两脚脚底夹,或者是两腿绞夹,通过练习,让学生从实践中选择适合自己的方法。

(2)反复练习引体蹬伸技术。

(3)先练习"三拍法",后练习"二拍法"攀爬技术;也可以两种方法一起学练,让学生从学练中确定一种适合自己的方法。在一般情况下,"二拍法"攀爬的速度比"三拍法"攀爬的速度要快。

(4)让学生先在固定、垂直的竿上练习攀爬技术(因为绳易晃动),在技术较熟练时,再到有人在绳下端握紧加以固定的绳上练习攀爬技术。

(5)在大部分学生有一定攀爬能力时,可采用"累计攀爬竞赛"法来促进学生攀爬能力的提高。当学生都能攀爬到一定的高度时,应注重发展学生的攀爬速度,可用"攀爬积分赛"法,在开展竞赛时,教师应事先进行安全教育,使学生明确比赛规则,预防伤害事故的发生。

(6)教师可选择安全的环境,利用自然条件(如树木、竹、木梯等自然代用物,要注意该物体的安全牢固程度)进行攀爬练习。

(7)对攀爬技能掌握特别好的学生,可进一步激发其学习的兴趣,发展多种攀爬能力。如让学生尝试两手同握一根竿,两脚同蹬另一根竿,向上攀爬;还可以让学生尝试两手各握一根竿,两脚分别蹬同侧手握的竿,向上攀爬;还可以让学生尝试双手握靠墙的绳,双脚蹬墙,向上攀爬。

(五)让男生只用手攀爬竿(绳)的教学技巧

(1)让男生只用手攀爬斜放的竿(绳),视学生的掌握情况,逐渐增大斜度。

(2)在横档间距较小的斜梯上练习只用手攀爬技术。

(3)在垂直的竿(绳)上练习只用手攀爬技术。

(4)开展只用手攀爬竿(绳)的竞赛,教师强调只用手攀爬的比赛规则,并进行安全教育,特别是下落、着地的安全。

(5)对只用手攀爬技能掌握较好的男生,可发展多种攀爬能力。如让其尝试双手各握一根固定的垂直竿(两竿间距50~60厘米),身体自然下垂,双手顺势向上换握,两臂交替向上攀爬,身体与两腿协调配合。下来时,采用双脚夹竿双手握同一竿的方法降下,安全落地。

三、教学建议

在进行攀爬教学时,教学内容的安排要由易到难,当发现少数学生有练习畏难情绪和枯燥感时,教师应改进教法,充分调动学生的练习兴趣和信心。在缺乏攀爬基本设施的学校,教师应开发攀爬课程资源,创造因地制宜的练习条件。在学生练习较熟练时,可开展攀爬比赛,以提高学生的攀爬能力。教师要随时严格检查器械的牢固程度,学生练习时应加强保护与帮助,进行安全教育,并采取必要的防护措施,预防伤害事故的发生。在组织方法上,教师可让学生在小组长的带领下进行分组练习,以提高练习的密度。

(本文写于2009年)

妙用"口诀",巧教"站姿与原地转法"

口诀教学法是根据教学内容的技术动作结构和特点而编制的顺口溜或儿歌,以便学生学习和掌握技术动作要领的一种方法。站姿与原地转法是小学低年级的学习内容,按要求,小学低年级学生很难一下子掌握动作的要领和方法,所以要根据小学低年级学生的生理、心理特点,在站姿与原地转法教学中合理地运用口诀,激发学生的学习兴趣,以求达到快速掌握技术动作要领的要求。

在站姿的"立正"教学中,要求学生做到抬头、挺胸、收腹、紧臀、并腿、两臂伸直下垂于体侧、手指贴至裤缝、脚跟靠拢、脚尖分开、两眼平视正前方。按照此要求,可以编成"两手中指贴裤缝,抬头挺胸看前方,脚跟靠拢尖开八,并腿站立我不动"的口诀,在教学中既可采用学生边说边做,也可采用师生对答的方式进行。

在原地转法的"向左(右)转"的教学中,既可让每位学生在地上用粉笔画一个线长约60厘米的"+"形,两脚跟站在两条线的交点处,让学生辨别自己的左右手、左右脚,引导学生理解转动的准确方位;也可编成"左(右)边的脚跟转一转,右(左)边的脚掌转一转,两只脚一起转,转——靠!"或"一拍转稳别晃动,二拍收脚成立正"的口诀,让学生练习,逐步掌握动作要点。

在掌握原地向右转的基础上,再学习"向后转"。在"向后转"的教学中,可把长口诀简化成短口诀,结合动作要领把它编成口诀:"两个向右,转向后,连续转动要稳住",让学生从中得到启发,明确动作的要求。

另外,在站姿中"稍息""报数""向前看""向左(右)看齐"的教学中,也可按照其动作要领,编成适合小学低年级学生使用的口诀让学生练习,这样就能调动他们的学习积极性,对所学的技术动作就能收到事半功倍的效果,达到快速掌握站姿与原地转法的动作的目的。

(本文写于2006年)

151

妙用"口诀",巧教"蛙泳"

口诀教学法是根据教学内容的技术动作结构和特点,抓住动作的实质,利用学生熟悉的语言、喜欢的方式,将难以理解和记忆的动作要领归纳成简明扼要、具体形象、易懂易记的口诀式要领,有利于学生掌握技术动作要领的一种方法。蛙泳是学生进行体育锻炼的一项活动,也是生活中的一项生存自救技能,按要求,小学低年级学生很难一下子掌握动作的要领和方法,所以根据小学低年级学生的生理、心理特点,在蛙泳教学中合理地运用口诀教学法效果会十分明显,能较好地激发学生学习蛙泳的兴趣,将会起到事半功倍的效果,达到快速掌握技术动作要领的目的。

在蛙泳教学中,为了使小学低年级学生不感到枯燥乏味,编写口诀时,要简练贴切、语句顺口,让学生念起来朗朗上口,这样学生就会加深对口诀的理解,调动学习积极性。

例如,蛙泳腿的动作是推动人体在水中游进时的主要动力,在蛙泳的"腿部"技术教学时,一般将腿部动作分为收腿、翻脚、蹬夹水三个动作阶段,要求学生做到:收腿时,自然放松慢收腿,收大腿,屈小腿,膝与脚边收边分,收至大腿与上体成130度左右的角度为止,小腿和脚尽量紧靠臀部,两膝约与肩同宽。翻脚时,脚尖向两侧翻转勾脚尖,膝盖稍内压。这时两脚比膝稍宽,使脚掌内侧和小腿内侧正对蹬水方向。蹬夹水时,作弧形蹬夹,大腿用力,先伸髋关节,使两腿内侧和脚掌内侧作急速有力的蹬夹动作,蹬夹之后,两腿并拢滑行一会儿。按照此要求,可编成"边收边分慢收腿,两腿外翻对准水,弧形向后蹬夹水,两腿并拢漂一会儿"的口诀。

又如,划臂技术好坏是影响人体游速的重要因素,是掌握蛙泳节奏的基础,在蛙泳的"臂部"技术教学时,一般可将臂部动作分为划水、收肘、伸臂三个动作阶段,要求学生做到:划水时,掌心微向外转,随之向两侧斜下方划至18厘米左右处,两臂夹角成50度左右,以肩关节为轴,用力向两侧后方作屈臂宽划水,划到与肩平行为止。收肘时,两臂划水,在肩的延长线前,迅速收肘,向胸前靠拢,上臂随之作收夹动作,在胸下靠拢。伸臂时,小臂带动大臂沿着水面前伸,两手边伸边靠拢,掌心同时转向下方。按照此要求,可编成"直臂滑下屈划水,收肘伸臂停一会儿"的口诀。

当学生初步掌握动作点时,要把长口诀简化成短口诀,让学生从中得到启发,以激发学生的思维能力。学生记熟了口诀,明确了教师提出的要求后,按口诀进行练习,同时教师要提醒学生先完整地划臂一次,再完整地蹬夹一次腿,也就是在划臂时,腿伸直不动,在蹬夹腿时,臂前伸不动。如此反复练习,逐步有意识地过渡到按正确的要求进行腿臂配合,提高腿臂配合协调性。蛙泳腿臂配合的动作可编成"先划臂后收腿,臂将伸直腿蹬水"的口诀。

在蛙泳的"呼吸"教学时,由于在整个蛙泳教学过程中突破呼吸是学会游泳的难点,游泳技术掌握得好不好,很大程度上取决于是否突破呼吸关,因此,"呼吸教学"必须贯穿于整个蛙泳教学的始终。呼吸与腿臂配合的动作要领是:手臂下滑划水时,两腿微收,抬头吸气,收肘向胸前靠拢时,继续收腿,开始憋气,先伸臂,后蹬夹,滑行吐气。按照此要求,可编成"手臂下滑,抬头吸气,两腿蹬夹,滑行吐气"的口诀。

在教学中,口诀与示范讲解要有机地结合,使学生建立清楚、直观的动作概念,并进一步明确该技术动作如果完成得准确会产生多么明显的效果,从而提高他们学习蛙泳的兴趣,在学习中较快地掌握动作要领。

因此,在蛙泳教学中,只要合理地编成适合小学低年级学生的口诀,运用口诀进行教学,学生对所学的技术动作就能收到事半功倍的效果,达到快速掌握蛙泳技术动作的目的。

（本文写于2007年）

抓好"九防",有效提高支撑跳跃的教学效果

支撑跳跃是中小学传统的体育教学内容之一,它是以助跑获得足够的水平速度,用双脚或单脚起跳及手臂的推撑器械获得一定的垂直速度,并通过身体姿势的变化,腾越过器械,完成各种不同的落地的跳跃动作。笔者在多年的支撑跳跃教学实践中由于预防措施不得力,造成了几起学生伤害事故,同时让笔者吸取了深刻的教训,现从以下九个方面总结预防支撑跳跃教学时易出现的安全事故,有效提高教学效果的积极性措施。

一、防紧张

由于支撑跳跃的动作较复杂,学生必须要有一定的身体素质和稳定的心理状态,学生在初学动作阶段,往往有紧张、畏惧的情绪,从而导致动作不协调。教师在教学中应根据循序渐进的原则,采用专门的辅助、诱导练习,使学生尽快地克服紧张心理。

二、防滑倒

练习前,教师应认真检查助跑道上是否有积水、果皮、小石块等,预防学生助跑时滑倒,造成不必要的伤害事故。

三、防绊倒

检查助跳板上有无裂缝、垫子之间有无空隙和凹凸不平的状况,预防学生绊倒。

四、防过早比赛

学生在技术动作还没有形成熟练正确的动力定型前,过早开展个人与个人或组与组之间的比赛,易出现伤害事故。

五、防翻倒

检查山羊螺丝是否拧紧、跳箱层与层之间放置是否严实,预防学生支撑推手时造成连器械带人翻倒致伤。

六、防爬行

有些学生因助跑速度较慢,踏跳无力,导致身体未能向前上方跃起,双手撑在器械的近端,为了急于完成越过器械的任务,便采用两臂交替爬行前进的方法,这样就会造成身体擦伤和腕关节扭伤。

七、防摔倒

学生没有完全掌握支撑跳跃的技术动作要领,踏跳后由于过度紧张,造成两手不能完成支撑推手,导致身体失去平衡,直接摔倒在地。

八、防下冲

学生在助跑过程中的速度过快,没有与本人的技术相适应,造成冲力过大、提臀过高、支撑效果不好,使身体出现头重脚轻的状况,导致身体往前下方冲,易出现腕关节和肘关节的损伤。

九、防钩住

学生在分腿腾越练习中,由于没有掌握双脚踏跳技术,用单脚踏跳,造成一脚跨越器械,另一脚在器械上面钩住,导致身体失去平衡,从而出现踝、膝、腕、肘等部位的损伤。

在支撑跳跃教学时,教师应认真检查助跑道是否平整、起跳板有无裂缝、器械是否牢固、海绵垫(棕垫)是否平整均匀等,要带领学生充分做好专项准备活动。教学内容的安排要由易到难,当发现少数学生有练习畏难情绪和枯燥感时,教师应及时改进教法,充分调动学生的练习兴趣和信心。练习中,教师要随时观察学生的技术动作,学生练习时应加强保护与帮助,进行安全教育,并采取必要的防护措施,预防伤害事故的发生。

(本文写于2009年)

基于案例教学的青年体育教师专业成长联动研训

——扬帆联盟体育教研大组联动研训案例

一、研训主题

基于案例教学的青年体育教师专业成长研究。

二、研训主题确立背景

体育教学案例研究是把体育教育教学过程中发生的事件用案例的形式表现出来,并对案例进行分析、研究、探讨的一系列思维加工过程。其目的在于帮助实践体育工作者省察体育教育理论与他们自己日复一日的运动实践之间的联系,帮助实践工作者成为研究者,促进体育教师专业成长。与一般体育事件不同的是,体育教学案例应包含一定的体育理念、原理,能较好地体现体育的规律性和特征。在基础教育全面推进素质教育和实施新课标的情势下,进行体育教学案例研究是体育教师全面认识体育与健康课程与改革发展现状,转变教学观念,解决体育教学中的实际问题,促使体育教师专业发展的有效途径。

2009年吴兴区教育局以"让更多的孩子接受更好的教育"为理念,在推进城乡教育一体化的基础上,出台《吴兴区教育局关于建立学校教育发展联盟 推进区域学校联片组团发展的实施方案》,召开学校组团发展推进会、牵头校长工作例会,组建17个教育发展联盟,以人员互动、研训联动、文化共建、项目合作等主题式活动为抓手,力求达到"龙头带动、两翼发展、优势互补、多校共赢"的办学格局,区域合作共进局面逐步形成。其中,以湖州八中为龙头,以道场中学、妙西中学为两翼,组成扬帆联盟,湖州八中属于城镇初中,道场中学属于城乡结合部初中,妙西中学属于吴兴区的西部山区初中。由湖州八中、道场中学、妙西中学三所学校的体育教研组组成扬帆联盟体育教研大组,共有11名体育教师,其中有3名体育教师刚走上工作岗位(湖州八中的W老师、道场中学的X老师和D老师)。由于刚走上工作岗位,他们感觉无所适从,对待身边的人和事比较茫然,有时甚至比较盲从,苦恼的之余很少与同行交流。在2011年12月的一次联盟教研活动中他们与我聊起了在体育教育教学中遇到的一些困惑,希望能得到联盟体育教研大组的帮助和指导,以便在联盟体育教研大组的指引下,正确地走好接下来的体育教师之路。我听了以后认为,青年教师要求上进是一件好事,吴兴区教育局建立学校教育发展联盟的目的就是力求达到"龙头带动、两翼发展、优势互补、多校共赢"的办学格局。

吴兴区教育局推进"三小"研训,培育基于问题解决的"三小"研训模式,即培养联盟内体育教师在体育教学中关注出现的小现象,研究在体育教学中出现的小问题,形成改进和提高的小策略的"三小"研训模式。

本研究的目的是通过联盟联动研训,总结、提炼、构建"基于案例教学促进青年体育教师专业成长"的有效策略与模式,提升青年体育教师专业素质,帮助他们转变教学理念,将传统教学从单纯的注重传授知识转变为新课改下的"以学生为本",体现教师引导学生学会学习、学会生存、学会做人。建立一个真正能给予青年体育教师专业成长,帮助他们正确地审视自我,客观地评估自我,走出自我困惑的平台,能让我们的体育教师成长之路走得平坦、充实而又彰显体育教师丰富多彩的人生。

三、预期目标

(1)在"基于案例教学的青年体育教师专业成长研究"的主题下,分步骤进行有序有效研训。

(2)通过联盟联动研训,总结、提炼、构建"基于案例教学促进青年体育教师专业成长"的有效策略与模式。

(3)通过联盟联动研训,激发联盟学校体育教师的研训热情,提升教师的研训能力,提高课堂效率,促进联盟各校间均衡发展。

四、研训过程

研训活动一

扬帆联盟于2012年4月27日在妙西中学举行了本学期的第一次体育学科教研活动。本次活动由湖州八中姚立明老师主持,三个学校的全体体育教师参加了本次活动,活动内容是由妙西中学Z老师(2009学年湖州市初中体育优质评比一等奖,本次安排他上的是示范课)、道场中学D老师和湖州八中W老师展示课堂教学,教学内容是前滚翻和远撑前滚翻,并作为教学研究的一个重点。

(一)三位教师上课的总体情况

Z老师上的是《自主练习(男)、肩肘倒立(女)》,主线是学习—练习—展示。Z老师的教学基本功确实令人敬佩,他口令与文字交替使用的基本功,娴熟、优美、富有感召力的自主练习不但激起了学生的学习兴趣,而且还让听课的几名青年教师在场地外也禁不住"手舞足蹈"起来。

W老师上的是《前滚翻(女)、后滚翻(男)》,从开始就贯彻成功教育,以尝试—实验设疑—验证—展示评价—应用拓展—展示比赛为主线,课堂即时评价时机准确。课堂设置学习动作由易到难,不断提高动作难度,教学目标逐步体现,较好地完成了教学任务。

D老师从复习入手逐步过渡到学习新的技术动作,然后展示学习成果,最后利用游戏,使学生的技术、技能得以应用。课堂中教师动作示范准确、优美,激励语言也不断出现,较好地完成了教学任务。

(二)体育教研大组对二位新教师(D老师和W老师)提出的建议

1. 课堂上出现的几点遗憾

(1)教师的口令与体育术语欠规范,即时评价能抓住时机,但评价语言不确切,评价作用不明确。

(2)学生自主学习目标不明确,即使有学习目标,但落实目标的具体措施不得力。

(3)学生展示的目的不明确,不能起到应有的作用。

2. 对合理运用评价和激励语言提出的建议

(1)教师评价的时机应该是:当学生在学练过程中遇到问题,自己不能解决的时候;当学生练习的积极性达到高潮需要激励的时候;当学生出现困难需要鼓励的时候;当学生出现"闪光点"需要弘扬的时候。

(2)教师的课堂评价应该以鼓励学生为主,评价的作用是"激励"学生的学习积极性,而不是"限制"学生的学练兴趣。评价的基础是"自我教育",而不是"管、卡、压"。

(3)教师在课堂上的教学评价应该是对本课有针对性的评价,是与课的主题密切相关的评价,是围绕课的主线展开的。评价是引发问题的根源,是引导学生积极参与、努力拼搏的号角,是鼓励先进、激励后进的有力武器,是引导学生走向成功的导航灯。

(4)激励语言应该根据课堂情境、学生的精神状况因地制宜、因人而异、因材施教。

3. 对课堂中学生的展示方面提出的建议

展示,是一种成功、一种能力、一种勇气、一种自信、一种优秀、一种自豪、一种肯定,而不是单纯的一个教学环节。在教学中如果用到展示,可以让两位运动技能好的学生出来展示,也可以让一位运动技能好的学生和一位运动技能差的学生出来展示,再让同学进行评价,这个过程最好有生生评价和师生评价,再进行师生互动,充分发挥学生学习的积极作用。如果展示起不到积极作用,就失去了展示的意义。

4. 关于教师的主导作用与学生的主体作用的关系提出的建议

教师的主导作用应体现在引起学生的问题意识,并在学习和练习过程中与学生一起探讨解决问题的方法,让学生在分析问题、解决问题的过程中掌握技术,发展体能,从而使学生的身心得到和谐发展,而不是预先设置好教学的套路,一步步"引导"学生,按套路完成学习任务。学生的自主更不是被主导者牵着鼻子走,而应是在独立或合作探究中解决问题,在学习的过程中体现主体地位,发展特长、张扬个性。

5. 对落实教学目标提出的建议

每节课的教学目标是教学内容的最终目的,教学内容必须对应教学目标。这要求教师处理好教学的各个环节。教师设置的教学目标要明确、具体,让学生有章可循、有标可奔。教学目标达成中教师起主导作用,教师要用目标主导学生、主导课堂,但最终的落实还要体现在学习的主体——学生身上,必须充分调动学生主动参与意识,使活动内容充满兴趣。

研训活动二

扬帆联盟于2012年5月18日在湖州八中举行了本学期的第二次体育学科教研活动。本次活动由湖州八中姚立明老师主持,三个学校的全体体育教师参加了本次活动,活动内容是由道场中学的D老师和湖州八中W老师各展示一节常态课。下面就根据平时常用的体育教学方法呈现这两位老师在教学实践中的一些教法案例,并与同行们交流沟通,为更好地进行体育教育教学提供服务。

(一)D老师上课总体情况及G老师点评

1.D老师上课总体情况

道场中学D老师的教学内容是:耐久跑与投掷实心球。

上课时,教师首先提问:"篮球场本来是进行篮球比赛和篮球课教学的,今天我们要开发篮球场的资源。我们知道,篮球场上有很多线条,那么如何组合这些线条在篮球场跑出各种图案呢?"学生开始观察篮球场地,进行分组讨论,探讨交流各种图案变化的方法。教师利用画板介绍各种图案的跑动路线。教师再次提问:"同学们能跑出多少种方案啊?"教师引导学生大胆尝试,启发学生学练。学生分小组进行跑图案练习。教师集合学生,讲解耐久跑时呼吸的方法、弯道跑时手臂的摆动幅度,并巡回指导、语言提示,适时参与到学生跑动的行列。各小组组织交流各种跑动图案,并体验尝试。最后以小组为单位,展示跑动的图案,并进行"跑图案"比赛。

2.G老师点评

G老师点评:长跑运动是一项内容枯燥、形式单一的运动项目,是学生比较厌烦的一项练习。在长跑教学中,D老师首先从激发学生的运动兴趣和减轻学生长跑的心理负担入手,利用篮球场上的线条来组织学生"跑图案",发展学生耐久跑的能力。根据学生体质强弱,将"区别对待,因材施教"的原则融入到中长跑的教学中,激发学生兴趣。教师适时参与到学生行列,言传身教,争做学生学习的引路人,进一步激发学生运动的兴趣,使学生有了方向和动力,更爱体育运动,更自觉地参加体育运动。因此,教师的参与对提高课堂教学效率有着积极的作用。

(二)W老师上课总体情况及Z老师点评

1.W老师上课总体情况

湖州八中W老师的教学内容是:立定跳远与双手前掷实心球。

立定跳远是田径课中辅助内容之一,可以有效提高学生的腿部力量。W老师先采用主教材的教学步骤:每位学生先测三次立定跳远成绩,并记录最好一次的成绩;然后在落地区域中拉一条皮筋作为"目标";最后,从"目标"起,在教师的监督下向后量出每名学生的最好成绩,确定每个学生的起跳点;或者从"目标"处拉一条皮尺,让学生自己确定起跳点。要求先将学生分成人数相等的四个小组,男女性别不限,每位学生从各自的起跳点跳向"目标"。当学生练习感到枯燥时,W老师就采用竞赛法,要求每组选出一名组长负责确定和监督每位学生的起跳点和累计跳过"目标"的次数,最后以每组学生跳过目标的次数多的获胜。

2.Z老师点评

Z老师点评:W老师根据"因材施教"的教学原则,采用拉"目标"法练习立定跳远技术,对提高学生学习兴趣、激发课堂练习氛围确有独到之处。当学生练习感到枯燥时,及时改变教学手段,采用竞赛法提高学生练习的积极性,使学生都会在自己原有水平的基础上向新的目标发起冲击,进一步提高了课堂练习的效果。

五、联动研训反思

本学期的"基于案例教学的青年体育教师专业成长联动研训"活动,得到了三所学校领导的大力支持,激发了联盟学校体育教师参与教科研的积极性。教师群体间互相合作、切磋交流的研训模式,使不同个体的知识与能力在探讨、冲撞、分享等行为中得到提升。

通过联盟联动研训活动,青年体育教师专业素质提升了。青年体育教师在教育教学中存在的小问题、小现象,往往隐藏着学生学习或教师教学的偏颇与不足,教师需聚焦重点,引发思考,不宜贪多,而应集中一点,并努力寻求突破。下面我们将围绕主题"基于案例教学的青年体育教师专业成长研究"进行反思。

(一)存在的问题与困难

(1)青年体育教师选择体育教学案例的途径不够丰富,在教学过程中较依赖于教案,教学中往往不由自主地形成以自己为中心,以教案为中心的课堂。

(2)体育教学过程中,在如何将"教"真正转化为主动的学、能动的学、积极的学的问题上仍存在着很大的困难。

(3)青年体育教师往往在教学设计时是依据学生在有限的时间内掌握基本运动知识和基本技能而展开的,却忽略了学生的观察能力、创新能力、自学能力、分析问题能力及交际能力等诸多学生能力方面的培养。

(二)改进及对策

(1)青年体育教师要丰富体育教学案例的选择途径。如从互联网、电视、光盘、中学体育教师的优秀教学设计和课堂实录等获取中学体育教学案例,提升体育教师专业素质,转变教学理念,将传统教学从单纯的注重传授知识转变为新课改下的"以学生为本",体现教师引导学生学会学习、学会生存、学会做人。

(2)加强体育课教法与学法的有机结合。教学活动是一个"教"与"学"的师生双边活动,这就要求教师必须处理好学生、教材、教学要求、教学方法与手段的关系,尤其注意在加强教学方法的同时更好地研究学生的学法。

(3)体育教师要改变教学形式,变换教学方法与手段,优化教学过程,创设学生主动学习的教学情境,激发学生的学习动机,真正做到让学生成为课堂的主人,通过自学、思考、讨论、实践等多种学习活动,获得体育知识,培养自身综合能力。

(4)提升体育教师自身业务水平,多在科研上下功夫,加强体育理论知识的学习,多参加各类教育教学培训等。

(5)建立扬帆联盟体育学科"回环式"联动研训组织结构(如图1)。

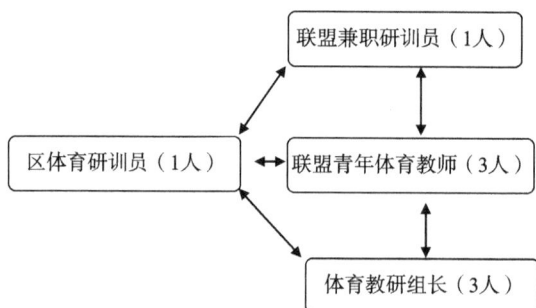

图1 扬帆联盟体育学科"回环式"联动研训组织结构

(6)建立联盟学校体育教研网或体育教师论坛,充分发挥网络的优势,搭建一个教师交流的平台。让联盟内青年体育教师和他人交流、探讨,可以使他们的教学业务水平提高得更快。因此,建立一个联盟学校体育教研网和体育教师论坛可以使联盟学校体育教师更快地了解联盟学校的体育教育信息,通过网络发表一些自己的文章或课件之类的资料,与大家交流、共享,同时还可以通过论坛与大家一起探讨一些教学方面的问题,提出自己的见解,也可以把自己在教学中碰到的问题与大家交流,寻求帮助。通过利用这一有效媒体进行交流,从而达到共同进步的目的,促进体育教育教学均衡发展。

(本文写于2012年)

七年级第一学期《各种形式的跳跃练习》课后作业典型案例

一、学习内容

本节课的学习内容是:(1)单脚连续跳、单脚交换跳;(2)原地纵跳、蹲跳起、蛙跳;(3)立定跳远,选自浙江省义务教育体育(与健康)必学内容教师用书(水平四)七年级第一学期《各种形式的跳跃练习》的第一课时。

二、学习目标

目标1:了解跳跃需要全身协调用力,在连续跳跃中保持身体平衡,四肢协调用力。

目标2:通过单脚连续跳的练习,巩固单脚连续跳的方法。

目标3:通过单脚交换跳的练习,发展跳跃能力和上下肢的协调能力。

目标4:通过原地双脚用力向上纵跳触物和蹲跳起的练习,发展跳跃能力。

目标5:通过跨步跳、交换跳的练习,提高身体的协调性、灵敏性和跳跃能力。

目标6:通过连续蛙跳、立定跳远的练习,体会摆臂、起跳、展体的腾空动作,提高学生手臂摆动迅速,两腿蹬地有力的能力。

三、作业时间

预计25分钟。

四、作业内容

(一)稳如泰山(目标1)

练习方法:学生双脚脚尖点地,双臂用力向上,小腿用力支撑(如图1)。要控制好重心,站得稳,站得时间长。以上练习做30~60秒×2组。

图1　稳如泰山

【设计意图】这是一道基础题,让学生通过练习提高在连续跳跃中保持身体平衡的能力。

（二）击掌升天（目标1）

练习方法:学生双脚向上纵跳,同时击掌(如图2)。落地前击掌次数多的获胜。以上练习做10次×2组。

【设计意图】这是一道基础题,让学生通过练习提高跳跃时在空中的自控能力。

图2　击掌升天

（三）旋转超人（目标1）

练习方法:学生双脚起跳,身体尽力进行空中旋转(如图3)。旋转度数越大、落地越稳的学生获胜。以上练习做8次×2组。

【设计意图】这是一个基础题,让学生通过练习提高对身体重心的控制力,提升跳跃能力。

图3　旋转超人

（四）单脚跳（目标2、目标3）

练习方法:学生上体正直,膝部伸直,两脚交替向上跳起(如图4)。跳时主要用踝关节的力量,用前脚掌快速蹬地跳起,离地时脚面绷直,脚尖向下。原地跳时,可规定跳的时间(30″~1′)或跳的次数(30~60次)。行进间跳时,可规定跳的距离(20~30米)。以上练习重复2~3组。

【设计意图】通过单脚连续跳、单脚交换跳练习,用针对性的问题激发学生思维,引导学生探究,提高练习兴趣。

图4　单脚跳

（五）纵跳摸高（目标4）

练习方法:学生两脚自然开立成半蹲预备姿势,一臂或两臂向上伸直,接着两腿用力蹬伸向上跳起,用单手或双手摸高(如图5)。以上练习做8次×2组。

【设计意图】本题属于基础题,目的是让学生通过原地双脚用力向上纵跳触物的练习,发展跳跃能力。

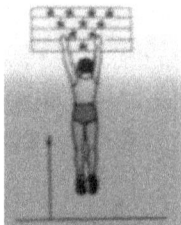
图5　纵跳摸高

(六)蹲起跳(目标4)

练习方法:学生双脚左右开立,脚尖平行,屈膝向下深蹲或半蹲,两臂自然后摆,然后两腿迅速蹬伸,使髋、膝、踝三关节充分伸直,同时两臂迅速有力向前上摆,最后用脚尖蹬离地面向上跳起,落地时用前脚掌着地屈膝缓冲,然后接着再跳起(如图6)。以上练习做10次×3组。

【设计意图】通过蹲起跳练习,发展学生下肢肌肉、腰腹肌、关节、韧带和内脏器官的机能,提高弹跳力、灵敏性和协调性等。

图6 蹲跳起

(七)跨步跳(目标5)

练习方法:学生前摆大腿,靠向前摆腿向前做动作,用力依次是以摆腿带动蹬地,蹬地腿离开地面后有一个放松腿的随后动作(自然后摆),空中有完全制控与放松蹬地腿的时间,节奏感强(如图7)。以上练习做15米×3组。

【设计意图】通过跨步跳练习,提高身体的协调性、灵敏性和跳跃能力等。

图7 跨步跳

(八)弓箭步交换跳(目标5)

练习方法:学生两脚前开立成弓箭步,脚尖向前。蹬地跳起后,两脚在空中交换,然后落地成另一腿在前的弓箭步,两手臂协调摆动(如图8)。要求蹬地后尽量向上跳起,完成规定个数,锻炼腿部力量。以上练习做10次×2组。

图8 弓箭步交换跳

【设计意图】通过本练习,发展学生下肢肌肉。

(九)连续蛙跳(目标6)

练习方法:学生两脚分开成半蹲,上体稍前倾,两臂在体后成预备姿势。两脚用力蹬伸,充分伸直髋、膝、踝三个关节,同时,两臂迅速前摆,身体向前上方跳起,然后用全脚掌落地屈膝缓冲,两臂摆成预备姿势(如图9)。以上练习做15米×2组。

【设计意图】本题是考查学生弹跳力与身体协调性的项目,对学生的弹跳素质与技术要求很高。

图9　连续蛙跳

（十）立定跳远（目标6）

练习方法:学生两脚自然开立与肩同宽,膝微屈,上体前倾,两臂留在身后。起跳时,两腿用力蹬地,充分伸膝、踝关节。同时,急剧向前上方摆臂,挺胸、展髋,使身体成自然挺身姿势。然后两臂自前上向后下用力挥摆,收腹举腿落入沙坑,身体重心很快移过两脚着地点(如图10)。以上练习做8次×3组。

图10　立定跳远

【设计意图】通过练习,发展学生下肢肌肉、腰腹肌、关节、韧带和内脏器官的机能,提高弹跳力、灵敏性和协调性等,培养学生果断、顽强和勇于克服困难的意志品质。

五、作业分析

在吴兴区教育局承担的教育部规划立项课题《区域性学生作业"控量提质"模式的研究》的引领下,本人对《各种形式的跳跃练习》一课设计了课后作业。具体内容有单脚连续跳、单脚交换跳、原地纵跳、蹲跳起、蛙跳和立定跳远。这些内容有一部分学生在小学时已经学习过,既熟悉又陌生。本课的重难点主要是"保持身体平衡,四肢协调用力,摆臂迅速,蹬地有力"。本次作业设计的宗旨是精选作业,为学生"量身定做"作业。学生通过完成精选后的作业,能在较短的时间里,对所学的运动技能进行有效的练习与巩固,并在运动技能的身体素质方面有所提升。在体育教学中实现学生作业"控量提质",要以身体练习为主,培养学生终身体育的意识和能力,这是体育课程的主要目标。"作业单"的设计要遵循体育学科的规律,以身体练习为主,在运动技术、技能的学练中,达到

动作技能的养成与定型。"终身体育"要求体育课不单是身体活动了就行,还要
教会学生从事体育锻炼的方法。本次课课后作业的创设遵循学生人体生理发
展的规律和运动技能形成的规律。本节课课后作业有六个学习目标,都是根据
所教班级学生的运动能力设计的,对每个目标的达成率都进行了预设。作业题
的设计根据由简到繁、由易到难的原则,有助于学生对各种形式的跳跃练习技
能的掌握与理解,如题(一)~题(三),主要是让学生了解跳跃需要全身协调用
力,在连续跳跃中保持身体平衡、四肢协调用力,从作业的难易程度来分析,要
求逐步提高。通过本节课的课后作业练习,让学生尝试体验,有效地激发了学
生参与体育锻炼的积极性,培养了学生终身体育的意识。

(本文写于2012年)

"作业单"在"三级蛙跳"教学中的魅力

一、案例背景

最近"任务导学""控量提质"这两个关键词在教研活动中经常被同行提起，在交流中有部分教师用"作业单"将两者连接起来。早在20世纪初，美国教育学家杜威已将"以生为本""控量提质"著书立说，而"任务导学""控量提质"在20世纪90年代已经出现在英国语言学家简妮·威尔斯提出的任务型课堂教学模式中，这些研究对于我这位普通体育教师来说，是望其项背还是望洋兴叹呢？我认为，即便是"新缸装陈酒"，不管是作业单也好，导学案也好，首当其冲的不是研究单子的形式和表达方式，而是要立足于学科性质，服务于教学。对于吴兴区教育局承担的教育部规划立项课题《区域性学生作业"控量提质"模式的研究》，我校是吴兴区15所试点学校之一，我校体育学科以八年级学生作为实验对象。这个学期的八年级体育是我任教的，作为试点学校实验年级的任课教师，我感到非常荣幸，同时也感到责任重大。

在体育教学中实现学生作业"控量提质"，要以身体练习为主，培养学生终身体育的意识和能力，这是体育课程的主要目标。"身体练习"决定了体育课应该以身体活动为主，在运动技术、技能的学练中，达到动作技能的养成与定型。"终身体育"要求体育课不单是身体活动了就行，还要教会学生从事体育锻炼的方法。据此，笔者提出在体育课中不仅要有引导学生学习知识的单子，更要有指导学生课后进行身体练习的单子，姑且称之为"作业单"吧。下面结合八年级的"三级蛙跳"一课，谈一谈如何在"三级蛙跳"教学中应用"作业单"，从而收到意想不到的教学效果。

二、案例描述

本学期的第六周，八年级的体育与健康课按照教学计划是第二单元"跳"——各种形式的跳跃练习。第一课时的教学内容是：连续跨越，连续蛙跳，连续跳越障碍物，三级蛙跳。第二课时的教学内容是：三级蛙跳。我在周一（10月8日）的下午第二节体育课给807班完成了第一课时的教学任务后，根据第二课时的教学内容，结合本班的实际情况进行了精心设计，布置了课后回家作业，即"作业单"。布置"作业单"时，我明确提出周三（10月10日）体育课要检查完成情况，要求学生回家后根据刚刚学过的运动技能与家长一起进行练习（亲子锻炼），一方面巩固已经学过的运动技能，为下一节课要学习的新技能做好预习和准备，起到承上启下的纽带作用，另一方面是家长与孩子一起锻炼不仅可以督促孩子完成作业，而且可以提高孩子锻炼身体的积极性，使一家三口养成终身体育锻炼的良好习惯。

　　"作业单"的具体内容是：（1）花样艺术立定跳远：让学生站在中间的位置上，画一个直径为50厘米的圆，并在前、后、左、右的一米处（视学生的运动能力而定）各画一个同等的圆，将五个圆分别标上编号。练习时，从中间的圆圈开始，按"向前—向中—向后—向左—向右……"这样的顺序进行，要求家长与孩子一起锻炼，可以随着音乐的节奏跳动，如迪斯科等音乐的节奏。采用此方法，既能使单一枯燥的练习得到较好的改观，又能大大激发学生练习的积极性。（2）"石头、剪刀、布"与三级蛙跳：要求家长与孩子一起锻炼，一家三口在同一条起跳线上，玩"剪刀、石头、布"游戏，赢的一方用三级蛙跳的动作向前跳一次，如此反复，以先跳到终点的为胜者。

　　时间很快到了，周三下午的第一节是807班的体育课，体育委员整队完毕后向我报告出勤情况，我开始布置上课内容："今天的教学内容是三级蛙跳……""耶！"同学们不约而同地高喊一声……准备活动后，我首先检查上节课布置的课后回家作业。我按照"作业单"的要求，检查第一个回家作业内容——"花样艺术立定跳远"。我准备了迪斯科音乐，要求学生按照节奏跳动，同学们跃跃欲试，有几个同学在一起交流说，他们的妈妈比他们的爸爸跳得好，能够按音乐的节奏跳动……我随机抽查了几位平时上课调皮捣蛋的学生，发现他们都能按照迪斯科音乐的节奏跳动，比我预计的效果好多了。第二个要检查的回家作业是"'石头、剪刀、布'与三级蛙跳"，检查还没有开始，大约有三分之一的男生在说，他爸爸昨天在家里玩时输给他；大约有三分之二的女生在说，她妈妈昨天在家里玩时输给她；还有三分之一的男生在说，他爸爸昨天在家里玩时赢了他……此时他们个个摩拳擦掌，希望老师能抽到他们。这次我抽了几位平时不太喜欢运动的女生，令我意想不到的是抽到的这几位女生三级蛙跳的连续性和稳定性都比较好，进步与成功使她们脸上洋溢着成功的微笑。我适时对同学们进行了鼓励,对认真完成课后回家作业的同学进行了肯定和表扬。

在三级蛙跳的教学中,我按照教学计划实施了几种行之有效的教学策略,使部分学生基本掌握了三级蛙跳的技术。当大部分学生的三级蛙跳技术动作达到教学目标的要求时,我想:"如果再让学生单调地重复练习,学生就会失去对三级蛙跳的练习兴趣,这时如果我适当地引入游戏比赛,来不断变换练习条件,加深自动化程度,可以再次激发学生对三级蛙跳练习的积极性,提高他们三级蛙跳的技术动作和运动成绩。"于是,我用课前准备的扑克牌,将男、女生各分成两个小组,进行游戏"接龙三级蛙跳"比赛。我宣布了比赛规则:每组选一名学生当裁判,进行交叉监督,观察每个学生三级蛙跳落地时脚后跟的落点。比赛开始后,各组排头在规定的起线起跳,裁判确定落点后,各组的第二名学生在第一名学生的脚后跟落点处继续起跳,第三名学生在第二名学生的脚后跟落点处继续起跳,依此类推,以先跳到终点的小组为获胜者。通过第一轮的比赛,我进行了小结并提出了建议:"通过第一轮的比赛,大家应该明白小组成员一起共同完成比赛,需要小组成员团结协作,以强扶弱。你们每个小组都有跳不远的同学,为了赢得比赛,你们想想该怎么办。"同学们马上又讨论起来,不断调整小组成员的位置,并创设了各种妙计,那场景热闹极了。一声令下,比赛再一次开始,积极参与、团结合作的集体主义精神在这儿得到了充分体现,叫喊声、欢笑声洒满了整个操场,同学们的练习积极性和创造性思维等也发挥得淋漓尽致,成功的微笑洋溢在他们脸上。有的同学在说:"我要在学校里好好练习三级蛙跳,回家后我要和爸爸、妈妈比赛,争取战胜他们。"

下课铃响了,可同学们依然热情不减,丝毫没有停止和放弃的念头,我狠狠心,吹响了哨子,做出了集合的手势,我说:"你们该回教室了,其他班级还等着上课呢。"同学们一面恋恋不舍地离开操场,一面拉着我说:"老师,下节体育课再让我们练习三级蛙跳,好吗?回家后我要和爸爸、妈妈比赛。"

三、案例反思

课后,我抑制不住内心的喜悦:一个好的"作业单"迎来了一片蓝天,我为我设计了一个符合学生身心发展的"作业单"而沾沾自喜,也懂得了为什么教法要创新,以及备课要细,更要充分了解学生、认真研究学生心理需求的重要性。这个"作业单"是引导学生进行身体练习,一步步掌握三级蛙跳技术技能的"秘诀"。首先是尝试,然后是初步练习,再是挑战性的练习,最后是展示自己,以逐级提升要求来促使和激励学生踏实走好每一步。

(1)"作业单"的设计要体现"控量提质"的目标。我们都知道教育者最重要的是授之以渔,让学生在自我学习中习得知识,求得进步。八年级学生正处于生长发育的第二个高峰期,他们活泼好动,具体表现为:接触新事物较敏感,表现出较高的兴趣,有较为丰富的想象力,善于在老师的引导下学习,但缺少一定的自主学习能力。只要在学习中找到了一定的方法,或者尝到了胜利的甜头,他们就会乐此不疲。正因为有以上特点,八年级学生的身体、心理特点适合"作业单"的导学导练。"作业单"的设计要具有针对性,能体现"控量提质"的目标,要能够使学生在"作业单"的导学导练下,快速掌握技能技巧。本次回家"作业单"明确提出了学生在练习中要求家长共同参与,既起到了督促学生完成任务的质量,又使学生一家养成了锻炼的习惯,培养了学生终身体育的意识。

(2)"作业单"的设计要遵循体育学科的规律。在体育教学中实施学生作业"控量提质"要以身体练习为主,培养学生终身体育的意识和能力,这是体育课程的主要目标。"作业单"的设计要遵循体育学科的规律,以身体练习为主,让学生在运动技术、技能的学练中,达到动作技能的养成与定型。"终身体育"要求体育课不单是身体活动了就行,还要教会学生如何从事体育锻炼的方法。本次课"作业单"的创设遵循人体生理发展的规律和运动技能形成的规律,进一步激发学生积极参与练习并有效掌握三级蛙跳这一技能。

(3)"作业单"的设计要渗透以趣促教的教学理念。"为了每一位学生的发展"是新课程的核心理念。体育新课程作业设计要注重趣味性,把身体练习融入到情境之中,使学生在"趣"中学、在"趣"中练,让生动有趣的游戏取代机械重复的身体练习。所以我们不要深究"作业单"的形式或表达方式,而应让"作业单"的设计更有趣味性,使其更符合学生的心理特点。把单一的练习隐藏于有趣的或有挑战性的环节当中,让学生尝试体验、展示互评,使学生在练习中尝到了体育课的快乐。如本次课在"作业单"中设计了"亲子锻炼",布置了"'石头、剪刀、布'与三级蛙跳"环节,在这一环节中用任务驱动法激励学生根据自己的能力去挑战爸爸、妈妈,有效地激发了学生参与体育锻炼的积极性,充分体现了"作业单"在"三级蛙跳"教学中的魅力。

(本文写于2013年)

保障体育课堂安全的主题研训

——体育教研组校本研训案例

一、研训主题

保障体育课堂安全。

二、研训主题确立的背景

在学校体育教育教学中,学生进行体育活动时,由于各方面的原因而发生的体育伤害事故,虽然不是很常见,但也不能说很少见。尤其对于一些已经从事体育教学多年的教师来说,他们或多或少都能举出一个甚至几个学校体育伤害事故的例子,有的可能是自身体育教学中亲历的,有的则可能是目睹身边同行在体育教学中发生的。作为一名体育教育教学工作者,谁都不愿意在体育教学中有任何伤害事故发生。一旦事故发生,其所带来的负面影响是可想而知的。然而尽管我们已经认真贯彻了《体育卫生工作条例》的精神,提高了思想认识,把增进学生身体健康、预防伤害事故的发生作为体育教育教学中的一件大事来抓,并采取了积极有效的预防措施,但鉴于体育教育教学的独特形式,学生在体育活动中意外伤害事故还是在所难免。

最近在我校一名体育教师的体育课堂上发生了一起运动伤害事故(在我校 D 老师的体育课堂上两名学生在打篮球时,不慎相撞,造成一人锁骨骨折,经省伤残鉴定委员会鉴定为十级伤残,家长要求学校和对方学生家长各承担6万元,并且告上了法庭),给学校带来了负面影响。因此,我们体育教师一致认为,安全问题不能有半点马虎,更不能存有丝毫侥幸的心理。鉴于以上原因,湖州八中体育教研组确立了"保障体育课堂安全"的研训主题。

三、研训活动安排

(一)集中讨论——确立主题

针对"保障体育课堂安全",体育组五位体育教师在学校分管校长郎莉萍的召集下进行了一次集体讨论。郎校长要求我们体育教师在体育教育教学中要有高度的责任感。我们都知道,学生安全事故的发生给家庭、学校和社会带来的损失和危害是惨重的。由于体育教育教学的独特形式,在学校体育教育教学中学生进行体育活动时,因各方面的原因而发生体育伤害事故的确在所难免。针对这种现象,郎校长要求我们体育组在每学期初的教研计划及教研组会议上一定要对教师提要求,当然首先是保证学生的安全,要求教师每次课前必须对学生进行安全教育,并要求不光是口头上的教育,更要体现在教案上。一旦在体育课堂中发生了安全伤害事故,可以说体育教师首先就是学生的求助者或施救者,体育教师应该要具备一定的医学知识和急救技能,小则可以及时减轻学生因体育伤害带来的痛苦,大则可能及时抢救受伤害学生的生命。鉴于此,体育教研组决定以"保障体育课堂安全"为切入口开展系列教研活动。

(二)做好课前准备

安全问题一直是困扰学校体育的一大隐患,也是关系学生安危的生命线。校园伤害事故的发生,通常有三个方面的主要因素:学校、教师、学生。为了促进学生全面发展,保障体育课堂安全,体育教研组做了以下工作:

(1)体育组会同学校总务处对学校的体育场地、器材进行检查,发现存在安全隐患的立刻改造。

(2)体育教师进行自我反思:以前在体育教育教学过程中是否存在"体罚或变相体罚学生",在履行职责过程中是否存在"违反工作要求、操作规程、职业道德或其他有关规定"等。

(3)为了进一步了解学生的身体健康状况,教研组制订了学生身体健康状况调查表,建立个人健康档案,并将患有疾病的学生作为体育课堂的重点保护对象,让他们参加适宜的体育活动。

(三)集中学习

郎校长为体育教研组做了一次"预防安全隐患,确保体育课堂安全"的专题培训,教研组将培训资料上传至学校公共邮箱,供全体班主任进一步学习。

(四)案例研讨

体育教学不同于其他学科教学,它是一个以增强体质、培养吃苦耐劳精神、磨炼学生意志为目的的教学,所以教学中应以"动"为主。在动的过程中,由于学生身体运动和对抗激烈,很容易发生伤害事故。在体育教学中,有些伤害事故很难控制,而有些伤害事故在教师的安全教育和采取相关措施后是可以避免的。根据体育学科的特点,教研组决定以"体育教学中以细节决定安全"为例,反思自己的课堂教学是否到位,是否保障体育课堂安全。

(五)研训活动安排

研训活动安排见表1。

表1　研训活动安排

内容	时间	地点	参加人员	主持人
确立主题和讨论	2012.3	体育办公室	分管校长、全体体育教师	姚立明
研训活动一:体育教学中以细节决定安全	2012.4	体育办公室	全体体育教师	姚立明
研训活动二:改进教学方法和组织形式,有效提高体育课堂安全	2012.5	体育办公室	全体体育教师	姚立明

四、研训活动回顾

研训活动一:"体育教学中以细节决定安全"教研论坛

主持人:D老师的体育课堂发生伤害事故,闹得学生家长把学校告到法庭,给了我们体育教师一个黄牌警告。我们都知道,学校体育课的主要任务是增强学生体质,提高学生的运动技术水平,培养学生的运动兴趣。同时,体育课堂一直是学校安全的软肋,也是学生伤害事故的高发地。在当前安全责任大于天的形势下,如何保障学生体育课堂安全一直是摆在学校领导和体育教师面前的一道难题。在平时的教学中,大家可能有很多招数,下面我们就围绕"体育教学中以细节决定安全"这个话题一起来谈一谈。

X老师:根据今天研讨的主题,我认为,我们在体育教育教学中虽不能完全百分之百地保证体育课堂不发生运动伤害事故,但我们可以通过采取一些手段来最大可能地减少、避免运动伤害事故的发生。我们不但不能因噎废食停止一切所谓的危险活动(如倒立、单双杠练习、跳山羊等),而且还要大力开展各种体育运动来增强学生体质,提高学生的运动能力。学生运动能力提高以后,也可以在一定程度上减少或避免运动伤害事故的发生。

Z老师:刚才的两位老教师讲得很到位,下面我谈一下我的观点。我觉得,我们应该从思想上重视体育课堂安全的重要性,安全无小事,同时安全又是以预防为主,这是我们每一个体育工作者的共识。由于现在学生基本都是独生子女,孩子是一个家庭几代人的全部寄托,容不得半点闪失,因此我们必须把安全上升到前所未有的高度。

W老师:我作为一名刚走上工作岗位的新教师,我认为,我们不但要自己高度重视体育课堂安全,还要教育学生树立体育课堂安全意识,让他们充分认识到运动伤害对我们造成的不利影响。

X老师:我认为可以从体育课堂常规入手提高课堂安全性。良好的课堂常规可以有效地保证体育课堂安全,因此我每新接一个班或新学期开学都要认真强调体育课堂常规,为的就是建立良好的课堂常规,为安全有序地开展体育教学提供保障。

Z老师:是的,建立体育课堂常规是非常重要的,可以使学生知道一些必要的防范措施,如着装轻便、大方,不拖拖拉拉,不穿凉鞋、皮鞋,不携带尖锐物品,如小刀、铅笔、尺、钥匙等,不佩戴胸针、学生证等,不留长指甲等。因为着装不合要求就有可能发生摔跤事故和关节扭伤,再加上口袋里和胸前的物品,其后果不堪想象;佩戴在脖子上的学生证有可能在滚翻练习和有摆臂动作(如跑步)时绊住手臂从而造成自身伤害;而留长指甲则可能在一些合作练习时划伤其他同学,也可能在篮球活动时折断指甲给自己造成伤害。

W老师:我也是这样做的,通过常规教育,可以使学生认识到不良习惯的危害性,从而督促他们改掉不良习惯,如推拉、狂追等不良习惯,年龄越小,这种行为越容易发生。比如在初一年级的一些接力比赛中,经常会出现一个学生将要起跑时,后面的同学用力推他一下,这一推就把前面的同学推摔跤了。事后老师问他为什么要推前面的同学,他说想帮助前面的同学,让他跑快点,这答案真是让人哭笑不得。

D老师:这两天我已经静下心来好好反思了那一节发生伤害事故的体育课,一个伤害事故的发生使我心里很难受,那个场景久久烙在我的脑海里。听了大家关于"体育教学中以细节决定安全"的讨论,我的启发是"体育课堂的安全,警钟长鸣,体育教师要具有高度的安全责任意识"。

主持人:刚才大家关于"体育教学中以细节决定安全"发表了自己的看法,讨论得很激励。总之,安全来自于教师的爱心和责任心,只有教师有了爱心和责任心,才会有周密的安全对策,学生的安全才能得到最基本的保证。

本次活动总结:

通过这次"体育教学中以细节决定安全"的教研论坛,我们发现大家的做法和想法多种多样,通过互相交流,使不少教师学到了一些宝贵的经验,大家一致认为我们体育教师在体育教育教学中要高度重视安全教育,落实安全措施,要以高度的爱心和责任心,科学地组织体育活动,只有这样才能保证学校体育教学工作的顺利开展,才能让学生快乐地活动、健康地成长,才能使体育课堂高效。

研训活动二:"改进教学方法和组织形式,有效提高体育课堂安全"教研论坛

主持人:通过上一次的讨论,大家对"体育教学中以细节决定安全"有了更深刻的认识,今天我们围绕"改进教学方法和组织形式,有效提高体育课堂安全"进行讨论,希望大家畅所欲言。

Z老师:今天我们围绕"改进教学方法和组织形式,有效提高体育课堂安全"进行讨论,我认为,安排教学步骤时,注意引导学生,先易后难,循序渐进,让学生的生理、心理都有一个适应的过程。例如,我们在教学初一年级分腿腾越山羊时,总是以跳同伴的背开始的,而在跳同伴的背时,高度又是非常讲究的,从低到高,这样就可以慢慢地提高学生的运动水平,同时可消除学生跳山羊时的恐惧心理。

X老师:我在体育教学中感到要重视准备活动和整理活动,尤其是剧烈运动时,充分的准备活动和整理活动能有效防止肌肉拉伤、关节扭伤等伤害事故。

W老师:今年有奥运会,可以结合今年伦敦奥运会,让学生在暑假观看奥运比赛,利用这一契机进行教育。大部分的比赛开始前运动员都在做充分的赛前准备,包括重要的准备活动,因为准备活动不但能活动开肌肉、关节,还能使神经系统兴奋起来,这样才能出好成绩。

X老师:我觉得合理的队形也是体育课堂安全的一个重要方面。合理的队形可以使学生听清教师的讲解,看清教师或同学的示范,建立一个正确的动作

概念,使其在练习中减小出错的概率,提高课堂效率。不同的练习内容要选择不同的队形,如在技巧滚翻练习中,可选择圆形或半圆形;而在投掷项目的练习中,要选择安全的练习队形,可以是四列横队,如距离足够的话也可以分站两边,也就是二列横队站一边。教师要严格按照教学程序、原则进行教学,对学生的位置要严格限制,让学生远离危险区。

W老师:我们都知道现在大部分学生是独生子女,抗挫折能力比较差,自我保护意识薄弱,因此体育课上加强学生自我保护意识的教育必不可少,如身体失去平衡时,应立即向前、向后、向左或向右跨出一大步,以保持平衡;从高处跳下时,要用前脚掌先着地,同时屈膝缓冲。

Z老师:是的,我认为,还要教会学生互相保护与帮助的方法,如我在教学单杠《跳上成支撑前翻下》时,首先强调学生双手要牢牢抓住单杠,不管发生什么情况都不能松手,可以说要像抓救命稻草一样抓住它(这是自我保护),同时我自己在边上做保护与帮助的示范,双手尽可能地贴近学生手腕,当他万一不小心手脱杠时,就马上抓住他的手腕,防止他失去重心摔倒。这样"双保险"后基本上消除了事故的隐患。

主持人:我补充一点,我们每次上课都要对场地、器材进行安全布置,对本节课要用的器材进行全面的检查和试用,平时大家要对器械进行适当的保养,同时做个有心人,加强观察,发现安全隐患及时解决。

W老师:是的,我校建立于1995年,我是1995年底调到八中的,建校时学校跑道是250米的煤渣跑道,当时学生跑步时不慎摔跤,就会摔得很严重。一直到2006年煤渣跑道改为了塑胶跑道,经过系列改造后,可以说场地条件有所改善,体育器材也比较丰富、质量较高,但即使是这样我也不敢掉以轻心。

Z老师:按照我校的体育场地、设施,我们一般是4个班级同时上课,我认为我们体育教师在体育课上要对学生加强组织纪律教育,要求学生听从指挥,遵守纪律,严禁嬉戏打闹、任意蛮干、动作粗野、违反运动规则的行为。

X老师:体育骨干是体育教师最好的帮手,平时的教学实践中,我们体育教师就应当有意识地注意观察和发现那些练习积极主动、乐于助人、素质强健的学生,并委以小组长身份,赋予其明确的任务,不断引导他们在分组练习中担当一定的保护与帮助角色,这样我们的体育课堂才能做活而不乱,形而不散,有序且安全有效。

C老师:学生练习的心理与其自身的能力、动作的难度、保护与帮助措施是否到位等有着密切的关系。对于那些曾经在练习中体验过失误的学生,如果不加强引导和保护就极易诱发学生对器械和动作的心理障碍,这就需要体育教师亲自与学生进行沟通与交流,了解其存在的问题并分析原因,通过降低练习要求,适当减少练习次数,引导其反复观察教师或其他优秀同学示范等直接指导其进行学练,让学生体验成功的快乐,切不可对这部分弱势群体置之不理。

主持人:大家今天都发表了自己的看法,谈得很好。我们不能因为在体育教学中会有体育伤害事故的发生而不组织学生进行体育锻炼。总的来说,我们要加强体育教学的改革,建立健全体育安全保障制度,采取相应的管理措施,预防和消除体育教学中存在的安全隐患。

五、研训成效

以"保障体育课堂安全"为主题的"三小"研训活动,使我们体育组教师受益匪浅。每次活动,每一位参与的教师都情绪高涨、积极主动、默契配合,教研氛围宽松和谐,教师们充分感受到了教研活动的收益与乐趣。

通过本主题的系列研训活动,教师们深深感受到"保障体育课堂安全"需要我们体育教师在组织体育教育教学的过程中时刻铭记在心。校本研训活动更需要关注教师的需求,关注主题的集中,关注结论的总结。相信只要有锲而不舍的精神,教育一定会是彩色的,高效课堂也就离我们不远了。

在校本研究活动中,教师们改变了自身的行为和态度。首先,敢于发表自己的见解,互动意识更强了。其次,教研风气改变,教研活动更富有实效。

通过以"保障体育课堂安全"为主题的"三小"研训活动,教师们有了较普遍的共识,大家进一步明确了我们体育教师要认真备课,选择合适的教学内容,了解学生健康状况,精心组织,科学施教的重要性,一致认为对于安全问题不能有半点马虎,更不能存有丝毫侥幸心理。大家还进一步认识到:我们体育教师要不断提高自身的教学水平,提高课堂驾驭能力,把学生的运动安全时刻放在首位,对学生在课堂上的危险行为要有预判能力,对容易出现危险的教学环节要采取必要的预防措施,只有这样才能保障体育课堂安全。

(本文写于2013年)

我用"单挑"征服他

在体育教学中,我们有时会遇到个别"胆大、傲气"的学生当面顶撞教师或跟教师对着干。在处理此类事件时,我们体育教师一定要慎重,必须做到头脑要冷静,感情要克制,态度要沉着。在遇到个别"胆大、傲气"的学生向你提出"挑战"时,要通过自己平时练成的娴熟的运动技能,战胜他、征服他,让他输得心服口服,自觉认识错误、接受惩罚。

一、案例描述

那是2013年5月初,我给初三(5)、(6)班男生上体育课,教学内容是篮球三对三教学比赛。将学生按篮球技术掌握的水平分成6个小组,安排好练习内容后,我在其中的一个小组边指导边做裁判。当时两队打得难解难分,气氛十分激烈,甲方队员宋涛行进间单手肩上投篮时,被乙方队员张强盖帽,让这个"胆大、傲气"、身材高大、篮球技术水平在班上属于一流的宋涛投篮失败,使他觉得很没面子,于是他狷狂地对张强说:"你会不会打球?"我沉默了一会儿,没有理睬,比赛继续进行着……乙方队员张强持球突破防守后正要投篮时,心中愤愤不平的宋涛觉得"报仇"的时机已到,迅速上前故意用拳冲打张强正要投篮的手臂。我看到这种"恶意"行为,马上鸣哨,判甲方队员宋涛"故意犯规……"宋涛却觉得我对他的判罚不公平,马上用脚把篮球踢到半空,大声地对我说:"你会不会吹? 不打了……"说着就朝教室方向走去。这突如其来的公开顶撞,杀了我一个措手不及,顿时使我火冒三丈。我立即大声喊道:"你给我回来。"这时其他5个小组的学生都围了过来看热闹,把原本井然有序的课堂闹得一团糟,但宋涛同学只当没有听到我的话,还是往前走,于是,我快步上前把他拉住。而他两眼斜视着我,那神情有抱怨、不满,甚至有挑衅。我简直气疯了,此时课堂上的空气仿佛凝固了,围观的学生个个睁大了惊恐的眼睛,一动不动地望着我。正当我握紧拳头要冲上去打他时,这时班长迅速上前拽住了我握紧着的拳头,说了一句解围的话:"姚老师,算了吧! 别跟他计较!"其他同学也附和着。这句话使我以最大的毅力克制着狂暴的情绪,等头脑冷静了一些后,我对他说:"你认为我判得不公平,你不服?"他不屑一顾地昂着头对我说:"要我服你也行,'单挑',赢了我再说吧!"子弹已经上膛,看来不发是不行了,我迟疑了一会儿,说:"呵呵,恐怕我赢不了你,既然你向我挑战,那我只好应战了。"这时围观的学生都来了劲儿。他提出三球决胜负,我点头同意,他又提出采用"石头、剪子、布"的方法决定谁先进攻,我为了显示风度,让他先进攻,但他认为这样赢了也不光彩,坚持采用"石头、剪子、布"的方法决定谁先进攻,我俩就玩起了"石头、剪子、布",最后结果是他先进攻。说实话,就他的身高、娴熟的技术和控球的能力,再有他那"目中无人和敢于挑战"的气势,还加上全班三十多双眼睛盯着,我真不能掉以轻心。可我一定要让他输得心服口服,也一定要让全班同学看得折服。因为我知道这一次"单挑"的输赢关系到我以后体育教学工作能否顺利进行,所以我必须沉着应对。"单挑"开始后,宋涛同学步步紧逼,他不凡的表现让不少同学发出赞叹声。这时我一面暗生佩服,觉得他确实是一块打球的好料子,一面也暗自庆幸自己还有点真材实料,应付起来还算游刃有余,令同学们刮目相看。但毕竟他在技术运用上存在着缺点,又有急于取胜的心理,还有经验和对抗能力方面的欠缺等,经过一番激烈的战斗,最终我以3比0获胜,使冲突得以圆满解决。围观的学生看到了我用娴熟的运动技能战胜了他,心存羡慕与佩服,篮球场上,顿时掌声一片。"单挑"结束后,宋涛同学一边擦着汗,一边对我说:"姚老师,我服您了,您惩罚我吧!"我想,这次"单挑"对他的教育效果还真不错,于是,我趁热打铁,跟他分析了输球的原因,并对他进一步教育。下课时他主动向张强同学道歉,也主动协助值日生回收器材。其他同学看到此情此景,篮球场上,又一次响起了一片掌声,我也露出了欣慰的微笑。

二、案例反思

(1)在课堂上遇到个别"胆大、傲气"的学生当面顶撞教师或跟教师对着干时,我们体育教师必须做到头脑要冷静,感情要克制,态度要沉着,要善于听取学生的劝告,大事化小,小事化了,做一名学生尊敬的体育教师。如果过于冲动、头脑发热,后果将不堪设想。

(2)当学生向你提出"单挑"时,要通过自己平时练成的娴熟的运动技能,战胜他、征服他,让他输得心服口服,这样才能使以后的体育教学工作得以顺利进行。体育教学不同于其他学科的教学,直观性、示范性是体育教学的最大特点,如果没有足以让学生羡慕与佩服的运动技能,拿什么来教学生?又如何来教学生？因此,我们体育教师要不断地巩固和提高专业运动技术水平,努力做一名合格的体育教师。

(3)在处理个别"胆大、傲气"的学生当面顶撞教师或跟教师对着干时,要宽容为怀,多一些克制,只有这样,才能得到同学们的一片掌声。有时宽容引起的道德震动比惩罚更强烈。因此,我们体育教师必须努力提高自身的职业道德修养。

（本文写于2013年）

注重纠正错误动作,有效提升教学效果

在体育教学中,学生在学习运动技能时常常会出现多余或错误的动作,教师如何根据学生产生错误动作的原因,有的放矢、因人而异地设计各种教学手段,使错误动作尽快得到纠正? 经过多年的教学实践,我总结了一些学生产生错误动作的原因,并在体育教学过程中注重纠正学生的错误动作,有效提升了体育教学效果。

(1)学生由于神经过度紧张,在练习时产生恐惧心理。例如,在跨越式跳高教学中,有部分学生助跑到横杆前,由于恐惧而出现了助跑失去节奏,或是急停,或是绕过横杆,有的跑到横杆前,闭上眼睛起跳后突然停顿两手抓住横杆。针对这种现象,教师要分析产生错误动作的原因,有的放矢、因人而异地设计纠错手段。根据循序渐进的教学原则,可以采用降低动作的难度,用橡皮筋代替横杆,将跳高架的距离扩大等,让学生感到高度降低了,消除学生的恐惧心理,多做诱导性练习,当学生的技术达到一定的水平时,再将橡皮筋换成横杆让学生练习。

(2)学生在练习时有时会出现好几种错误动作,如果不分主次、不抓住主要矛盾,就会使学生无所适从,失去改正错误动作的信心。例如,在行进间单手肩上投篮教学中,学生在投篮时腾空高度不够,实际造成错误的原因是第二步太大,如果教师只纠正投篮时腾空高度不够的错误动作,没有直接纠正第二步太大的错误动作,就不会收到明显效果。在错误动作较多时,教师要抓住主要矛盾,先纠正主要错误动作,然后再有序地纠正其他次要错误动作。只有掌握了产生错误动作原因的主次关系,才能对症下药,及时纠错。

(3)学生在练习时由于神经系统的相互支配作用发挥不好,导致动作生硬、不协调,节奏不明显。例如,在男生三级跳远教学中,有部分学生往往三跳节奏掌握不好或上下肢配合不协调。针对这种现象,教师要正确引导、反复示范,可采用多媒体,把动作交代清楚,让学生通过模仿性和诱导性练习来强化正确技术,只有这样才能使学生的动作得到改进。

(4)学生在练习时由于身体素质和基本技术较差,导致难以完成动作。例如,女生练习侧向滑步推铅球时,由于臂部和手指力量较差,持球不稳定,影响动作的完成。男生在练习跳起单手肩上投篮时,由于弹跳和腰腹力量不足难以完成动作。教师在教学中应结合所学动作,有针对性地加强学生某项身体素质和基本技术的练习。

(5)学生在练习时由于缺乏对技术动作的分析能力,盲目练习,掌握技术动作效果较差。例如,在鱼跃前滚翻教学中,由于学生对技术动作缺乏观察、分析、体验的能力,完成技术动作效果较差。教师要循循善诱、热情帮助,应启发学生仔细观察、积极思考、勇于实践,提倡"看、想、练"三者的有机结合,培养学生独立分析问题和解决问题的能力,提高学生锻炼的自觉性,发挥学生的主观能动性,使学生既快又准确地完成各种动作。

总之,在体育教学中,学生在学习运动技能时出现多余或错误动作的原因有很多,在纠错过程时,教师必须认真钻研教材的特点,分析教材的重点、难点及其教法,并对该教材进行反复的练习,力求做到讲解时重点突出、形象生动,示范时动作准确、规范、优美。要深入了解学生的身体素质、技术水平和思维能力,对一些技术较复杂的动作要反复示范,把动作交代清楚。教师要深入了解和分析学生产生错误动作的原因,制订合理的教法,设计出各种纠错的辅助练习手段,充分发挥教师的主导作用与学生的主体作用,激发学生的学习兴趣,提高学习积极性,有效提升体育教学效果。

(本文写于2012年)

善待"调皮"学生，迎来掌声一片

一、案例描述

2008年5月的一堂体育课，我打算让学生做完准备活动后，学习行进间单手肩上投篮技术，我对上好这堂课充满信心。

初二（6）班的学生和往常一样，体育委员整队完毕后，向我报告人数，相互问好后，我开始宣布上课内容："今天，我们学习行进间单手肩上投篮……"我的话还没说完，"耶！"同学们不约而同地高喊一声，个个都在摩拳擦掌。我说："在学习行进间单手肩上投篮技术之前要做好充分的准备活动，先慢跑400米……"话还没说完，下面冒出一句"哎哟，肚子又痛了"打断了我的话，其他同学听到此话大声笑了起来，把井然有序的课堂闹得一团糟。我沉默了一下，没有理睬，以为事情就这样过去了，没想到他又来了一句："我肚子痛，要求请假。"这突如其来的"病假"，杀了我一个措手不及，我立即追问："谁要求请假，请出列。"这时一个身材高大、身体稍瘦的男生走了出来——原来是经常调皮捣蛋的小通。他两手捂着肚子，嬉皮笑脸地说："我的肚子痛得要命，不能跑步，如果你让我跑步，那么你就是'小狗'。"其他同学都笑得前俯后仰，说他装病。看他一副吊儿郎当的样子，我简直气疯了，顿时火冒三丈，此时课堂上的空气仿佛凝固了，全班同学个个睁大了惊恐的眼睛，一动不动地望着我。

正当我要发火时，我忽然想起了一句名言：当你要发火时，请在心里数三下再发火。我冷静了一些，但现在如何下台呢？这时体育委员迅速出列拉住了我握紧拳头的手，说了一句解围的话："老师，别发火，算了吧！别跟他计较，上课吧！"其他同学也附和着，这句话使我以最大的毅力克制着狂怒的情绪，头脑冷静了一些，吁了一口长气，朝他微微一笑说："你肚子真的很痛，就不要跑步了，我不想当'小狗'。"这一下把全班同学都逗笑了。凝固的空气缓和下来了，接下来小通同学还是捂着肚子站在那里不动。我先采用冷处理，让他自我反省，组织其他同学排着整齐的队伍跑完了400米。做完了准备活动，我进行行进间单手肩上投篮的讲解与示范，布置好练习内容后，我把小通同学叫到操场边上，他还嬉皮笑脸，一副吊儿郎当的样子，我严肃地说："立正，像什么样子，站没站相。"他似乎站直了些，我说："你的足球技术好，就是耐久力差了一些，我本来想等你耐久力提高后，让你加入校足球队的。"当他听到我本来想让他加入校足球队的话，惊奇地问："老师，我行吗？"我说："只要你认真上好体育课，按照老师的要求去锻炼，肯定能行。"他的态度马上转了个180度，脸上洋溢着微笑说："老师，我错了，我一定上好您的体育课，按照您的要求去锻炼，我现在就罚跑一个1000米，行吗？"我点了点头说："这次是你自己要求跑步的，不是我叫你跑的。"他接着说："是的，这次是我自己要求跑步的，与您无关，刚才的话算我没说。"他先将关节、韧带活动了下，然后脱掉外套，主动罚跑了1000米，而且跑得很认真，其他同学看到此情此景，顿时操场上响起了一片掌声，我也露出了欣慰的微笑。

二、案例反思

我们体育教师在课堂上遇到学生"调皮"时，要善于对待学生的"调皮"，必须做到：冷静头脑，克制感情，态度沉着，采取冷处理，大事化小，小事化了，做一名学生尊敬的体育老师。如果过于冲动，头脑发热，后果将不堪设想。著名教育家苏霍姆林斯基曾说："教师的职业意味着他放弃了个体喜怒哀乐的权利，应使自己胸怀宽广。"

在处理"调皮"学生时，要从学生的兴趣、爱好出发，采取因材施教、区别对待的原则，使学生能充分认识自己的错误，激发学生的运动兴趣。在惩罚时要把握尺度，有时合理的惩罚是必要的，但在运用惩罚时要慎之又慎，要让学生认为惩罚对他是一种负责，让他自觉接受惩罚，做到心服口服，使其他同学接受他、欢迎他，同时也接受教师、欢迎教师、尊敬教师，从而在学生中树立体育教师的威信。

在处理"调皮"学生时，要宽容为怀，多一些克制，要善待"调皮"学生，只有这样，才能得到同学们的一片掌声。有时宽容引起的道德震动比惩罚更强烈。叶圣陶先生就说："教师的全部工作就是为人师表。"

（本文写于2008年）

临时改"教案"，迎来笑声一片

一、案例背景

以健康第一为指导思想，以学生发展为中心，重视学生的主体性，促进学生的身心健康成长，激发学生的运动兴趣，是体育课程改革的要求。在发展学生耐久跑能力时，我结合多年的教学实践，发现大多数学生对耐久跑感到畏惧，缺乏顽强的意志力，绝大部分学生不感兴趣，只有少数身体素质好的学生显得比较积极。针对这种现象，如何才能做到不需要教师过多的动员，学生发自内心地产生学习愿望，并自觉、积极地参与到活动中呢？为提高学生的积极性，营造一个良好的课堂氛围，使学生能在快乐活泼、健康向上的环境中合作、探究，应从分析教材着手，结合体育教学目标，面向全体学生，满足不同学生的需要，重视学生的情感体验和学生主体地位的体现。在耐久跑教学中，面对大部分学生有抵触情绪时，我巧妙地运用"长绳"，临时修改了"教案"，使课堂独具魅力，迎来掌声一片，取得了较好的教学效果。

二、案例描述

2014年11月的一堂体育课，我打算让学生练习耐久跑，并用长绳作为本课的角力练习，我对上好这堂课充满信心。

初一(5)班的学生和往常一样，体育委员整队完毕后，向我报告人数，相互问好后，我开始宣布上课内容："今天，我们学习耐久跑……"

我的话还没说完，同学们就一副极不情愿又无可奈何的样子，有的干脆交头接耳起来："没劲，要跑死我们了""没办法啊，要考试的……"，还有五六个学生说身体不舒服，要求请假。

望着这些满脸稚气而神色凝重的学生，我心里一下子明白了其中的原因。学生的这种厌倦情绪，杀了我一个措手不及，如果再按备课套路教学、按常规方法练习，教学效果肯定会大打折扣，怎么办？看着场地上准备做角力练习的长绳，我想起了前几天在《体育教学》杂志上看到的游戏——"车轮滚滚"，我忽然灵感迸发：" 为什么不用长绳做游戏, 来发展学生的耐久力? "

于是, 我临时修改了" 教案", 对大家说: " 同学们应该听我把话说完, 我们今天的练习方法跟以往略有不同, 就是用长绳做游戏' 车轮滚滚'……"" 耶! "同学们不约而同地高喊一声, 死气沉沉的样子一扫而光, 个个都在摩拳擦掌。我让体育委员将8根长绳的头与尾相连接, 把全班学生随机分成8个小组, 并确定一名学生为组长。每个小组由6~7名学生站成一路纵队, 双手抓绳上举(高于头顶), 双脚站在长绳的两侧(脚下的长绳要挨着地面, 不可悬空), 要求学生用双手依次向前抓绳, 同时两脚向前行进, 全组学生相互合作、步调一致, 将长绳滚动起来, 好像一个车轮在滚动。

我刚把练习方法讲完, 长绳已经在每个小组学生的手中缓慢地向前滚动起来了, 我适时问: " 用什么方法可以把长绳滚得更直更快? 哪个小组愿意上来试试? "此时, 每个小组在组长的号召下进行合作探究, 兴高采烈的同学们纷纷摆出一副跃跃欲试的样子。叫喊声、欢笑声洒满了整个操场。

为进一步激发学生的创新思维, 我提议" 在' 车轮滚滚'游戏中结合口号练习, 并体现积极参与、团结协作的集体主义精神"。大家相互讨论、积极创编口号, 如" 一二加油, 团结协作"" 全民健身, 利国利民"等, 各小组争先恐后、轮流上阵, 在已创编好的口号的配合下步伐也变得轻松而有节奏, 进步与成功使同学们的脸上洋溢着成功的微笑。练习休息时, 我适时对大家进行了鼓励, 对同学们在练习中的表现进行了肯定和表扬。

经过练习, 每个小组都掌握得比较好。我准备组织教学比赛, 宣布了比赛规则, 并针对每个小组都有跑不快的同学, 强调了小组成员一起共同完成比赛, 需要小组成员团结协作, 以强扶弱。大家按照我的要求, 积极讨论, 不断调整小组成员的位置, 并创设各种妙计。我一声令响, 比赛开始, 积极参与、团结协作的集体主义精神在比赛中充分表现出来了, 学生的态度、情感得到了充分的体现。随着汗珠从同学们的额头不断沁出, 练习的积极性和创造性也发挥得淋漓尽致, 发展学生耐久力的教学目标在不知不觉中完成了。下课铃响了, 可同学们依然热情不减, 根本没有停止练习的念头, 体验到成功的微笑洋溢在同学们的脸上。我狠心收回了长绳, 说: " 你们该回教室了, 其他老师在等你们去上课了。"同学们拉着我说: " 姚老师, 下节体育课再让我们做' 车轮滚滚'游戏好吗? "我说好, 他们脸上带着满意的笑容恋恋不舍地离开了操场。

三、案例反思

课后小结时，我也抑制不住内心的喜悦，一个好点子迎来了一片蓝天，我为我的临时创意沾沾自喜，也懂得了为什么教法要创新，以及备课要细，更要充分了解学生、认真研究学生心理需求的重要性。第一，我们体育教师平时要多看体育教学类刊物，不断提高自己的业务能力。第二，主动接近学生，了解学生的需要，并精心设计教学过程，积极创设主动探究学习的氛围。第三，注重活动过程的综合性评价，有效维持创新思维和探索体育问题的能力，为实现终身体育目标服务。只有这样，学生的学习积极性才能得到发挥，学习潜能才能得到提高，学生才能敢于向自己挑战，不断提高自己，完善自己。

"激发运动兴趣"是体育课程改革的要求，无论是教学内容的选择还是教学方法的更新，都要关注学生的运动兴趣。只有激发了学生的运动兴趣，才能使学生自觉、积极地参加体育活动。在体育教学中，我们不能把培养学生的合作能力停留在合作的表面上，而应该利用合作的机会，培养学生的合作精神与合作能力，要把大量的时间留给学生，使他们有机会相互切磋，相互帮助。在本课教学中，我把原先由教师完成的工作放手给学生，由学习小组来完成，使教师真正成为学生学习过程的促进者和主导者，使学生真正成为学习的主体，学生的主体地位得到了充分的体现。在学练过程中，学生自然会产生求知和探索的欲望，使课堂独具魅力，迎来掌声一片。

在耐久跑教学中，要根据运动技能形成的规律，遵循学生的生理和心理发展规律，如果采用成人的训练方法，教法手段脱离学生的生活实际，忽视学生的身心特点，用家长式的管理模式、专业化的训练方法，那么学生很容易产生抵触情绪。在本课教学过程中，我摆脱了习惯性思维方式的束缚，不受固定模式的制约，以退为进，把游戏"车轮滚滚"引入课堂后，立刻引起了学生的关注和喜爱，激发了学生强烈的求知欲望，使学生有足够的能力和信心积极地投入到学练过程中。

（本文写于2014年）

大胆跳起来

一、案例描述

2009年12月的一节体育课,我给初一(8)班学生上体育课,教学内容是跳长绳。我将跳长绳的动作要领进行了讲解与示范,当学生们初步感知动作要领后,采取分组教学的形式,把学生分成4个小组,提出分组练习的要求、注意事项……分组活动还没有结束,同学们已经迫不及待地投入到跳长绳练习之中。当我将每个小组的练习巡回指导一圈回来时,却发现操场边上站着一位身体瘦弱的女生,我马上走近她仔细一看,原来是平时性格内向、胆子偏小的杨芳同学。我问她为什么不参加小组跳长绳活动,她低着头不吭声。在我的追问下,她终于开口了,她说:"我们小组的同学嫌我胆子太小、不会上绳,经常影响他们跳长绳的连续性,我只好在边上观看。"听了她的一席话,我说:"不要紧的,老师和你一起练习跳长绳,好吗?"她点了点头,于是,我拿了一根长绳,邀请了体育委员和我一起摇绳子,开始时,她看到摇动的绳子,眼睛里却透露出一种惶恐,不敢上绳。我知道她是因为胆小,平时缺乏体育锻炼,我除了必要的提醒和指导外,同时放慢了摇绳的节奏,在我喊"一、二、三"的节奏声中,她终于能够上绳跳过一个了,我感觉到她的自信在慢慢地回归,及时给予了表扬与鼓励。在我的鼓励和指导下,她能一次跳到三个,我让她参加小组跳长绳练习,由于小组摇绳的节奏太快,轮到她上绳时,她只能眼睁睁地看着绳子摇动,完全找不到上绳的机会,我知道她还是存在"心理障碍"。我马上从一名摇绳的同学手中接过了绳子,轮到她上绳时,我除了必要的指导和鼓励外,同时放慢了摇绳的节奏,但她还是不敢上绳,脸涨得通红,眼睛也不敢看人。我号召小组其他同学为她鼓劲加油,同学们是善良而懂感情的,纷纷为她鼓劲加油,杨芳同学在大家的加油声中终于上绳了,渐渐地能与小组其他同学一起跳长绳了,这时的她变得自信、勇敢、充满活力了,而且能和他们一起连续完成五轮练习,成功的喜悦也回到了她的脸上,她高兴地跑到我的面前喊道:"老师,我会跳长绳了,会跳长绳了……"

从那节课后,杨芳同学不但经常和同学们一起练习跳长绳,而且代表班级参加了年级组的跳长绳比赛,同时也积极参加其他体育活动,胆子变大了,性格也变得开朗多了,我为杨芳同学有这么大的进步而感到很欣慰。

二、案例反思

我们体育教师在课堂上遇到个别胆小的学生学习运动技能有困难时,要善待弱势群体,要注重差异性教育教学,确保每个学生受益,这就需要我们体育教师通过精心的教学设计,把育人渗透到体育教育教学活动之中,有针对性地开展教育活动,使胆小的学生突破内心障碍,积极融入到集体中,在集体力量的帮助下健康绽放,培养具有"健康体魄、健全人格"的学生。

体育运动不仅是身体参与的过程,在培养学生心理品质方面也有其独特的功效。在课堂上遇到个别胆小的学生学习运动技能有困难时,我们体育教师要寻求事物的本质和解决问题的方法。由于体育课堂中的教学目标应该是学习主体的个人目标,不同的学习主体,就有不同的学习潜力,因此,我们在体育教育教学中要贯彻区别对待和因材施教原则,只有这样才能切实提高学生的身心健康。

教育是心灵的沟通,是理解与信任的交织。在课堂上遇到个别学困生时,我们体育教师要用关爱走进学生的心理世界,了解学生,要动之以情、晓之以理,循循善诱地引导学生,并帮助学生走出阴影,这是我们体育教师责无旁贷的义务。

（本文写于2009年）

采用有效措施,确保阳光体育顺利开展

一、六个"着手点"

(1)从学生的年龄、性别、兴趣、爱好等特征着手,有针对性地选择和设计活动的内容,做到有特色、有活力,不断提高学生的运动兴趣和参与热情。

(2)从体育后进生着手,提高体育后进生参与阳光体育运动的意识。全面提高学生身体素质,应着重抓好体育后进生这一环,指导后进生,促进后进生进步,为后进生补课,不使一个后进生掉队。

(3)从体育锻炼效果着手,由专人管理和指导,制订好锻炼计划,力求达到适度的运动量,充分体现学生阳光体育运动的本质属性。

(4)从使学生明确参与阳光体育运动的作用着手,使学生明确体育锻炼对身体健康发展的作用。

(5)从宣传"阳光体育运动"的意义着手,宣传"8-1>8"的意义和"劳逸结合"的生理机制等,使学生积极参与阳光体育运动,进行积极性休息,从而有效调节大脑思维,消除大脑疲劳,提高学习效率,使生理、心理都能得到健康发展,并让学习成绩优秀、课外锻炼积极的学生谈谈对参加"阳光体育运动"有利于提高学习效率的体会,从而提高学生的参与意识,引导学生积极参加"阳光体育运动",达到"减负""增效"的目的。

(6)从场地、器材的实际情况着手,遵循"小场地,大体育"原则安排场地,设计安全的器材,追求阳光体育运动的时效性。

二、五个"落实"

要做到五个"落实",即时间落实、场地落实、项目落实、辅导教师落实、人员落实。学校每年定期举行篮球、排球、眼保健操、广播操等比赛,还有为期两个月的体育节,以赛促练,全员参与,保障体育活动的有效开展。

为了丰富文体活动内容,学校组织体育教师深入研究,不断开发和利用课程资源,改变体育活动内容按照运动类别划分的惯例,开发许多趣味性强、健身效果好的体育游戏和活动,使学生的运动兴趣和参与热情不断提高。

比如,学校体育节的"五项改革"体现新理念。自从体育新课程标准实施以来,学校非常重视体育新课程改革,并把新理念体现到学校组织的所有活动中。一年一度的体育节,强调全员参与,突出师生互动、合作,五项改革举措把全校师生全部拉进了运动场。师生都认为:"体育节让同学们抛开学业压力,劳逸结合,学玩兼顾,达到了事半功倍的效果。"这五项改革的举措为:一是变集中比赛为系列活动。活动内容由原先单一的田径运动会,变为集广播操、中国象棋、乒乓球、篮球、跳长绳、拔河、田径等系列赛事于一体的体育节,扩大学生的选择面。二是变重竞技为竞技、竞趣相结合。体育节除保留田径、篮球两大传统特色外,还增设了宣传体育知识的黑板报设计等比赛,增加了运动情趣。三是变少数参加为全员参与。体育节改变了以往少数尖子生参赛的局面,变为全部学生参加比赛。四是变学生单一参与为师生共同合作。体育节增设三分钟跳长绳等多个师生共同参与的项目,许多项目由学生、教师一同担任裁判。五是变学校单独活动为学校、家庭、社会多方互动。体育节强调"大学校观",注重合理开发、利用学校体育场地、教学资源,邀请企业篮球队等进行友谊赛,增加学校与社会的联系与交流,让体育节走进社会。

三、三个"保障"

(一)制度保障

身体是学习的保障。寄宿学生每天6:20起床坚持跑步20分钟,风雨不误;第八节课全体学生在室外做文体活动,器材由学校配备一部分,学生自带一部分,保证每个学生都活动起来。体育组负责活动场地的安排和技术指导。政教处、体育老师和值周教师负责检查和评估。

比如,"让校园热起来",从每年的12月初开始,学校用长跑活动取代了课间操的体育锻炼方式,开展了一年一度的"冬季体育锻炼长跑月"活动,全校师生集结在学校操场,各班排着整齐的队伍,喊着响亮的口号,投入到壮观的长跑活动当中。这项活动每年都有具有象征意义的名称,比如"阳光体育与奥运同行",将有关奥运的趣味项目加入到冬季长跑中去。学校250米一圈的操场,师生每天课间跑5圈,代表着奥运五环,同学们的热情都很高涨。学校采用了更多的趣味运动项目加以引导,使枯燥的长跑活动变得丰富多彩。因此,"冬季长跑活动"这一传统项目在学校长盛不衰。

(二)组织保障

体育组教师在保证学校规定的学生活动时间基础上,按月份有组织有计划地安排一些特色比赛,如3月份的"三人制篮球赛",4月份的棋类比赛,5月份的排球比赛,9月份的广播操比赛,10、11月份的体育节,12月份的跳长绳比赛,1月份的元旦长跑比赛等。

(三)课堂教学保障

体育新课程改革以来,学校严格按照教育部的课程设置,每班每周安排三节体育课,学校体育教师每一节课都精心准备,认真上课,每一节体育课后都要写教学反思,以保障每一节课的教学质量。

开展学生阳光体育运动是和谐社会的基础工程,我们将继续在中央7号文件精神的鼓舞下,积极开展"学生阳光体育运动",牢固树立"健康第一"的指导思想,使"每天锻炼一小时,健康工作五十年,幸福生活一辈子"的理念更加深入人心,让体育的阳光照耀每一个学生,洒在每一个学生身上,伴随每一个学生成长的每一天。

（本文写于2009年）

八年级第一学期《校园定向跑》课后作业典型案例

一、学习内容

本节课的学习内容是《校园定向跑》,选自浙江省义务教育体育(与健康)必学内容教师用书(水平四)八年级第一学期《耐久跑》第二课时。

二、学习目标

目标1:通过观察定向地图上的符号与说明,进一步了解校园定向地图的比例尺、颜色、符号与说明。

目标2:通过针对性的练习,提高正确使用指南针的能力。

目标3:学会看图,提高识图能力。

目标4:通过不同等高线的类型练习,提高正确判断方向的能力。

目标5:通过各种有针对性的练习,提高快速读图和辨别方位的能力,并快速正确地选择行进的路线到达目的地。

目标6:通过折返跑练习,提高定向跑的专项素质,通过耐久跑练习,为定向运动打好身体基础。

三、作业时间

预计25分钟。

四、作业内容

(1)图1是一个定向地图符号说明图,请仔细观察并了解定向地图符号与说明。(目标1)

【设计意图】让学生了解:①定向地图上的比例尺,如1:1000说明地图上的1厘米等于实际地形上的1000厘米;②定向地图上的颜色,如黑色表示人造景观(建筑物、道路、小径等),绿色表示植被,蓝色表示任何有水的地方;③地图上的符号表示不同的地物。

图1 定向地图符号说明图

（2）图2是一个指南针，在定向运动中，为便于标定地图、确定站立点、辨别方向，指南针红色指针永远指向＿＿＿＿＿＿＿＿。（目标2）

图2 指南针

【设计意图】让学生明确指南针上的红色指针在定向运动中与地图上的指北线永远保持一致。

（3）指南针与地图相结合的使用方法见图3。

图3 指南针与地图相结合的使用方法

在定向运动行进时，当没有明显特征的地物做标志时，就必须借助指南针给地图定向。请回答下列问题：

将地图与指南针放置_____状态;转动地图上的_____与指南针_____平行,地图即被定向。(目标2)

【设计意图】这是一个基础题,目的是考查学生结合实际应用指南针的能力。

(4)图4是一个标准的定向运动地图,请你根据定向地图符号说明回答下列问题。(目标3)

A = _____、B = _____、C = _____、D = _____、E = _____。

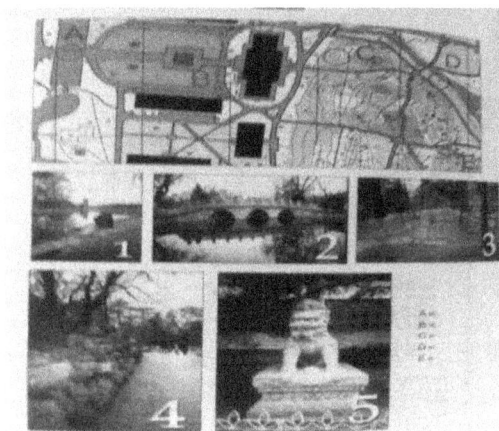

图4　定向运动地图

【设计意图】①以针对性的问题激发学生思维,引导学生探究,提高练习兴趣;②目的是在学生了解定向地图符号与说明的基础上,考查学生的识图能力,并能结合实际加以应用。

(5)图5上有一些标明数字的箭头,说出这些箭头指的方向是地升高了,还是降低了或是保持同样的高度。(目标4)

1_____、2_____、3_____、4_____、5_____。

图5　箭头

【设计意图】本题属于基础题,目的是考查学生读等高线的能力。

(6)图6中有8个不同的等高线,根据等高线越紧密,坡越陡;等高线越稀疏,坡越缓,请把以下8个图对号入座。(目标4、目标5)

【设计意图】本题属于基础题,目的是根据不同等高线的类型来考查学生的判断能力。

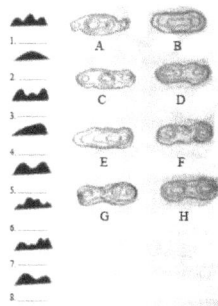

图6　等高线

(7)图7中有三个地点(1、2、3),从每个地图下面的A、B、C三张定向图中选出正确确定了方向的一个。(目标4、目标5)

1_____、2_____、3_____。

【设计意图】本题属于基础题,考查学生对定向地图的颜色和符号的掌握情况,但如何使用定向地图,也就是给地图定向,还需要学生掌握基本方法。我们知道地图上的正上方往往指北,那么,正下方指南,左边是西,右边是东。

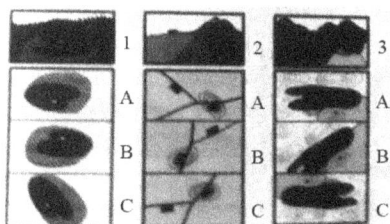

图7　图示一

(8)图8标出了三条不同的路线(三角形表示起点,圆圈表示终点),你认为正确的路线是_____。(目标4、目标5)

【设计意图】本题属于基础题,目的是考查学生的识图和辨别方位的能力,让学生明确应该尽可能地选择离目的地近的、有明显特征的地物做安全参照点。

(9)10米×6折返跑2组。(目标6)

【设计意图】通过折返跑练习,提高学生在快速奔跑时的变向跑能力和定向运动的专项素质。

(10)选择合适的地形进行耐久跑练习:男生1000米、女生800米。(目标6)

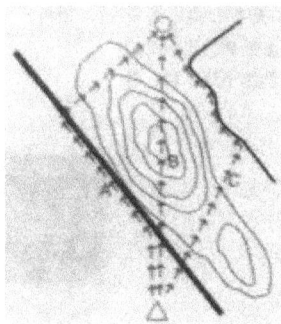

图8　图示二

【设计意图】让学生选择安全的、便于运动的地方,进行有针对性的有氧跑练习,提高耐久跑的能力,为投入校园定向运动打好身体基础。

五、作业分析

校园定向运动是一项体力与智力并重的运动,对于具有好奇心和挑战精神的青少年尤为适宜。针对八年级学生刚刚接触定向运动这个项目,我在设计作业时,遵循由易到难、由简到繁的原则。考虑到学生对定向地图的比例尺、颜色、符号不是很清楚,我设计了通过观察校园定向地图符号与说明图一题,使学生进一步了解校园定向地图的比例尺、颜色、符号与说明,并设计了各种有针对性的定向运动练习,以提高学生的识图和判断能力以及快速读图和辨别方位的能力。最后通过折返跑练习提高学生定向跑的专项素质,通过耐久跑练习为定向运动打下身体基础。本次作业以基础题为重点,拓展题适当地加以把握,因为该作业是要适合大部分学生的,太难了会打击部分学生的积极性,太简单了又会助长部分学生的傲气,不能很好地达到作业目标和要求。在题量方面,本次作业设计了10个有针对性的练习,其中部分题目隐藏着趣味性和挑战性的练习,通过尝试和体验,充分调动学生的练习兴趣和信心。本次作业题量比较适中,否则题太多学生没法保质保量地完成,太少则达不到预计的效果。学生通过努力后都能够达到学生作业"控量提质"的目标,促进了学生健康成长。

（本文写于2013年）

因地制宜　开发器材

　　体育场地器材是学校体育教学的硬件之一,是实施体育教育教学强有力的物质保证。目前,造成学校体育场地器材紧缺有两个方面的原因:一方面由于学生人数多,体育器材极为有限,另一方面由于学校体育的资金紧张,体育器材常常成为影响学校体育教育教学的制约因素。

　　在体育教育教学中,我从实际出发,因地制宜,就地取材,进行体育场地器材的开发与利用的研究。在开发与利用体育场地器材时,我注重学生运动兴趣的培养,让学生在不断探索与创新中形成正确的认识,并获得积极的情感体验,也使我在开发与利用体育场地器材的实践中,总结出各种各样的教学方法,既为学校节省了经费的开支,又开发了学生喜欢的游戏,不仅让学生在活动中得到了锻炼和享受成功的乐趣,而且还能给学生在课堂上进行自我展示、自我评价的机会。

跳箱的开发与利用

跳箱除了用于传统的支撑跳跃之外,还能开发以下用途:

(1)在田径教学中的运用。在跳箱上放一块体操垫,可进行背越式跳高的辅助性练习;把跳箱其中的两级分开4米距离竖立或侧立放置,中间架上跳高杆或系上一条牛皮筋,就能作为跳高架练习跳高;在跳远教学中,利用跳箱盖作为踏跳板,能有效提高起跳后的腾空技术;在跳高教学中,起跳时踏上跳箱盖,能纠正过杆技术;在推铅球教学中,可将跳箱放在铅球区前沿,作为抵趾板;在掷标枪、铁饼教学中,可将跳箱放在起掷线上,帮助学生纠正投掷器械出手后向前走而导致犯规的错误动作;在跑的项目教学中,为增加难度,把跳箱拆分开,进行合理布局,可增添爬、跳、绕等动作,还可以练习跨栏跑的攻栏技术,能提高学生在练习时的趣味性。

(2)在球类教学中的运用。将1~2级跳箱放在离篮架适当的距离,让学生在行进间投篮时,第二步踏上跳箱,让学生体会扣篮的乐趣。把跳箱拆开后,竖立放置,用于变向投篮的防守支架和运球急停、急起、变向运球练习的标志性参考物。把跳箱相同的两级侧立放置到小场地上,在足球教学和训练中,就可以解决在小场地踢球没有球门的问题,还可以当作小球门做"踢球比准"的游戏。把跳箱相同的四级平放在操场上,让学生分成四个小组,组织学生离开一定的距离,将乒乓球或羽毛球投入其中,看哪一组在规定的时间内投中多;也可以将其作为参照物,组织学生练习篮球的投篮,排球的传球、垫球,足球的头顶球、脚踢球等,能激发学生参加活动时的兴趣。

(3)学生分成四个小组,分别站100米起点的四个跳箱旁。当听到老师的出发口令后,每个小组把跳箱拆分开后,一人或两人拿一级,跑到100米的终点后,再把跳箱安装好,看哪一组用时最少;还可以让每个小组把拆开的跳箱,通过小组讨论后放置一定的距离,练习单双脚跳,这样做可以培养学生的合作意识和创新思维。把跳箱其中的两级分开一定的距离竖立放置,在适当的高度系上牛皮筋,可以组织学生进行跳牛皮筋比赛,发展学生的下肢力量。把跳箱拆分开后离适当距离平行侧立放置,系上离地面50厘米左右的相对和交叉的牛皮筋数条,地面上铺上垫子,让学生练习匍匐爬行,充分激发学生参与活动的积极性。

(4)两名学生面对面站在跳箱的两边,在上面可进行掰手腕、拉勾、推拳、下棋等比赛,也可以在上面放一块门板打乒乓球,还可以在上面横放一块长400～600厘米、宽20～30厘米、厚4～5厘米的木板,两端各坐一名学生,进行跷跷板练习,学生活动时会感到兴趣盎然。跳箱还可以用于提高柔韧性练习,如可利用跳箱进行正压腿、侧压腿、反弓压腿及手扶在箱上的各种摆腿练习。在练习技巧造型时,可先爬上跳箱,然后移到其他同学的上面,创造出独特的造型。在练习头手倒立时,先把头和手撑好,两只脚再慢慢地从跳箱底部向上移,有助于尽快掌握头手倒立技术。

总之,对传统体育器材的开发与运用,需要我们一线教师不断探索,使新课程改革真正落到实处。

(本文写于2007年)

巧用易拉罐做游戏

废弃的易拉罐瓶随处可见,如果处理不好就会污染环境,给人类带来巨大的危害。如果能合理地开发它的功能,就可以变废为宝,创造出一定的实用价值。

(1)下象棋:用红、黑两种颜色的水笔分别16个易拉罐上写上一副象棋的棋子名称,在操场上用粉笔画好棋谱,就可以让学生下象棋,也可以下五子棋、跳棋等。学生会感到兴趣盎然,进一步发展思维能力。

(2)模拟保龄球:将10个易拉罐摆成打保龄球的形式,用排球或实心球击打,激发学生参与体育活动的兴趣。

(3)投准:将易拉罐作为标志物,组织学生离一定的距离用软式排球投准易拉罐,发展学生的投掷能力。

(4)双龙戏珠:两人面对面站立,相互交叉握住对方的前臂成"井"字形,上面放一个装满细沙的易拉罐,相互合作,步调一致,向前跑动,培养学生的合作能力。

(5)小车推雪球:两人按推小车的方法,在爬行者头前放一个易拉罐,练习时,爬行者依次用手推易拉罐,发展学生的上肢力量。

(6)套圈:用铁丝做成圈,易拉罐作为立柱,做套圈游戏,增强学生玩的兴趣。

(7)矮人赛跑:将易拉罐夹在大腿与小腿之间,模仿"矮人"行走,比谁快,发展学生的下肢力量。

(8)蚂蚁搬家:屈体屈腿,仰卧手撑地,将易拉罐当成"粮食"放在爬行者的腹部,模仿"蚂蚁搬家",爬行比快,发展学生的爬行能力。

(9)螃蟹行:两人一组,背靠背中间夹一个易拉罐,模仿"螃蟹"侧行比快,培养学生的合作意识。

(10)赶猪:学生手持接力棒将易拉罐向前赶,并使其贴着棒向前滚动,发展学生的协调能力。

(11)传递易拉罐:学生排成一路纵队,排头双手将易拉罐举至头顶,第二位学生双手将易拉罐从第一位学生手中接过,依次往后传递,也可以从后面向前传递,或采用体侧、胯下的传递方法,培养学生的合作意识和团队精神。

（12）手指托易拉罐:用左手或右手的食指托住易拉罐的一端,让其立起来,通过手的移动控制其重心,保持易拉罐的平衡,以控制时间长者为胜,发展学生的平衡能力。

（13）春播秋收:用易拉罐代替春播秋收游戏中的"种子"和"果实",发展学生的速度素质。

（14）定向运动:将易拉罐当成寻找物,用醒目的颜色标上号码,藏于设定的目标处,让学生寻找,发展学生的奔跑能力,开发学生的智力。

（15）平衡跑:让学生头顶一个易拉罐,侧平举左右手各托一个易拉罐,保持平衡往返赛跑。

（16）击鼓传花:用易拉罐代替击鼓传花游戏中的"花",发展学生的灵敏性。

（17）夹掷易拉罐比远:两脚夹住易拉罐站于线后,然后双脚跳起用全力将其向前掷出去,比谁掷得远,发展学生的下肢和腰腹力量。

（18）夹易拉罐跳:将易拉罐夹在两膝之间,连续向前跳跃,比谁跳得快,发展学生的弹跳能力和协调性。

（19）匍匐爬行:将若干个易拉罐重叠成高为0.5～0.6米,并且平行对应的若干组,并架上竹竿,在地面铺上垫子,让学生进行匍匐爬行比赛,发展学生的爬行能力。

（20）打"橄榄球":将易拉罐作为"橄榄球",参照橄榄球运动规则,组织学生比赛,培养学生参加体育运动的兴趣。

（本文写于2008年）

平梯的妙用

平梯除用于传统的攀、爬之外,还可以有以下妙用。

一、利用平梯的立柱

(1)在篮球、足球的运球技术练习中,可作为标志性参照物,进行"8"字运球、急停急起、变向运球等练习,也可用于篮球投篮的防守支架标志。

(2)在相对应的立柱上,离地面100厘米和160厘米系上两条橡皮筋,两人在橡皮筋的两侧,相距4~6米,练习篮球的双手胸前传、接球;也可以让学生在两条橡皮筋之间跃过(橡皮筋的高度视学生的技术情况而定),练习鱼跃前滚翻,能起到提升腾空高度、激发学生练习兴趣的作用。

(3)在离地面50厘米左右的立柱上系上对应和交叉的橡皮筋数条,在地面铺上垫子,让学生练习匍匐爬行,学生练习的情绪很快会达到高潮。

(4)将橡皮筋系在相对应的两根立柱上,可进行俯卧撑动作的技评。方法是将橡皮筋拉直,练习者在橡皮筋的下方,在两根立柱中间的位置做好屈肘俯撑姿势,此时橡皮筋应紧贴于练习者的肩背处,俯卧撑动作是否到位,就看练习者屈肘时橡皮筋是否处于一条直线。

(5)将橡皮筋系在相对应的两根立柱上(离地面的高度视学生的技术情况而定),可进行侧手翻动作的技评。

(6)在立柱上系上相对应的一定高度的橡皮筋可让学生练习单双脚跳,发展学生的下肢力量。

(7)在立柱上系上橡胶带还可进行投掷和起跑的辅助性练习,帮助学生提高投掷和起跑能力。

二、利用平梯的横梁

(1)在平梯两侧的横梁上安装几个篮圈,学生可以练习投篮,技术好的可尝试扣篮,解决了学校篮架少和标准篮架高(学生扣不到篮)的不足以及学生无处投篮的尴尬,也可以练习排球的二传、足球的头顶球等,增强练习的趣味性。

(2)在平梯两侧的横梁上安装几个圆形的木板,在上面画上醒目的10个同心圆,分别标上10、9、8、7、6、……组织学生离开一定的距离用羽毛球或垒球进行投准比赛,提高学生的投准能力。

三、利用平梯的横档

(1)在横档上挂几个足球,相距1米左右,球与网袋的上口扎紧,使其成为一体,球离地面的高度为10~20厘米,让学生练习颠球;

将球提到与学生的头相适应的位置,可以练习头顶球,也可以换成排球练习传球;

将球调整到稍离地面的位置,可以进行足球的脚法练习;

将球调整到与学生相适应的高度,在练习肩肘倒立、头手倒立时,让学生用脚尖触球,纠正技术动作;

组织学生离开平梯一定的距离用羽毛球或垒球击悬挂的球,提高学生投掷能力。

(2)利用横档的间隔空挡处,组织学生练习篮球的投篮,排球的传、垫球,足球的头顶球技术,使球能从空挡处落下,提高准确性。还可以组织学生练习双脚起跳,手触横档,提高学生投篮的防守、排球的拦网和足球的守门技术。

(3)在横档上系上用粗绳连接成的木板,可以荡秋千。

四、巧用整个平梯

将学生分成两组,分别站在平梯的两侧,两人一组练习投篮,使球在平梯上方通过,让学生寻找最佳的抛物线;也可以练习排球的传、垫球技术,足球的头顶球技术;还可以练习向前掷、向后抛实心球,提高学生的投掷能力。

总之,对传统器材的加工、改造和利用,是体育课程资源开发的有效途径,具有很好的实用意义。

(本文写于2007年)

巧用布袋做游戏

在体育教学中充分利用布袋做游戏,既可丰富教学内容,又能激发学生练习兴趣,提高教学效果。

(1)龙虎争斗:将游戏者分成龙、虎两组,分别站在排球网的两侧,每组4名队员,每位队员用单手或双手抓住同一只布袋的四角,运用布袋进行隔网"龙虎争斗",要求4名队员不能脱离布袋,合作将排球用布袋接住,并反弹过网,如排球落地、下网,则由对方得分(如图1)。

图1 龙虎争斗

(2)投活动篮筐:将游戏者分成人数相等的两组,每组7名队员,其中2名队员将布袋口张开,分别站在篮球场的两条端线上(只能在端线上靠移动获得球,不能用手接球),从篮球场的中圈跳球开始,按照篮球竞赛规则进行比赛,将球投入本方布袋得分,在规定时间得分多的组为胜。

(3)抗洪抢险:把实心球装入布袋,作为抢运的"货物",将游戏者分成人数相等的若干组,成纵队在起点线后准备好,教师发令后,排头扛着"货物"向前跑动,绕标志杆后返回将"货物"交给下一名队员,如此依次进行,以先完成抢运"货物"的组为胜。

(4)螃蟹搬家:游戏者成屈体屈腿、仰卧手撑地扮"螃蟹",将布袋作为"家当"放在游戏者的腹部进行爬行比快。

(5)舞龙:把多个布袋相连成一条"龙",队员双手将它举起,排头双手举布袋的同时夹一只篮球作为"龙珠",带领龙身走或跑出各种路线,做出起伏、穿越或翻转等各种舞龙动作。

(6)抢救伤员:用两根长2~2.5米的竹竿,从布袋的袋口穿入后分别从两底角穿出,组成一副简易担架。将游戏者分成若干组,每组5名队员,其中1名队员扮"伤员"躺在担架上,在起点线后准备好,教师发令后,其余4名队员相互合作运送"伤员",以先到达终点的组为胜。

(7)摆渡过河:用布袋作为"浮板",将游戏者分成人数相等的若干组,成纵队站在河的一边,每人脚踩一块"浮板",排尾一块"浮板"不站人,教师发令后,全组人员相互合作,将排尾的"浮板"用手轮流向前传给排头,排头接到"浮板"后,立刻接在自己站的"浮板"前面,全组人员再向前跨进一块"浮板",如此依次进行,以先到达对岸的组为胜。

(8)拔河:将布袋按纵轴方向进行多次折叠后,作为"拔河绳",可进行一对一或二对二等的拔河比赛。

(9)袋鼠赛跑:将游戏者分成人数相等的若干组,成纵队在起点线后准备好,教师发令后,排头将双脚装入布袋,双手抓住袋口的边缘,用双脚向前跳跃,绕标志杆后返回将布袋交给下一名队员,如此依次进行,以先跳到终点的组为胜。

(10)秋千荡漾:将游戏者分成人数相等的若干组,每组5名队员,其中1名队员躺在布袋上,扮荡秋千者,在起点线后准备好,教师发令后,其余4名队员相互配合,用单手或双手抓住同一只布袋的四角,使其离开地面并向终点跑动,以先到达终点的组为胜。

(11)小驴拉车:将游戏者分成人数相等的若干组,每组3名队员,将布袋平放在地面上,其中两名队员分别拉住布袋的一只角,另外一名队员蹲站在布袋上,双手分别抓住两名队员的手腕,在起点线后准备好,教师发令后,拉布袋的两名队员将其连同布袋一起沿着地面向终点拉动,以先到达终点的组为胜。

(12)空中飞毯:将游戏者分成若干组,每组4名队员,用单手或双手抓住同一只布袋的四角,布袋上放一个排球,教师发令后,4名队员相互配合将布袋上的排球向上方进行抛接,在规定时间内抛接球次数多的组为胜(如图2)。

(13)投准:把破旧的课桌倒置成四脚朝上,将布袋的口反扣在四只脚上,将游戏者分成人数相等的若干组,每名队员手持一个垒球成纵队在起投线后(起投线与布袋的距离为5~7米)准备好,从排头开始每名队员依次将垒球投向布袋,一轮过后,将垒球投进布袋多的组为胜(也可采用三局两胜或五局三胜制)。

图2　空中飞毯

（14）仿竹竿舞：将布袋按纵轴方向进行多次折叠后，作为"竹竿"，由两名游戏者左右手各持"竹竿"的两头，与肩同宽，相向而蹲，其他队员成一列横队跳入、跳出，模仿跳"竹竿舞"（如图3）。

图3　仿竹竿舞

（15）推马车：将游戏者分成人数相等的若干组，每组3名队员，其中1名队员俯卧两手撑地，另外两名队员用布袋将其双脚托起，在起点线后准备好，教师发令后，各组相互配合向前推进，以最先到达终点的组为胜。

（16）匍匐爬行：将稻草装入布袋压平后缝好，相连摆放在跑道上，将游戏者分成人数相等的若干组，进行匍匐爬行比赛。

（本文写于2007年）

易拉罐在体育教学中的运用

废弃的易拉罐瓶随处可见,如果处理不好就会污染环境,给人类带来巨大的危害。如果能合理地开发它的功能,就可以变废为宝,创造出一定的实用价值。

一、在田径教学中的运用

(1)在跑的教学中的运用。将若干个空易拉罐定点定距摆放成不同形状,让学生绕其做蛇形跑、曲线跑、折线跑等练习;将其按适当距离放置,可让学生做增大步距、增加频率的练习;将其相隔一定距离放置,可作为跑道的分道线;将其作为接力跑时的接力棒和往返接力跑转身时的标志物;将其叠成一定的高度可练习障碍跑。

(2)在跳跃教学中的运用。将其作为跳高、跳远和三级跳远助跑起点的标志,也可作为三级跳远时三级比例的标志;在跳远、三级跳远、立定跳远中将标有距离的易拉罐摆放在沙坑边相对应的位置上,作为远度的标志;把易拉罐在适当位置悬挂成不同高度的标志,可进行单脚、双脚起跳摸高的练习;把易拉罐装满沙子,用胶带把瓶口封好,再将易拉罐相隔1.5～2米的距离叠成一定的高度,架上一根小竹竿进行跳高练习;将其间隔适当距离竖放、叠放,让学生进行连续单脚跳、双脚跳、收腹跳等跳跃障碍的练习;在跳远教学中,可在踏跳板前1～1.5米处将其相隔1.5～2米的距离叠成一定的高度,架上一根小竹竿,要求学生起跳后跃过小竹竿,可以纠正学生"起跳角度不合理"的错误动作。

(3)在投掷教学中的运用。将若干个易拉罐放在起掷线上,能有效帮助学生纠正投掷器械出手后向前走导致犯规的错误动作;将其放置在投掷区内相应的位置上作为远度的标志;也可作为投掷标枪练习时助跑与投掷步转换的标志;将其装满沙子,用胶带把瓶口封好,可做单、双手做向前、向后的投掷练习,也可作为铅球、标枪等的辅助性练习,有效提高学生的投掷能力。

二、在球类教学中的运用

(1)将易拉罐定点、定距放置成不同形状,作为标志,让学生练习篮球的体前换手运球、体前变向运球、体后换手运球、运球后转身,足球的曲线运球、折线运球等各种动作,提高学生的技术动作。

(2)将四个易拉罐摆放成适当的距离,作为简易球门,可组织学生进行足球和手球比赛,也可进行射门比赛,还可以让学生在易拉罐两边相距8米左右面对面站立,进行足球的相互传地滚球、接球射门等足球的各种专门性练习。

(3)将若干个易拉罐摆放成一个规定的"区域",组织学生练习篮球的投篮和排球的发球、传球、垫球、扣球以及足球的踢高远球等技术。

(4)在行进间投篮时,将易拉罐放置在适当的位置上作为标志,让学生体会"一大、二小、三高跳"的动作要领。在篮球的定点投篮、排球的传球和垫球、足球的踢定位球以及球类的战术练习中,将其放置在适当的位置,作为标志。

此外,在足球运动员体能测试25米折返跑×5组中,可将易拉罐作为触摸的标志物;在打乒乓球时,可将两个易拉罐摆放在适合的位置,并在其上架一根小竹竿,作为乒乓球比赛的网。

三、在体操教学中的运用

(1)在鱼跃前翻教学中的运用。根据学生的技术水平,将易拉罐叠成适当的高度,让学生从上面跃过,这样既能激发学生的练习兴趣,又便于学生改进腾空动作。

(2)在前翻教学中的运用。将易拉罐放在学生的胸与大腿之间,让学生把身体卷起来夹住易拉罐,像个皮球一样圆圆的滚起来。

(3)在跳健身操教学中的运用。在易拉罐内装入五分之一的沙子,将口封好,让学生双手各持一个易拉罐,踏着优美节奏,进行健身操练习,双手配合做各种动作,同时发出整齐的"唰、唰"声,这样能激发学生的斗志,陶冶美的情操。

此外,在队列练习时,可将易拉罐作为列队、并队时转角处的标志,避免学生队形不到位的现象发生。总之,易拉罐在体育教学中的运用是广泛的,它不仅充实了体育教学内容,提高了学生的身体素质和实践能力,而且培养了学生的创新思维和合作能力,对养成良好的健身意识和自我锻炼能力都起到了积极的作用,同时也给体育课堂增添了无穷的乐趣。

(本文写于2008年)

巧用排球场,学练"变速跑"

一、观察图形探究跑的路线

在排球场的各交点处用醒目的粉笔标上字母,将学生分成四个小组,每个小组选定一名组长,抽签决定各组跑的次序。运用小组合作学习法,让学生自主选择学习方法,结合学生原有的生活常识和数学知识,小组讨论:在规定的时间内怎样才能跑出更多的图形和更长的路线? 要求图形与图形之间重复最少,跑动时学生成一路纵队沿着图1上的字母跑出各种图形,如:三角形 *AGD*、正方形 *AGHD*、长方形 *AEFD* 等,并算出各图形的长度,达成体育活动与数学学科相结合的教学目标,进一步开发学生的创新思维能力。

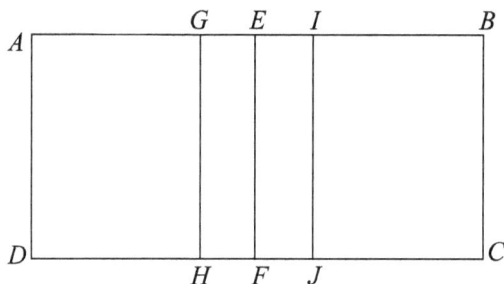

图1 跑的路线图

二、依据线条蛇形跑

在端线与进攻线的中间用粉笔作一条平行线,跑动时学生成一路纵队沿着图2上的路线进行蛇形跑。为了提高跑的兴趣,也可分几个小组抽签决定各组跑的次序,在规定的时间内进行比赛。(注:箭头所指的方向为队伍行进的方向,也可沿箭头的反方向行进。)

212

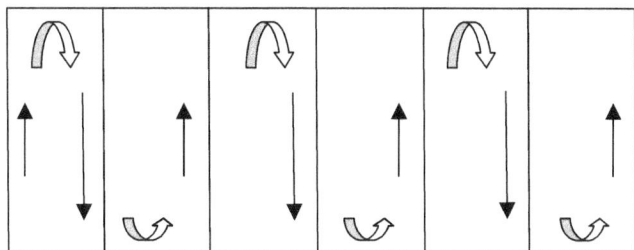

图2　依据线条蛇形跑

三、附加"通道"闯迷宫

在端线与进攻线的中间用白色粉笔画一条平行线,再在各条平行线上用绿色粉笔画上长60厘米、宽20厘米的"通道",当学生看到这种场地布置时就会想尽快闯一闯,尝试一下"闯迷宫"。学生成一路纵队沿图3上的"通道"进行"闯迷宫"。

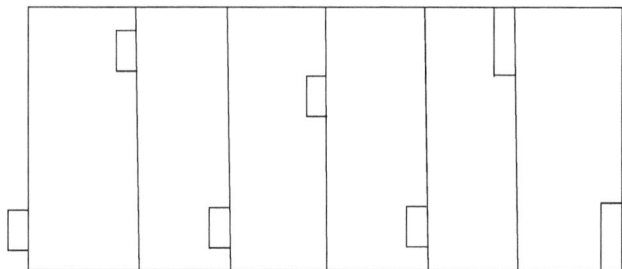

图3　附加"通道"闯迷宫

四、结合"数字"计时跑

将学生分成四个小组,每个小组选定一名小组长。(1)教师在图4的"日"字路线上讲解并示范"1—2—3"跑动的方法和路线。(2)各组讨论:0~9这10个数字能组成多少种数字跑法? 选择一种数字跑法,并设计出跑动路线。(3)抽签决定各组跑的次序。(4)跑动时成一路纵队,计时从排头出发开始,排尾到达时为止,以时间长短决定胜负。通过"跑数字"的练习,给了学生创新的空间和时间,让学生在玩中掌握了技术动作,提高了学生变速跑练习的兴趣,培养了学生的小团体合作意识和发散性思维。

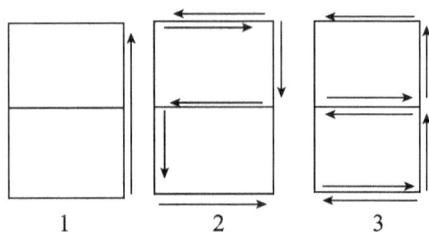

图4　结合"数字"计时跑

五、添加对角线分组对抗

在端线与进攻线、进攻线与中线之间分别用醒目的粉笔作对角线,跑动时成一路纵队沿着图5上的对角线进行。(注:箭头所指的方向为队伍行进的方向,也可按箭头的反方向行进。)

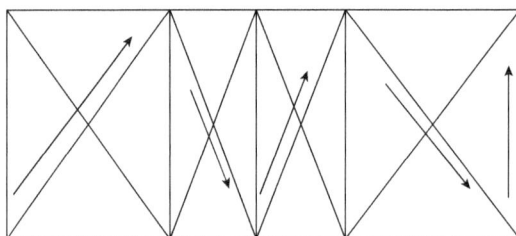

图5　添加对角线分组对抗

(本文写于2007年)

报纸与纸棒在教学中的运用

如果能合理地开发报纸与纸棒的功能,就可以"变废为宝",创造出一定的实用价值。在体育教学中充分利用报纸与纸棒,既可以丰富教学内容,又能激发学生的练习兴趣,提高教学效果。

一、在田径教学中的运用

(1)在跑的教学中。将若干纸棒或报纸对折卷成的圆柱,定点定距摆放成不同形状,让学生绕其做蛇形跑、曲线跑、折线跑等各种练习;将其按适当距离摆放,可让学生做增大步距、增加频率的练习;将其间隔一定距离摆放,可作为跑道的分道线;还可以将其作为接力跑时的接力棒和往返跑时的标志。

(2)在跳的教学中。将纸棒间隔适当距离竖放,进行单脚跳、双脚跳等跳跃障碍物练习;可作为跳高、跳远和三级跳远助跑起跳点的标志,也可作为三级跳远时三级比例的标志;在跳远、三级跳远、立定跳远时将标有距离的纸棒摆放在沙坑边相对应的位置上,作为远度的标志。

二、在球类教学中的运用

(1)将若干纸棒定点、定距离摆放成不同形状,作为标志,让学生练习篮球的体前换手运球、体前变向运球、体后换手运球、运球后转身,足球的曲线运球、折线运球等各种练习。

(2)将四根纸棒摆放成一个"区域",组织学生练习篮球的投篮和排球的发球、传球、垫球、扣球以及足球的踢高远球等技术。

(3)在行进间投篮时,将纸棒摆放在适当的位置,让学生体会"一大、二小、三高跳"的动作要领。在篮球的定点投篮、排球的传球和垫球、足球的踢定位球以及在球类的战术练习中,将其摆放在适当的位置,作为标志。

(4)在足球运动员体能测试25米折返跑×5组中,可将纸棒作为触摸的标志物。

三、在体操教学中运用

在前滚翻教学中,将报纸折叠成各式各样的动物当头饰,让学生戴在头上,练习前滚翻时,教育学生要爱护头饰,可纠正学生前滚翻时,用前额先着垫的错误;让学生将纸棒夹在下腹与大腿之间,把身体卷成"皮球",辅助做前滚翻练习。

四、在游戏中的运用

(1)贴纸赛跑:将学生分成人数相等的若干组,成纵队在起点线后准备好,教师发令后,排头将报纸贴在胸前并向前快速跑动,绕标志杆(纸棒代替)后返回,将报纸交给第二位队员后,站到排尾,第二位队员将报纸贴在胸前并向前快速跑动,如此依次进行,以先跑完的组获胜。也可以将报纸逐渐对折进行"贴纸赛跑",以增大难度。

(2)匍匐前进:将学生分成6或8人一组,站成两排,间隔约0.5米,两人拿一张展开的报纸,面对面全蹲,双手放于膝盖上并拉紧报纸两角,在地面铺上垫子,让学生在报纸下进行"匍匐前进"游戏。

(3)摆渡过河:用报纸作为"浮板",将学生分成人数相等的若干组,成纵队站在河的一边,每人脚踩一块"浮板",排尾一块"浮板"不站人,教师发令后,全组人员相互合作,将排尾的"浮板"用手轮流向前传给排头,排头接到"浮板"后,立刻接在自己站的"浮板"前面,全组人员再向前跨进一块"浮板",报纸要完好无损,如此依次进行,以先到达对岸的组为胜。

(4)投准:将报纸对折,卷成圆锥,开口向上摆放,固定,组织学生离远一定距离站队,用乒乓球投向圆锥,比谁投得准。

(5)套圈:将报纸对折,卷成圆锥,开口向下作为立柱,用竹条做成圈,组织学生远离一定距离站立,进行套圈比赛。

(6)螃蟹搬家:游戏者成屈体屈腿、仰卧手撑地扮"螃蟹",将报纸作为"家当"放在游戏者的腹部进行爬行比快。

(7)托纸棒比快:每人一手持羽毛球拍,将纸棒竖放在羽毛球拍上托走,在规定距离内,先到达终点者为胜。

(8)定向运动:将报纸折叠成各式各样的动物当作"点标",用醒目的颜色标上号码,藏于设定的目标处,让学生寻找,比谁找得快。

（9）击鼓传花：用报纸折叠成"花"，可做"击鼓传花"游戏。

（10）双龙戏珠：两人面对面站立，抓紧报纸两角，上面放一只软式排球，相互合作，步调一致，向前跑动，以先到达终点者为胜。

（11）组字游戏：将学生分成人数相等的若干组，每人拿一根纸棒，成纵队在起点线后准备好，教师发令后，排头持纸棒向前快速跑至规定区域，按"组字"要求摆放后返回，与第二位队员拍手后，站到排尾，第二位队员持纸棒向前快速跑动，如此依次进行，以先完成"组字"任务的组为胜。

五、在创编活动中的运用

利用报纸可折叠出各种图形，如汽车、房子、坦克、小船、小星星等，利用报纸还可摆出各种图案、图形、模型，如奥运五环、五角形、"8"和"米"字形等。以个人或小组为单位比赛折叠和拼图创编，在创编活动中促进学生动手、动脑和合作能力的提高。

（本文写于2008年）

巧用布条做游戏

布条在体育教学中可作为一种"一物多用"的"器材",充分利用布条做游戏,既可丰富教学内容,又能激发学生的练习兴趣,提高教学效果。

(1)打雪仗:把布条打成活结当"雪球",将学生分成人数相等的两组,每人手持一个"雪球",分别站在网球场球网的两侧,教师发令后,球网两侧的学生用手中的"雪球"往对方场地内投掷,出手后迅速把对方投掷到本方的"雪球"投掷回去,在规定时间内,场地内"雪球"少的一方获胜。

(2)投准:用几条不同颜色的布条围成多个不同半径的同心圆,组成一个"靶子",并分别标上环数,让学生用垒球或实心球进行投准比赛。

(3)舞龙:把多条布条相连成一条"龙",学生双手将它举起,排头双手举布条的同时夹一只排球作为"龙珠",带领龙身随着喜庆的音乐走或跑出各种路线,模仿舞龙做出起伏、穿越或翻转等动作。

(4)抬花轿:三人一组,二人同向手拉布条的两端作为"轿夫",一人站在两条布条的中间手握"轿杆"扮"坐轿人",在音乐的伴奏下集体扭秧歌,模仿抬"花轿"。

(5)仿竹竿舞:将布条作为"竹竿",由两名学生左右手各持"竹竿"的两头,与肩同宽,相向而蹲,其他队员成一列横队跳入、跳出,模仿跳"竹竿舞"。

(6)捉迷藏:用布条把学生的眼睛蒙起来,可以让学生玩"捉迷藏"游戏。

(7)抓尾巴:将布条夹在学生的后腰上作为"尾巴",二人或多人一组,用各种躲闪的方法,在规定的场地和时间内,既保护好自己的"尾巴",又抓住对方的"尾巴",比一比哪位学生抓住的"尾巴"多。

(8)二人三足:用布条绑在学生异侧腿的踝关节处,把学生的腿连在一起,学生相互搂肩,在起点线后准备好,教师发令后,齐心协力向前进,先到达终点的组获胜。

(9)螃蟹搬家:学生成屈体屈腿、仰卧手撑地扮"螃蟹",将打成活结的布条作为"家当"放在腹部,在起点线后准备好,教师发令后,开始向前爬行,以最先到达终点的"螃蟹"获胜。

（10）推马车：将学生分成人数相等的若干组，每组三名学生，其中一名学生俯卧两手撑地，另外两名学生用布条将其双脚托起，在起点线后准备好，教师发令后，各组相互配合向前推进，以最先到达终点的组获胜。

（11）接力跑：用布条当"接力棒"，将学生分成人数相等的若干组，成纵队站在起点线后准备好，教师发令后，排头手持"接力棒"快速向前跑至标志杆后，再绕过标志杆返回将"接力棒"传给第二位同学，如此依次进行，以先完成的组获胜。

（12）螃蟹行：两名学生背靠背站立，用布条捆绑在腰部，在起点线后准备好，教师发令后，进行"螃蟹行"比赛，先到达终点的组获胜。

（本文写于2007年）

妙用"粉笔"，让课堂独具魅力

20世纪，学校的运动场地大多数是煤渣地、泥地，体育课上为便于教学组织，多半用石灰粉来打点划线，而如今各地学校一一建起了漂亮、整洁、耐用的塑胶场地，原先的石灰粉开始落幕。笔者发现粉笔在体育教学中的作用越来越大，它不再是室内课用于板书的教学专用品，在塑胶、水泥、地砖等场地上体育课，只要巧妙地运用好一支粉笔，不仅有利于教学组织，规范体育课堂常规，还能增添活动的趣味性，促进学生对运动技能较好地掌握。笔者选择几种教学案例如下，与同行一起探讨思考。

一、画出"标志"

"标志"是体育教学中不可或缺的辅助工具，可用粉笔在合适的场地画出标志，如点、线、圆等，这也是粉笔在体育教学中最常规的用法。

案例一：课堂组织类

比如在起跑练习时，起始线画一"短线标志"作为准备线，画一"长线标志"作为起跑线（如图1），使各组更有秩序。用粉笔画出整齐的"×"标志，帮助学生明确排队站位，快速拉开间距，避免相互碰撞，使课堂更加井然有序（如图2）。学生分组游戏时，用"数字标志"间隔场地，教学中能时刻引导学生不偏离指定场地，有利于学生保持安全的活动间距（如图3）。

图1　画出"标志"示例一　　　图2　画出"标志"示例二

图3　画出"标志"示例三

作用:帮助学生明确站位,拉开活动间距,便于练习,利于安全教学。

建议:为了使"粉笔标志"更加清晰,无论是塑胶场地还是砖块地面,活动前尽量清扫场地,保持地面干净整洁。其次,教师要关注授课对象的运动能力,科学预设学生的安全活动间距。

案例二:动作教学类

巧用粉笔,还能辅助动作技能的教学,比如立定跳远练习时,为了避免学生脚尖踩线犯规,可以紧贴起跳线画两个脚印,这样学生就不容易做错(如图4)。站立式起跑时,在起点处画两个脚印(如图5),也有类似的作用,这对小学低年级学生特别有用。

图4　画出"标志"示例四　　图5　画出"标志"示例五

作用:帮助学生明确动作要领,辅助动作教学。

建议:由于学生身高、能力等个体差异,如做动作时,脚的前后或左右间距略有不同,在类似于"脚印标志"案例中,教师应注意画标志的均衡性,教学中也要关注到个体差异,提示学生以标志为中心,动作以舒适为主。

二、画出"方向"

在体育教学中,为了便于教学组织,还可以巧用粉笔画出运动的路线和方向,帮助规范体育课的活动常规,提高活动安全性。例如,指示学生绕标志桶的方向、返回队伍的路线等(如图6)。

图6　画出"方向"示例

作用:规范体育教学运动常规,提高活动安全性。

建议:为了便于学生观察,粉笔画的线条尽量清晰流畅。其次,在学生练习前,教师事先给予强调和提醒,练习效果会更好。

三、画出"场地"

在教学中,我们常常面临学生多而场地少的尴尬,利用粉笔则能巧妙避免这一窘况。比如可以轻松画出多个运动场地,如立定跳远、跳单双圈、圆上运球等教学场地(如图7)。

图7　画出"场地"示例

作用:使课堂组织更加清晰,教师按照授课学生数还可以增加多组练习,有效提高课堂练习密度。

建议:在进行多个场地分组练习时,为了加强活动的组织性、纪律性和安全性,建议各组选派小组长,充分发挥小组长的领导作用。同时,教师更应时刻关注各组活动秩序,确保各组学生安全有序活动。

四、画出"情境"

在小学体育教学中,我们常常会运用适宜的情境辅助教学,特别是小学低年级学生尤为适用。例如,画出大小不一的"石块""独木桥"进行趣味情境游戏(如图8);画出可爱的"苹果"或"爱心"明确学生的站位(如图9),巧妙引导学生遵守游戏规则;画出喜爱的图形进行活动(如图10),使游戏更富有童趣和挑战性……

图8　画出"情境"示例一　　图9　画出"情境"示例二

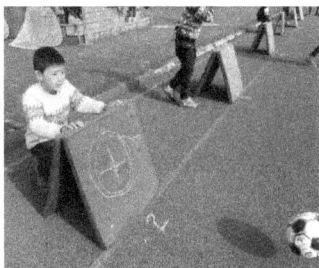

图10　画出"情境"示例三

作用:让运动与绘画相结合,能充分发挥学生想象力,培养学生动手创新、合作交往的能力;还能使游戏井然有序,形象生动,使课堂更富有生机。

建议:有些情境需要教师绘画的,建议在课前完成。课中为了避免学生绘画用时太久,教师可以引导各组学生在规定时间内合作完成,比比哪个小组画得快又好,积极提高小组合作效率与能力。教学中笔者发现,采用学生合作绘画完成的形式,更利于激发学生的运动欲望与兴趣。

五、画出"激励"

教学中,巧妙运用粉笔,还能辅助激励教学,活跃课堂气氛,鼓励学生不断努力,团结齐心,勇于进取。

案例一:"目标激励"(适用于个人)

如立定跳远、投掷实心球等教学时为学生画上几条目标线(如图11),练习足球射门时在各点写上相应的分值(如图12),简简单单的几笔,却能激励学生不断练习与挑战,教学效果也会更佳。

图11　"目标激励"示例一　　　　图12　"目标激励"示例一

案例二:"计数激励"(适用于团队)

如加速跑练习,将学生分成人数相等的几组进行加速跑比赛,教师用粉笔在各赛道的终点处画"正"字累计每组成员依次获胜的次数,最终分值高的组获胜(如图13),也可用不同颜色的粉笔区分多次循环比赛的结果。一支粉笔巧妙地将个人比赛与团队相融合,让简单的跑步比赛变得不再寻常。

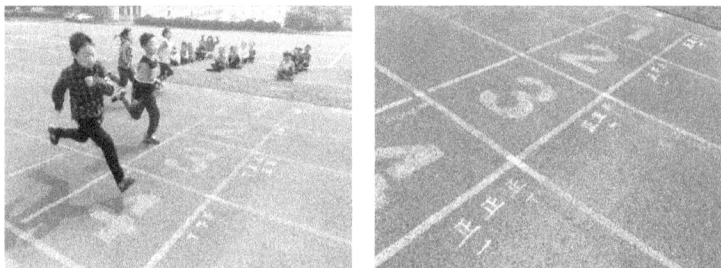

图13　"计数激励"示例

作用:激励效果明显,能较好地培养学生的挑战意识、团队精神,促进有效教学。

建议:若能运用个人、团队等奖励机制进行比赛,效果更佳。其次,教师要善于帮助学生建立正确的团队意识,使暂时落后的小组能做到不指责、不埋怨,引导学生互相鼓励,齐心协力,共同进步。

六、画出"评价"

　　用粉笔画出教学评价,让学生了解自己的技能水平,或较好或不足,用粉笔直观引导学生树立更高的目标,激励学生不甘落后,不断进步。例如,立定跳远练习中,在前方目标位置直接写出成绩等第,或者以图形代替等第,更显趣味(如图14),笔者为之取名"等第评价"。又如助跑跳远教学时,笔者在沙坑附近画上一星、二星、三星,用两种颜色的粉笔分别设置男女两个星级站位,学生依次练习,教师依次评定,并引导学生站在相应的星级位置(如图15),几颗星星不仅巧妙地引导学生有序站位,还体现了课堂的及时评价,为分层教学作好铺垫,笔者为之取名"星级评价"。这两种方法,笔者在教学中运用效果较好。

图14　画出"评价"示例一　　　　图15　画出"评价"示例二

　　作用:能达到较好的激励与评价效果,为实施分层教学作好铺垫。

　　建议:对于低等第、低星级的学生,教师要给予更多的鼓励和帮助,多创造机会让他们"更上一层楼",如另辟一个"评价场地"进行分层教学,多给孩子信心,多关注学生的表现,切不可适得其反。

　　在课堂教学实践中,粉笔还有很多用途。笔者以为,粉笔轻便、灵巧,色彩艳丽,便于操作,只要运用巧妙,使用合理,便能为体育课增光添彩,成为体育教师的得力助手,成就孩子们的快乐与信心。

（本文写于2016年）

妙用小垫子,巧教技巧

在技巧教学中,小垫子通常是技巧教学的基本器材,它柔软、轻便、安全、灵巧,在使用中更富有创造性。教学中,笔者根据不同的技巧特点,结合学生实际,注重小垫子"一物多用"的特点,尝试了一些有趣又简便的使用办法,效果较好,下面例举部分案例,供同行借鉴或参考。

一、小垫子用于"前滚翻"

方法一:"台阶滚"

将数块小垫子搭成三个适宜高度的台阶,引导学生分别进行由高到低的台阶前滚翻练习(如图1)。

作用:便于藏头、提臀、快速翻滚。

建议:台阶不宜过高,按照学生实际能力进行适宜高度的练习。

图1　前滚翻练习

方法二:"摇篮滚"

将数块小垫子搭成摇篮状,学生在长形的"摇篮"里进行前滚翻,要求身体不可碰到两边的垫子(如图2)。

作用:引导学生滚得直,滚得快。

建议:"摇篮"加长,可以练习连续前滚翻,学生活动兴趣会更高。

图2　摇篮滚练习

方法三:"带垫滚"

在两块竖着连接的小垫子上练习带垫前滚翻。前滚翻时,两手分别抓住垫子一端的两个角,抓住的垫子会随着身体滚动向前运动,要求学生在蹲撑时将垫子与另一张垫子对齐放直(如图3)。

图3　带垫滚练习

作用:引导学生团身紧,蹲撑起,滚得直。

建议:练习者来回各练习一次,通过垫子的移动可以返回原位,便于组织和学练。

安全提示:场地平整,学生准备活动充分,特别是头颈部关节运动。练习前女生要清理头饰。

二、小垫子用于"肩肘倒立"

方法一:"顶垫立腰"

两人合作,一人后倒、夹肘、撑背、翻臀,协助者将折叠垫置于练习者腰背部,并用膝盖顶住垫子使之立腰、展髋、举腿,同时也可用双手帮助练习者调整姿势(如图4)。

作用:通过合作,帮助同伴夹肘立腰。

图4　顶垫立腰练习

方法二:"合作练稳"

两人合作,一人后倒、夹肘、撑背、翻臀、举腿,协助者将小垫子打开,托住垫子的一端,将另一端轻轻置于练习者倒立在空中的足尖上,使垫子平稳不动(如图5)。

作用:练习身体的稳定性,引导学生夹肘、撑背。

建议:保持肩肘倒立姿势3~5秒,再交换同伴练习与合作。

安全提示:准备活动要充分,要保持小组之间安全的练习间距。

图5　合作练稳练习

三、小垫子用于"跪跳起"

方法一:"提膝跳"

数块小垫子搭成的台阶,还可以用于练习提膝跳,引导学生分别从台阶的正面和侧面进行由低到高的提膝跳,使练习更富有童趣(如图6)。

图6　提膝跳练习

作用:锻炼迅速提膝的能力。

建议:进行台阶侧面提膝跳时,要结合学生实际,台阶高度要适宜。其次,引导学生由低到高进行练习与挑战,遵循循序渐进的练习原则。

安全防范:下肢准备活动要充分,垫子高度适宜。

方法二:"扶手跳"

将一张小垫子折叠置于体前,或者将数块垫子折叠置于身体两侧,当作扶手借力进行提膝收腿跳练习(如图7)。

图7　扶手跳练习

作用:引导学生在练习时提膝迅速,收腿要快。

建议:让学生明确起始动作时小腿与脚背要压垫。

安全防范:下肢准备活动要充分。

四、小垫子用于"侧手翻"

方法一："倒撑爬墙"

小组合作,将数张小垫子竖起连接形成一面"墙",一人进行倒立支撑爬墙练习(如图8)。

图8　倒撑爬墙练习

作用:在游戏中锻炼手臂支撑力量,培养小组合作意识。

建议:"墙体"可以通过排头学生交换移动至排尾而不断延长,从而增加练习者倒立爬的距离,提高练习难度,锻炼小组合作能力。

安全防范:"墙"要平整、稳固,练习者在倒撑爬行时不能放松。

方法二："窄道侧翻"

将数块小垫子折叠连接成两排,形成狭长的过道,引导学生在过道中进行侧手翻练习(如图9)。

作用:引导学生翻得直,脚和手的落点在一条直线上。

建议:窄道间距越小,难度越大,练习更富有挑战性。

安全防范:检查场地,地面要平整,保持干净。其次,要做好准备活动,特别是腿部拉伸要充分。

图9　窄道侧翻练习

五、小垫子用于"坐位体前屈"

方法一："压垫前屈"

将数块小垫子折叠加高,练习者呈坐位姿势直腿并拢高架于垫子上,上体挺胸前屈紧靠大腿(如图10)。

图10　压垫前屈练习

作用:锻炼身体柔韧性,加强坐位体前屈基本动作练习。

建议:垫子高度可按学生实际能力不断增加,也提倡同伴合作,帮助按压。

方法二:"坐位推垫"

利用"压垫前屈"的场地,练习者在垫子上直腿并拢呈坐位姿势,脚背屈,脚底紧贴加高垫的侧面,上体挺胸前屈,手臂伸直,通过手指推动加高的垫子向前平移。或者练习者将一块小垫子"人"字形折叠置于体前,脚背屈,脚底贴体前垫面,通过坐位体前屈姿势推动或推倒折叠垫(图11)。

图11　坐位推垫练习

作用:锻炼身体柔韧性,加强坐位体前屈动作练习。

建议:提倡同伴合作,一手按压练习者膝关节,使之绷直贴垫,一手按压练习者上体进行前屈。小垫子"人"字形折叠开口越大,难度越高,可引导学生挑战练习。

安全防范:准备活动要充分,要提醒同伴有节奏按压,力度要适宜。

六、小垫子用于"燕式平衡"

方法："金鸡独立"

练习者将小垫子置于背部,辅助燕式平衡技巧动作练习,要求学生上体挺胸抬头下压,后腿向后上方举起,支撑腿绷直,用全脚掌控制平衡,保持垫子平稳不动(如图12)。

图12　金鸡独立练习

作用:锻炼身体的稳定性,提高身体重心的控制能力。

建议:动作展示保持3～5秒,交换支撑腿再进行练习。

安全防范:准备活动要充分,地面要平整,注意安全练习间距。

七、教学建议

(1)练习前,教师要对学生进行安全教育,要带领学生做好专项准备活动,预防运动损伤的发生。练习中,教师要随时观察学生的技术动作,并采取必要的保护与帮助措施,预防伤害事故的发生。练习后,教师要带领学生做好整理活动,使学生的身心尽快得到调整。

(2)教学内容的安排要由易到难,发现少数学生有练习畏难情绪和枯燥感时,教师应及时改进教法给予必要的帮助,开发与利用垫子的多种功能,及时调动学生的练习兴趣和信心。在组织方法上,教师可让学生在小组长的带领下进行分组练习,以提高练习的密度。

(3)由于青少年的心血管系统和呼吸系统正处在生长发育的过程中,因此不宜长时间做头手倒立和一些闭气的静力练习。

(本文写于2015年)

妙用小垫子，巧教小足球

小垫子是学校较为常见的体育器材，它安全实用，灵巧多变，既可以作保护垫，又可以当标志点，不仅是技巧教学的必备武器，也是其他教学内容的常用器材。在小足球教学中，笔者根据小垫子的特性，结合学生身心特点，尝试了多种小垫子与小足球教学相结合的趣味游戏，效果较好。

一、小垫子当"窝"，停球靠窝

利用小垫子设置"球窝"的情境，不仅能有效引导孩子养成良好的课堂行为习惯，规范球类课的教学常规，还能较好地表现器材间的和谐搭配，美化体育课堂，烘托上课气氛。如图1，将球停在"窝旁"或者"窝内"，课堂布置井然有序，课堂氛围更显生动活泼。

图1　妙用小垫子示例一

二、小垫子当"点"，运球绕点

把小垫子当标志点，是"绕点"的常用办法。利用这个特点，可以绕单张垫、组合垫、间隔垫等，根据课的环节或练习密度等需要，可合理安排练习形式。笔者就小足球绕"单张垫"和"组合垫"作主要介绍。

形式一：绕单张垫

方法：1～2人一张小垫，每人一球，绕单张垫转圈作运球、踩球或颠球等练习，见图2。

图2　妙用小垫子示例二

作用:小场地大利用,有效提高课堂练习密度。

适用年级:1～6年级。

形式二:绕组合垫

方法:以小组为单位,多张垫子组合成赛道,如图3,学生依次沿着赛道边沿进行小足球运球或其他技巧练习接力。

图3　妙用小垫子示例三

作用:在没有道次的活动场地上,小垫子组合的赛道能较好地标示学生的运球路径,明确学生练习的场地和区域,有利安全教学。

适用年级:1～6年级。

三、小垫子当"洞",传球过洞

一个或多个小垫子"人"字形对折后形成"小山洞",利用"小山洞",学生两人一组可以进行传球的趣味练习,多人组还可以设计成接力游戏。

形式一:两人对传

方法:二人一组,利用小垫子"山洞"进行"传球过洞"游戏练习,传球技巧要求、两人相对距离可根据授课对象的运动能力而定,小垫子的摆放组合也可多样,见图4。

作用:增加学生练习兴趣,锻炼传球的准确性。

适用年级:1～6年级。

图4 妙用小垫子示例四

形式二:对传接力

方法1:迎面接力。在"两人对传"的形式上,两边分别增加2～3人,迎面两人对传1～2次后返回队尾,以此类推依次进行,比谁传得直,传得稳。

作用:锻炼传球能力,培养合作意识。

教学建议:为增加练习难度,可增加小垫子适当延长"小山洞",比谁的球能顺利传出加长的"小山洞",学生的练习兴趣会更浓,见图5。

适用年级:1～6年级。

图5 妙用小垫子示例五 图6 妙用小垫子示例六

方法2:往返接力。6～8人一组,每组3～6张小垫子组合搭配形成多个"小山洞",两人同时出发,在垫子的两侧进行移动中的对传,完成最后一张垫子后小跑返回队尾或二人交换方位按原方法边练习边返回,以此类推,比谁传得好,见图6。

作用:在移动中完成面对面的互传,提高练习难度,增加练习趣味性。

教学建议:为确保课堂练习密度,每组人数不宜过多。

适用年级:中、高年级。

四、小垫子当"门",射门比准

利用小垫子"人"字形对折后形成的面或洞进行"射门比准"练习,深受学生喜爱。下面笔者例举其中的几种方法。

形式一:单张垫射准

方法:5~6人一组成纵队排列,明确准备线、射门线,距离射门线5米设置小垫子"门"或"门洞",学生依次进行"射门比准"练习,见图7。小组成员轮流当捡球员,教师要特别提醒每位同学,当捡球员时不能分心,同时还要关注临近小组危险球的袭击,注意保护好自己。射门距离和射门动作可结合授课对象的运动能力作相应调整。

适用年级:1~6年级。

教学建议:小组间要保持安全的练习间距。若场地许可,该游戏可不设捡球员,将垫子"门"设在房屋或围墙旁边,以便学生能很快捡到球,见图8。

图7　妙用小垫子示例七　　　　图8　妙用小垫子示例八

形式二:组合垫射准

方法:基本方法同"单张垫射准"练习,区别在于此法中组合垫为射准目标,以三张垫为例,射中中间垫得1分,射中旁边垫得2分,比谁得分多,见图9。

作用:提高学生射准的命中率,增加自信心,激发学生的练习兴趣。

适合年级:1~6年级。

教学建议:该游戏还可变换"门"与"洞"的组合,或者邀请小组同学在垫子的"门"上绘画喜爱的图画,这样游戏趣味性会更浓,见图10。

图9 妙用小垫子示例九

图10 妙用小垫子示例十

形式三:球门垫射准

方法:将数块小垫子分别设置在球门的不同位置,如图11,学生按要求依次射球门垫,比谁射得准。

图11 妙用小垫子示例十一

适用年级:高年级。

教学建议:球门垫因高矮、左右等位置的不同,可以设置不同的分值,以提高学生的练习积极性。例如,球门四个角上的垫子分值为3,横杆中间垫子分值为2,没有射中垫子但射进球门得1分。这样游戏更具有挑战性,学生练习兴趣会更大。

五、小垫子当"杆",挑球过杆

利用小垫子"人"字形对折后的高度,可以引导学生进行小足球挑球、搓球等技巧练习。一般搓球技术要求学生有一定的力量和运动基础,较适合中、高段学生;基础的挑球技术相对简单,小学低、中、高年级学生都适合,见图12。

图12　妙用小垫子示例十二

教学建议:低年级学生可以利用情境教学,如小足球跳高、小足球跳远等,中、高段学生可以通过比赛的形式展开,结合激励办法,学生的练习兴趣会更大。

六、小垫子当"球",练习踢球

小垫子柔软稳固,利用小垫子对折后形成的面,还可以引导学生进行小足球多种技巧练习,使教学重点更为突出,如脚内侧踢球、正脚背踢球等。

例举内容:脚内侧踢球、正脚背踢球。

方法:二人一组,小垫子对折后的一面适宜部位当做"球",一人扶垫,一人进行脚内侧踢"球"或正脚背踢"球"等练习,练习一定时间或次数后,二人互换,见图13。

图13　妙用小垫子示例十三

作用:做脚内侧踢球动作时,小垫子的面能较好地引导练习者的脚弓对准踢球方向;练习正脚背踢球时,小垫子的面又能引导练习者完成脚背绷直的动作。

建议:在小垫子的左下方适宜位置画上足球的图形,学生练习时会更加生动形象。

适用年级:1~6年级。

七、教学建议

(1)练习前,教师要根据教学内容合理摆放小垫子,对学生进行安全教育,还要带领学生做好专项准备活动。练习中,教师要随时调整小垫子的摆放位置,开发小垫子的多种功能,观察学生的技术动作,并采取必要的保护与帮助措施,预防伤害事故的发生。练习后,教师要带领学生做好整理活动,使学生的身心尽快得到调整。

(2)教学内容的安排要由易到难、循序渐进,发现少数学生有练习畏难情绪和枯燥感时,教师应及时改进教法,给予必要的辅导与帮助,并用适时的评价鼓励学生,不断调动学生的练习兴趣和信心。在组织方法上,教师可让学生在小组长的带领下进行分组练习,以提高练习的密度。

(本文写于2015年)

布条在体育教学中的运用

布条具有既可拉直，又可弯曲，易于调整的特性，在体育教学中是一种"一物多用"的"器材"，如果能巧妙地运用它，不仅能替代多种器材开展许多有趣味性的活动，而且还能活跃课堂气氛，激发学生体育锻炼的兴趣，使学生的个性得到张扬，身心得到放松。

一、在田径教学中的运用

(一)在跑的教学中的运用

将几种不同颜色的布条代替石灰线，可让学生布置各种跑的图形，练习"8"字形跑、螺旋形跑、曲线跑等。实践证明，教学中"以布条代替线"的方法，容易引起学生的学习兴趣，使学生的审美能力和创造能力得到提高，团队合作意识得到培养，既经济，又环保。

(二)在跳跃教学中的运用

在跳远教学中，可在踏跳板前 1～1.5 米处由两名学生用适当的力（碰一下就松手）拉一条高 40～50 厘米的布条，要求学生起跳后跃过布条，可以纠正学生"起跳角度不合理"的错误动作。还可用一根醒目的布条放置在沙坑内作为跳跃远度的标志物，让学生跳过布条。在练习中可根据学生的实际能力，不断调整布条与踏跳板之间的距离，让跳跃能力差的学生也能跳过，增强他们的自信心，激发练习兴趣；让跳跃能力强的学生跳得更远，使他们不断超越自我，产生自豪感。在三级跳远教学中，利用三条不同颜色的布条，长短视学生的技术水平而定，分别纵向间隔拉直放置，让学生做连续的"隔、跨、跳跃"练习，体验三级跳的动作节奏，有利于学生三级跳远技术的学习和掌握。在跳高教学中，由两名学生用适当的力（碰一下就松手）拉住布条的两端（在同一高度上），代替横竿开始时距离可长一点，再逐渐缩短。通过这种练习既能消除学生的恐惧心理，又能激发学生的练习兴趣，便于学生掌握动作。

（三）在投掷教学中的运用

将布条的两端系在离投掷线适当距离且相对应的立柱上,可作为学生投掷练习出手时的标志线,要求学生将器械从布条上方投掷过去。通过这种练习既可以帮助学生提高练习的积极性,又可以纠正学生出手角度偏低的错误动作。将红色的布条放置在起掷线上,可帮助学生纠正器械出手后向前走从而导致犯规的错误动作。将醒目的布条放置在投掷区内作为投掷远度的标志物,以增强学生练习时的信心。实践证明,利用布条可以使学生在枯燥乏味的投掷练习中提高练习兴趣,从而发展学生的投掷能力。

二、在体操教学中的运用

在鱼跃前滚翻教学中,由两名学生用适当的力(碰一下就松手)将布条拉在适当的位置,让学生腾空从横布条上跃过后接前滚翻的练习。通过这种练习既能提高学生的练习积极性,又便于学生改进技术动作。在滚翻教学中,可采用双腿夹布条和下巴夹布条等方法,纠正学生在滚翻过程中容易出现的分腿和头顶垫的错误动作。在侧手翻教学中,由两名学生用适当的力拉一条布条(高度视学生情况而定),可对学生进行侧手翻动作的技评,也可以把布条拉直放置在地上,作为学生侧手翻时的参照物。在艺术体操教学中,将布条作为手中的"彩带",让学生通过丰富多彩的练习,激发浓厚的兴趣和对美的感受。

三、在球类教学中的运用

在跳高架上拉一条与网球、排球或羽毛球网同高同长的布条,可作为简易"球网"进行网球、排球或羽毛球比赛。把跳高架当球门柱,用布条当球门的"横梁",可作为简易"球门"进行足球或手球比赛。把布条打成活结当"排球",2~4名学生为一组,由一名学生将"排球"向上抛起,其他学生相互配合,用单手或双手将"排球"连续向上垫起来,不让"排球"落地。在跳高架上拉两条离地面100~160厘米的布条,让两名学生在布条的两侧,相距4~6米,练习篮球的双手胸前传、接球。将学生的双眼用布条蒙住,让学生运球,以提高学生篮球运球时手对球的控制能力,培养学生抬头运球的习惯。让两名学生将布条折成方形作为活动"筐架",可练习篮球的投篮,排球的传、垫球和足球的头顶球技术,"筐架"晃动的速度应由慢到快,循序渐进,通过这种练习既能增强学生的灵敏素质,又能激发学生的练习兴趣,有利于改进技术动作。

　　总之,布条在体育教学中的功能开发与运用是非常广泛的,它不仅充实了体育教学内容,提高了学生的身体素质和实践能力,而且培养了学生的创新思维和合作精神,对培养学生良好的健身意识和自我锻炼能力都起到了积极的作用,同时也给体育课堂增添了无穷的魅力。

（本文写于2007年）

助动车轮胎在体育教学中的运用

一、设计思路

随着社会经济日益发展,生活中的各种废弃物越来越多,严重威胁着人类的生存环境。如果将这些废弃物变废为宝,使它们重放光彩,为体育教育教学服务,那么就能创造出一定的实用价值。我们在日常生活中经常会看到废弃的助动车轮胎,笔者遵循因地制宜、就地取材的原则,对助动车轮胎进行了开发与利用,按照"安全、环保、简洁、实用"的操作要求,在三个轮胎上各涂上了三种不同的颜色,并将它们用绳子连接起来,组成一个"三色环",在具体运用中,结合学生的身心特点与运动能力,充分开发"三色环"的多种功能,并取得了较好的教学效果。实践证明,通过开发与利用"非常规"体育器材(助动车轮胎),既丰富了体育教学的内容与形式,又拓展了学生的创新思维,深受学生喜爱。

二、"三色环"的制作

主要材料:报废的助动车轮胎、牢固的绳子、彩色漆。

制作方法:将收集的废旧助动车轮胎洗净,刷漆晾干,将大小匀称的3只轮胎进行组合,用绳子连接固定,可以用明线连接,也可以将轮胎钻孔进行内部暗接,如图1。

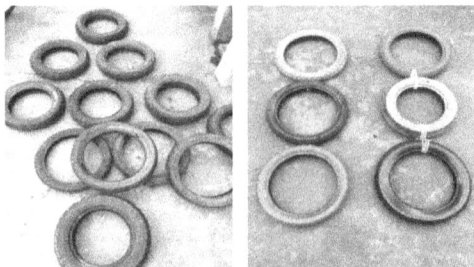

图1 "三色环"

制作建议:(1)选择轮胎时,为了教具更美观,使用更便捷,建议挑选轻便且大小匀称的报废助动车轮胎。(2)上色环节中,可发挥学生的想象力,引导学生合作完成更漂亮美观的"三色环"。(3)连接组合时,使用的绳子必须是耐磨的,建议在绳子专卖店挑选耐磨的绳子。

三、"三色环"的运用

(一)"三色环"在田径教学中的运用

结合学生的年龄特点和运动能力,将"三色环"与田径教学内容相结合,能创造丰富的趣味练习和游戏,使田径教学更具有趣味性和新颖性。

1."三色环"在走与跑教学中的运用

将若干个"三色环"组合相连,引导低年级学生在"三色环"上进行爬、走等趣味运动,激发学生的运动兴趣(如图2)。"三色环"灵巧多变,还能用于多种形式跑的练习,如将"三色环"套在肩膀上进行单人跑,两人各握"三色环"一端进行合作跑,橡皮带连接"三色环",还能进行负重跑、绕障碍跑等(如图3),跑的形式更加丰富,学生活动兴趣也更浓。

图2　利用"三色环"示例一

图3　利用"三色环"示例二

2.“三色环”在跳跃教学中的运用

将“三色环”平铺或折叠成立体三角形,可以引导学生进行单脚跳、双脚跳、跨步跳等多种形式的跳跃练习(如图4)。还可将“三色环”绕在身上,手扶两端,进行手扶“三色环”的负重跳练习,使跳跃的形式更加丰富,从而提高学生的跳跃能力(如图5)。

图4　利用“三色环”示例三

图5　利用“三色环”示例四

3.“三色环”在投掷教学中的运用

把“三色环”作为目标,置于不同的空间位置,可以进行多种形式的投准练习。例如,地面、空中、墙面目标的投准练习(如图6);改变“三色环”的形状,还可以练习持球抛准(如图7)。在此基础上,变化身体姿势,改变练习方法,更换投掷物等,都可以不断丰富投掷游戏,激发学生的运动兴趣。

图6　利用"三色环"示例五

图7　利用"三色环"示例六

(二)"三色环"在球类教学中的运用

1. "三色环"在足球教学中的运用

将"三色环"与球类教学相结合,也能运用自如。例如,结合小足球的多种运动技巧,将"三色环"作为目标进行挑球练习(如图8);改变"三色环"的位置或形状,进行踢准练习(如图9);对准"三色环"还可以进行头顶球击中目标练习(如图10)。"三色环"在足球游戏中的巧妙运用,使活动更添趣味,学生主动练习的积极性也更高。

图8　利用"三色环"示例七　　　图9　利用"三色环"示例八

图10　利用"三色环"示例九

2. "三色环"在篮球教学中的运用

利用"三色环",还可以通过多种形式的游戏辅助小篮球的投篮教学。例如,把悬挂的"三色环"当作"篮筐",按照学生的喜好,变换"篮筐"的形式进行趣味投篮练习,如站立式投篮、仰卧趣味投篮等(如图11),都能较好地丰富投篮的练习形式,激发学生的练习欲望。

图11　利用"三色环"示例十

(三)"三色环"在体操教学中的运用

将"三色环"与体操教学相结合,也能收到较好的教学效果。例如,高年级学生在尝试远撑前滚翻练习时,将"三色环"摆成立体三角形的形状置于垫子的一端,学生跃过"三色环"可以较好地完成远撑前滚翻动作练习(如图12)。练习中,立体三角形的"三色环"高度适宜,距离可以按照学生的能力自由调节,"三色环"的运用能较好地突出练习的重点,练习效果良好。又如"三色环"穿在身上,能检测燕式平衡的练习效果(如图13),帮助提高动作的稳定性。可见"三色环"在体操教学中的运用是广泛的。

图12　利用"三色环"示例十一　　　图13　利用"三色环"示例十二

(四)"三色环"在其他教学中的运用

利用"三色环"的多种功能,还可以拓展更多的教育内容,创设更多的趣味游戏。例如,将各类球放在"三色环"中进行"运"球练习和比赛,便捷又有趣(如图14);用牢固的麻绳将"三色环"变成秋千,引导低年级学生玩一把有趣的"荡秋千"(如图15);将"三色环"相互连接固定,还可以变成有趣的拓展运动场地,让学生练习平衡能力(如图16)。另外,结合"三色环"的形状特点,把"三色环"当作球窝,整齐又美观(如图17),有利于建立良好的课堂常规;利用"三色环"三色的特点,还可以渗透生活常识教育,例如把"三色环"比作红绿灯(如图18),能较好地渗透交通安全知识的教育,使学生从小养成遵守交通规则的习惯。

图14　利用"三色环"示例十三

图15　利用"三色环"示例十四　　图16　利用"三色环"示例十五

图17 利用"三色环"示例十六

图18 利用"三色环"示例十七

四、教学建议

（1）开发与利用"非常规"体育器材（助动车轮胎）制作"三色环"的过程中，要以"安全、环保、简洁、实用"为前提。教师要引导学生利用日常生活中的"非常规"体育器材，让学生了解相关器材开发的知识，就地取材、变废为宝，合理开发体育器材。

（2）练习前，教师应检查教具的牢固性，关注连接绳是否牢固，如果发现有安全隐患，要及时修理或更换。

（3）要带领学生做好充分准备活动，教学内容的安排要由易到难、由简到繁、循序渐进，当发现少数学生练习有畏难情绪和枯燥感时，教师应及时改进教法，调动学生的练习积极性。

（本文写于2017年）

妙用体操垫子,巧教立定跳远

　　立定跳远是体育教学中最为普及的运动项目,也是《国家学生体质健康标准》监测的内容之一。该运动难度系数不高,对场地的要求相对简单,也容易操作,但学生在练习中常常会感到枯燥乏味,特别是对于注意力不能长时间集中的小学生来说,要提高立定跳远练习的趣味性则显得尤为重要。在立定跳远教学中,笔者结合情境与游戏教学法,将体操垫子巧妙地应用到立定跳远的辅助教学中,有效地提高了学生练习立定跳远的积极性。

　　在立定跳远教学中,将立定跳远教学分为三个阶段。第一阶段是原地摆臂向上直腿跳起,第二阶段是原地摆臂向前上跳起收腿,第三阶段是原地摆臂向前起跳(立定跳远动作)。

一、原地摆臂向上直腿跳起

　　片段情境:"火箭发射"(适用于小学中低年级)。

　　教学目标:建立立定跳远动作的"引子",熟悉立定跳远初级阶段动作,明确手臂摆动基本轨迹。

　　教学方法:把动作与情境相融,要求学生把自己当成"火箭",即两脚开立同肩宽,手臂上摆,脚跟离地。通过"造火箭—准备点火—发射—返回地球"的情境,引导学生做"展体预摆—下蹲后摆—直腿跳起—屈膝落地"四个动作(见图1)。

展体预摆　　　　　下蹲后摆　　　　　直腿跳起　　　　　屈膝落地

（造火箭）　　　　（准备点火）　　　　（发射）　　　　（返回地球）

图1　"火箭发射"情境

要求:两脚同时起跳,两脚同时落地。

通过"造火箭"等系列情境,能形象地表达跳的方向、高度和平稳落地的重要性。情境中,学生完成各环节动作意识强烈,动作协调,效果较好。

二、原地摆臂向前上跳起收腿

教学目标:引导学生手臂自然摆动,双脚用力蹬地起跳,锻炼下肢爆发力。

动作要领:两脚开立同肩宽,自然摆臂,两脚同时起跳和落地,蹬地有力,下落屈膝。

为了丰富练习形式,增强学生练习趣味性,笔者尝试了几种游戏方法,练习效果较好,现简述如下。

游戏1:跳"金字塔"。游戏设置跳二层塔为"平凡人",跳四层塔为"士兵",跳六层塔为"将军",跳八层塔为"国王"。如图2所示,鼓励学生比一比,赛一赛。

游戏2:跳过障碍。学生依次跳过叠加的垫子,用一张大垫子作下落保护。如图3所示,练习时可用奖励章激励。

建议:游戏1、2垫子不宜过高,否则容易导致学生动作变形。关于垫子叠加的高度,重点考虑两方面,一是确保学生活动的安全性,二是符合学生的运动能力。

图2 跳"金字塔"

图3 跳过障碍

游戏3:跳趣味组合垫。用两张小垫子作平面或立面的组合,如图4所示,请学生玩一玩,跳一跳。

图4　跳趣味组合垫

游戏4:跳"球垫组合"。用一张小垫子与一个报废的球进行组合,如图5所示,请学生摆一摆,跳一跳。

建议:游戏3、4中要规范学生的课堂练习常规,如分小组练习时安排小组长负责,明确练习等候区、准备线和起跳点,保持小组间安全练习间距等。

图5　跳"球垫组合"

三、原地摆臂向前起跳

(一)跳横垫

教学目标:学习立定跳远基本动作。

动作要领:两脚开立同肩宽,自然摆臂,两脚同时起跳和落垫,起跳有力,下落屈膝(如图6)。

图6　跳横垫

（二）跳纵垫

教学目标：练习立定跳远动作。

动作要领：两脚开立同肩宽，自然摆臂，两脚同时起跳和落垫，起跳有力，下落屈膝（如图7）。

图7　跳纵垫

建议：为了加强练习趣味性，可引导学生改变垫子的搭配形状进行趣味图形跳（如图8）。跳纵垫时，不同水平阶段的学生可选用相应规格的垫子，如垫子规格：100 cm×50 cm×10 cm。

要求：为了规范学生练习动作，要求学生每次跳垫时喊出口令"一——二——跳"，并做出相应动作。

图8　趣味图形跳

（三）跳拼接垫

教学目标：增加难度，提高练习成绩。

教学方法：将两块纵向垫子上下重叠放置，左右平移垫子调整到适宜的长度，从而延长学生跳跃的路径（如图9）。

动作要领：同"跳纵垫"动作要领。

建议1：调整拼接垫子的长度视该水平学生的运动能力而定。

建议2：该环节针对不同运动能力的学生应区别对待，教师可引导各小组设置不同的练习区域以满足不同运动能力的学生。例如，设置跳横垫区、纵垫区、拼接垫1区、拼接垫2区等，分别为"学习区""练习区""挑战1区""挑战2区"等。学生可以按自己的能力选择相应的练习区域进行活动。

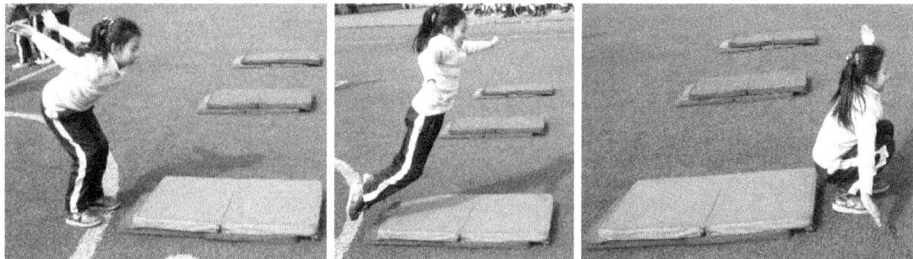

图9　跳拼接垫

（四）游戏："石头、剪子、布"

教学目标：在游戏中比一比，赛一赛，巩固练习。

教学方法：将相距10米左右的两块垫子分别设为起点和终点，两人一组，从起点处开始进行"石头、剪子、布"游戏，每赢一次的同学用立定跳远动作向终点起跳一次，比谁先到达终点（如图10），获胜者得表扬章奖励。

图10　游戏"石头、剪子、布"

要求:为规范学生立定跳远动作,仍要求学生每次进行立定跳远时大声喊出"一——二——跳"的练习口令,以达到较好的练习效果。

四、教学建议

在立定跳远教学中,教学内容的安排要由易到难,当发现少数学生有练习畏难情绪和枯燥感时,教师应及时改进教法,充分调动学生的练习兴趣和信心。当学生练习较熟练时,可采用所学的立定跳远技术,开展各种游戏比赛,提高学生的立定跳远能力。练习前,应选择平坦又不过于坚硬和光滑的地面进行立定跳远练习,如草坪、塑胶场地、沙坑等,要带领学生充分做好专项准备活动。练习中,每次试跳前,要检查跳板和鞋底是否打滑,教师要随时观察学生的技术动作,学生练习时应加强保护与帮助,进行安全教育,并采取必要的防护措施,预防伤害事故的发生。在组织方法上,教师可让学生在小组长的带领下进行分组练习,以提高练习的密度。

(本文写于2014年)

妙用"非常规"体育器材，巧练肺活量

　　肺活量是《国家学生体质健康标准》的实施项目之一，它是指在不限时间的情况下，一次最大吸气后再尽最大能力所呼出的气体量。在课堂教学中，笔者尝试运用多种形式的游戏锻炼学生的肺活量，特别是利用日常生活中的非常规器材，如树叶、气球、纸船等，游戏就地取材，设置新颖，操作简便，学生参与学习的积极性较高，效果较好，下面整理部分案例，与同行分享。

一、吹气球

(一)吹气球比大小

　　准备：人手一个气球，一块平整空地。
　　方法：学生6~8人自由结伴分组，可围圈而站，左右间距适宜。在规定时间内，比比谁的气球吹得大，若气球吹破则为失败（如图1）。
　　拓展：为了增加游戏的趣味性，提高学生身体综合素质，练习中还可以进行多种形式的组合练习。例如，马步姿势吹气球比大小、单脚支

图1　吹气球比大小

撑吹气球比大小、10米往返跑途中吹气球比大小等。
　　建议：在拓展练习中，应把握活动重点是吹气球练习。其次，拓展游戏的设置应多考虑授课对象的身心特点和运动能力，注重组合游戏的科学性和趣味性。

(二)吹气球到达指定区域

　　准备：人手一个已吹足气的气球，一块平整空地，起跑线，指定区域。
　　方法：以利用自然地形为例，跑道线为起跑线，绿草地为前进目的地，学生手持气球站在起跑线处，教师令下，同学们向指定区域吹气球快速前进（如图2）。要求行进中气球不落地，不可用手触球，最先到达指定区域者获胜，或者在

规定时间内达到者获胜。

拓展:延长起始线与指定区域的距离,允许学生有2~3次的向上传球或垫球动作,触球次数可根据行进距离及学生运动能力而适当调整。

建议:若场地允许,尽可能地增加学生的练习密度。学生左右间距适宜,全员可同时进行,

图2　吹气球到达指定区域

也可分成男生、女生2组交替进行练习,便于学生互相观察和学习。

(三)吹气球不落地

准备:人手一个已吹足气的气球,一块平整空地。

方法:将气球置于额头上方,教师令下,学生开始向上吹气球,使其在空中飘浮,在规定时间内气球不落地者为胜(如图3)。

图3　吹气球不落地

拓展:短距离吹气球接力跑、单脚跳吹气球不落地、规定区域内吹气球不落地等。

建议:为了便于气球在空中漂浮,游戏开始前建议学生将气球吹得稍大一些,当然,该问题抛给学生琢磨解决,会更有教学意义。

二、吹树叶

(一)吹树叶接力

准备:大小相近的树叶若干,一块干净整洁的运动场地。

方法:将学生分成人数相等的若干组,相距8米迎面站立,每组一片树叶,

学生以吹地面树叶前进的方式进行接力,吹得快者为胜(如图4)。

拓展:学生熟练后,可以尝试改变前进的姿势,如边吹边靠臂力支撑前进;也可以改变比赛标准,如在规定的距离里,比比谁吹的次数少。

建议:课前教师要检查和清理场地,课后要督促学生洗手。为了增加练习密度,可视运动场地大小尽可能地多分组,比如4~6人一组两两相对迎面站立,进行迎面接力比赛,这样也更便于学生观察与评价。

图4　吹树叶接力

(二)吹树叶比远

准备:大小相近的树叶若干,一块干净整洁的运动场地,起点线,粉笔。

方法:学生4~6人一组,有序排列在准备线后,每组一片树叶置于起点线上,学生依次练习,比谁吹树叶吹得远。要求学生双手支撑在起始线后,各组设立小助手,用粉笔标出每次的超越者,比出组内优胜者,给予奖励(如图5)。

拓展:对"吹树叶比远"游戏进行创新,例如,将3片树叶分别放置距离起点1米、1.5米和2米的直线上,能吹动最远的树叶者获胜,或者用粉笔分别标出各处树叶的分值,采用积分的形式练一练、比一比,提高学生的练习兴趣(如图6)。

图5　吹树叶比远示例一　　图6　吹树叶比远示例二

建议:在拓展游戏中,可针对授课对象运动能力适当调整树叶的距离和数

量。场地要打扫干净,每组的优胜者可另辟赛场再决高低,以分层教学的形式自由调整小组成员,让他们相互激励,勇于超越。

(三)快速吹出圈

准备:大、小树叶若干,一块干净整洁的运动场地,用粉笔画直径80厘米左右的圆若干。

方法:每圆一片树叶,教师令下,学生开始吹树叶,比一比谁能快速地将树叶吹出圈(如图7)。

拓展:对"快速吹出圈"游戏进行创新,例如,结合俯卧撑姿势进行吹树叶比赛,能力强的学生可以同时吹2片或3片树叶(如图8)。也可以画

图7 快速吹出圈示例一

多个同心圆,标出每圈的分值,开展多种形式的吹树叶积分赛,激发学生的练习兴趣(如图9)。

图8 快速吹出圈示例二

图9 快速吹出圈示例三

建议:为提高课堂练习密度,尽可能地多分组,在比一比、赛一赛的基础上,教师再组织分层练习,以赛促练。游戏过程中,可教育学生保护和爱护大自然,引导学生尽量就地取材,用地上已有的落叶。本游戏还可从树叶的大小、数量上调整练习方法,使教学更显趣味性。

三、吹纸船

准备:盛有水的塑料盆,或者雨后有小积水的操场洼地,牛皮筋,纸船每人1~2只。

方法:塑料盆中盛半盆水,用牛皮筋套在盆中央当中线,将纸船放在盆的水中央,教师令下,游戏开始,学生2人一组在规定时间内互吹纸船比远(如图10)。也可以利用雨后有小积水的操场洼地,多人一组互吹纸船对对碰或吹纸

船比快(如图11)。

拓展:将吹纸船与柔韧性练习相结合,如吹盆中纸船时,可以引导学生呈一字形横劈叉姿势进行练习(如图12)。

图10　吹纸船示例一　　　图11　吹纸船示例一　　　图12　吹纸船示例三

建议:无论是盆中水,还是雨后的场地自然积水,学生在活动前,教师要做好相关教育工作。如要求学生手足不可触水,不可以弄湿衣服,同时教育学生在生活中若没有大人的陪伴,不能到河边、水塘边玩水等。

四、吹风车

(一)比谁的风车转得久

准备:自制风车每人一只,一块平整运动场地。

方法:将学生分成若干组,手持风车,在规定时间内吹各自的风车,比谁的风车转得久(如图13)。

拓展:将学生分成人数相等的若干组,以6～8人一组为例,面向圆心,均匀地站在直径约为3米左右的圆上。教师令下,各组学生齐吹同侧同学的风车,组内风车同时转动即为成功,比一比哪个小组配合快速又默契(如图14)。

建议:学生站位间距要适宜。教师还可以引导学生改变风车的空间位置来完成任务,使游戏更具多样化(如图15)。

图13　吹风车示例一　　　图14　吹风车示例二　　　图15　吹风车示例三

（二）比谁吹得远

准备：自制风车若干，装有细沙的矿泉水瓶，一块平整运动场地。

方法：将风车插在装有细沙的矿泉水瓶里进行固定，比一比谁能在最远的地方吹动风车使风车转起来（如图16）。

拓展：可将"吹风车"游戏与障碍跑接力相结合，如学生从起点快速跑至距离风车1米处，吹动风车转起来，再快速奔跑至终点绕过标志物，直线奔跑返回起点与队员接力（如图17）。

建议：组合练习中，要根据学生的运动能力、身心特点创编形式多样的趣味组合练习。游戏中要设置吹风车的标志线，使练习有标准、有秩序，防止犯规。

图16　吹风车示例四　　　　　　图17　吹风车示例五

五、教学建议

在锻炼肺活量时，教师要引导学生利用日常生活中的"非常规"体育器材，让学生了解相关的器材开发知识，因地制宜、就地取材、变废为宝，合理开发"非常规"体育器材，提高学生的心肺功能。教学内容的安排要遵循由易到难、由简到繁、循序渐进的教学原则，当发现少数学生对"吹气"游戏有畏难情绪和枯燥感时，教师应及时改进教法，与其他项目形成综合性组合练习，及时调动学生的练习积极性。在组织方法上，教师可让学生在小组长的带领下进行分组练习，以提高练习的密度。

（本文写于2017年）

后　记

当把一沓厚厚的书稿交给出版社时,回想起走上体育教育教学工作岗位35个年头的酸甜苦辣,我心中顿时感到无比激动与欣慰。让我激动的是,作为一名基层的体育教师,通过不懈的努力我终于出版了总结自己教学思想、教学经验、教学方法、教学成果的书;使我欣慰的是,在多年的体育教育教学中,我留下了在体育教学、课余运动队训练、教学研讨、指导青年教师和师生交往中许多真实的故事,可以和更多的体育教师分享。

我于1982年8月走上体育教育教学工作岗位,至今已经做了35年的体育教师。日复一日,年复一年,我走过了一条边工作实践边学习研究的道路。参加工作以来,由于学校布局调整,我先后在4所学校工作,丰富的人生经历让我不断接受新的挑战,并得到更多的磨炼。在漫漫教育教学生涯的长河中,我曾经犹豫过、迷茫过,但是我始终没有放弃对体育教育事业的无比热爱和执着追求,正是这条爱的纽带始终牵动着我的情思,让我努力,催我奋进;也正是这份从来没有动摇过的信念,使我在不断成长中逐步走向成熟。回顾自己体育教育教学专业成长的历程,它是一个不断"学习—实践—思考—探索"的过程,也是一个循环往复、螺旋上升的过程。

当前,我国中小学正在全面推进素质教育,体育教育教学课程改革正在深入实施,在体育学科教学指向核心素养的探索过程中,学校体育和广大体育教师会遇到许多新的问题、新的困境,需要我们体育教师再接再厉,撸起袖子扎实做好学校体育工作,找准短板,全力以赴地提升体育教育教学质量,在体育教育教学与课程改革中勤于实践、潜心研究,使自己在学习中不断进步,在反思中更加敏锐,在研究中更加深刻,在发展中得到提升。本书的出版,希望能给广大基层体育教师带来一定的启迪和帮助。

本书的出版,要感谢学校徐来潮校长给予的悉心指导和大力支持;感谢吴兴区教育局领导对本书的出版给予的支持和帮助;感谢浙江省教育厅教研室董玉泉老师以《我熟悉的姚立明老师》为题,写了一篇很有见地又很能涵盖我专著思想的序言,它起到了很好的穿针引线和助览导读的作用;感谢工作室成员对本书的撰写提出的许多有价值的思路和具体的修改建议;感谢安徽师范大学出版社编辑为本书的出版付出的辛勤劳动。

由于著者教学理论水平有限,而书中所述恰恰涉及教育教学方面的理论问题,甚至也涉及一些专家研究过的内容,有"班门弄斧"之嫌,错误之处在所难免,期待读者批评指正。

姚立明　于湖州

2017年8月